教育部人文社会科学研究项目（编号 11YJA790144）
重庆工商大学学术专著出版基金资助

边际地区边际化理论与实证

王爱民　刘加林　著

科学出版社
北　京

内 容 简 介

本书基于空间边际化研究视角，对全球化、城市化和社会转型时期的边际地区边际问题进行了理论与实证分析。

全书共分为 11 章，开展了转型时期的社会-空间边际化、农民人均纯收入的空间边际化、人地交互作用下的空间边际化、人口空间边际化、农地边际化、乡村聚落的空间分异与空间边际化、行政边界地带的边际化、城市混杂带的边际化、村镇化地域的社会-空间边际化等多主题的研究。

本书可供地理学、区域经济学、城乡规划、社会学等学科研究人员和政府决策部门工作人员使用。

图书在版编目（CIP）数据

边际地区边际化理论与实证/王爱民，刘加林著. —北京：科学出版社，2016.6

ISBN 978-7-03-048346-1

Ⅰ. ①边… Ⅱ. ①王… ②刘… Ⅲ. ①经济地理学–研究 Ⅳ. ①F119.9

中国版本图书馆 CIP 数据核字（2016）第 111598 号

责任编辑：杨婵娟 李嘉佳 / 责任校对：张怡君
责任印制：徐晓晨 / 封面设计：铭轩堂
编辑部电话：010-64035853
E-mail：houjunlin@mail.sciencep.com

科学出版社 出版
北京东黄城根北街 16 号
邮政编码：100717
http：//www.sciencep.com

北京京华虎彩印刷有限公司 印刷

科学出版社发行 各地新华书店经销

*

2016 年 6 月第 一 版 开本：B5 （720×1000）
2016 年 6 月第一次印刷 印张：16 插页：4
字数：323 000

定价：88.00 元

（如有印装质量问题，我社负责调换）

前　言

20 世纪 70 年代以来，一批学者将研究视角从城市核心区、发达地区逐渐转到高纬地区、边远山区、边界地区、边缘地区、生态脆弱区、欠发达贫困区、乡村地区、城乡交错带、危机地区等特殊类型区。90 年代以来，随着理论探讨的深入，一套解释“发展状态持续滞后地区及成因”的边际化理论得到创立与发展，空间边际化成为国际学术会议讨论的重要议题。这从国际地理联合会（International Geography Union，IGU）机构的历史沿革中也可以反映出来：1981 年国际地理联合会“乡村发展委员会”下设“山区和高纬地区乡村发展专业委员会”，1988 年改组成“动态乡村系统委员会”下的一个专业委员会，4 年后再定位为“边际地区发展问题研究组”，1996 年升级为“边际地区和危机地区动态委员会”，2004 年命名为“边际化、全球化、区域性和地方性响应委员会”。30 多年来，国际学术界开展了边际地区类型与特征、边际化过程与机制、不同类型边际地区与反边际对策等方面的研究，取得了丰硕成果。

边际地区，指“发展要素”或“发展状态”持续滞后的区域。对“区域社会经济发展状态持续滞后”这一现象，现有的一些理论——增长极理论、核心-边缘模式、依赖理论等，侧重从“增长极/核心区”的极化效应和扩散效应解释“边际区”的滞后成因，缺失或忽视了“边际地区”在地方垂直综合作用即人地交互作用下的“内部边际化”和“内部反边际化”这一基础部分，显示出空间极化理论解释力的不足。与空间极化理论相对应、耦合，“边际地区边际化”理论为“空间非均衡发展”“发展状态持续滞后地区”提供了一套全新的解释，展现出地理学空间差异和空间非均衡研究的新视角。

地理学传统的人地关系和区域研究，采取的是一种基于相对封闭、均质、稳定条件的地方垂直综合方法。如何在开放、流动、变化的环境下，开展区域人地关系研究，成为地理学富有挑战性的议题。全球化、尺度间相互作用和地方响应，耦合于区域的人地交互作用过程中，空间边际化是空间水平关联作用与地方垂直综合作用的结果。这一视角有助于克服地理学研究中区域、人地关系、空间研究三者割裂的问题。空间边际化研究在方法上的一个特点是“比较分析法”。边际性或边际化是与特定的参照系比较而言，这种比较既可以是要素的（生态、社会、经济、教育、文化、政治等）或区域的，也可以是某一地域在不同时序的自身变化比较。这种比较性研究，使得社会-空间边际性具有了一种广谱的、多元的内涵，跨越了从穷人到富人、从边远落后山区到大都市中心区的社会群体和空间地域。边际化研究要求对社会-空间边际化中的不公平、不公正、贫困、排斥、隔离、歧视等问题进行批判性审视，社会边际化和空间边际化研究以“批判精神”为其“内在精神”，以“边际问题”为出发点，“面向问题”使得边际地区边际化研究具有了解决社会现实问题的价值。

在经济全球化、快速工业化和城市化、社会经济转型的背景下，中国的社会-空间边际化问题已相当突出，可以说进入历史上最关键的时期。空间经济结构呈现出持续而强烈的空间梯度差异和空间边际化特征。中国边际地区尤其是农村边际地区，社会经济发展面临多重边际化问题的困扰：人口和生产要素非完全自由流动，加重了边际化与贫困化两大过程的重叠，人均收入和生活质量相对低下，贫困问题严峻；老人和小孩留守的人口结构，社会边际化明显；农业活动主体老龄化，生产经营投入不足，集约度降低，撂荒、半撂荒凸现，农地边际化问题严重；人才与资金的流失与缺乏，交通不便与运费限制，发展潜力和竞争力不足，经济发展水平绝对和相对差距不断扩大，经济边际化突出。边际地区已成为中国经济发展滞后、“三农问题”交织、经济发展不平衡极端化、潜存的社会矛盾和社会冲突大的“问题-危机”区域，对我国实现城乡统筹、乡村发展、社会和谐、粮食安全、区域协调等战略目标构成重大冲击和制约。如何在空间经济非均衡发展中实现社会福利和生活质量的均衡化、公平化？如何在空间极化与空间边际化加剧下实现区域协调发展？如何在多重边际因子扰动下缓解边际化问题？这迫切需要理论上的回答和实践上的探索。

本书采用主题与案例、理论与实证相结合的研究体系，共分为十一章。第一章对边际地区相关理论进行了梳理与述评。第二章讨论了在全球化、工业化、城市化、市场化背景下，转型时期的社会-空间边际化问题。第三章构建了空间边际化理论分析和定量测度框架，基于全国、省市、县乡三个尺度，进行了农民人均纯收入的空间边际化分析。第四章以祁连山东段北坡为例，探讨了人地交互作用下的空间边际化。第五章建立了人口空间边际化评价体系，以青藏高原东北边缘毗邻地区为例进行定量分析。第六章结合实例和构建的农地边际化模式，对中国农地边际化问题、成因进行了探析。第七章分析了广州市乡村聚落的空间分异与空间边际化的特征、结构、过程和驱动力。第八章结合案例，分析了经济边际型边界地带、资源冲突型边界地带、错位型边界地带的边际化问题和治理对策。第九章以重庆南山前山混杂带为例，分析了城市混杂带的社会、经济、环境卫生和居住环境边际化问题。第十章以广东省东莞市为例，探讨了村镇化地域的社会-空间边际化问题和治理路径。第十一章对边际化理论、边际因子、边际地区类型、中国社会-空间边际化问题进行了总结。

社会转型时期的中国，社会-空间边际化问题突出。减少社会-空间边际化，尤其是贫困地区的绝对贫困问题、边际化乡村发展问题、城市社会-空间边际化地域，保证国民的基本生活质量和空间公平，这是当代国人不可推卸的责任。期待更多的学者投入这一领域的研究中。

王爱民

2015 年 9 月

目　录

第一章

边际地区相关理论

20 世纪 90 年代以来，空间经济非均衡发展中的边际化现象引起了国际学术界持续而热烈的讨论。国际学术界尤其是地理学对边际地区的概念与理论、典型边际地区与边际化过程、全球化下的边际地区响应、边际地区发展问题与反边际化对策等方面进行了研究。

第一节　边际地区边际化的相关研究

边际地区边际化研究涵盖了不同的地域和主题，并与相关的研究形成交叉与重叠。对此，可将其研究大致分成两大类型：一是直接以边际地区边际化为主题的理论与实证研究；二是与边际地区边际化相关联的区域与要素研究。

一、边际、边际化、边际地区的概念界定

边际（marginality）由社会边际（social marginality）和空间边际（spatial marginality）这一组术语组成，用来描述和分析边际的“要素的”和“空间的”两种关联的特性。前者主要为社会学、人类学、文化学所研究；后者主要为地理学、生态学、空间经济学等学科所关注。在“边际因子”驱动下，社会的或空间的边际程度增强的过程就是边际化（marginalization），边际化是社会-空间边际状态、过程、结果的综合性表达。在地理学家看来，空间边际化与社会边际化彼此作用，互为因果。空间边际化是社会边际的内生变量，又是社会边际化的结果。地理学在借鉴和吸收社会边际化研究成果的同时，将社会边际化现象（社会、经济、文化、人口、教育、政治、技术等）和生态环境边际化现象落实到特定空间地域，开展了边际地区的类型、表征、过程、机制和反边际化对策等研究，成为“边际性和边际化”研究的主力。

与经济学的“边际”概念不同，社会学、人类学、文化学将“边际”这一概念用来描述和分析社会、文化、政治和经济等领域中，弱势个体和群体难以获得社会空间资源和全面参与社会生活（Anderson and Larsen，1998；Brodwin，2001；Davis，2003a，2003b）。边际人被社会、经济、政治和法律忽视、排斥，因此在

生活变化中更具有脆弱性（Marcuse，1996；Geddes，1997；Brodwin，2001；Larsen，2002a）。Sommers 等（1999）认为社会经济边际性是社会空间结构和过程的一种状态，在这一状态下特定社会结构下的人（们）落后于整体的社会经济福利水平。Brodwin（2001）和 Larsen（2002a）指出，社会边际性反映底层贫困社会状况的人们，因缺乏资源、技能和机会，较少或限制参与公共决策，较少使用公共空间，具有较低的社区意识和自尊。边际人群通常是被“污名化”的人，被主流教育和经济所排斥。社会边际性往往是被“主流”排斥的结果，与主流社会在经济、政治、文化、教育之间的差距，来自于边际群体难以公平、合法地拥有资源和参与决策过程（Larsen 2002a；Dain，2003）。对此，与贫困人口、性别差异、移民身份、残疾人士、老年人群、种族隔离等相伴出现的不平等、不公正、被排斥、被歧视等边际问题，受到广泛的关注（Mehta，1995；Sommers et al.，1999；Gerster，2000）。伴随人口流动和迁移出现的人口边际化问题，如战争、内乱、自然灾害形成的国际难民，环境破坏、恶化而产生的环境难民，因文化、阶层的差异而导致的移民歧视，发展中国家因过度城市化而形成的城市贫困问题等，成为国际社会和学术界关注的热点。

空间边际又称地理边际（geographical marginality），空间边际落实到特定的具体的地域，就是边际地区（marginal regions）。Enyedi（1994）认为边际地区是那些不仅被现代化进程所忽视，并且长期在经济方面处于劣势，经历了持续性和选择性的人口外迁，以及弱势群体集聚的地区。Leimgruber（1998，2004，2005a，2005b）把边际地区定义为一个位居系统边缘的区域。其区别了外围地区和边际地区的概念，认为边际地区是受核心区影响微弱的地区，进而把弗里德曼的“核心-外围”二元空间模式扩展为“核心-外围-边际”三元空间模式，将边际区域及其研究途径分成区位、生态、经济和社会四种基本类型。Andreoli（1994）强调外围地区是经济系统的内在组成部分，而边际地区则或多或少地远离这个经济系统，并归纳了边际地区的几个具体特征：远离区域行政中心，处于山区或丘陵地带，基于低效农业和手工业生产的脆弱经济基础，极低的受教育程度，这正是对 Leimgruber 归纳的四种基本类型的解释。Sommers 等（1999）认为边际化是在关于幸福的社会经济指标上相对不足的一种状况，是由现代化进程中自由放任政策下市场的不完善或中心-边缘结构中不平等的支配关系所造成的，并相应归纳出“偶然边际化”（contingent marginality）和“系统边际化”（systemic marginality）两种边际化基本类型。Dai（2003）认为，边际地区是无法拥有自己的地位和充分参与地方经济，交通设施差、经济贫困、缺少政治权力的区域。

国际地理联合委员会（IGU，2003）强调：边际是一个随不同类型和尺度下的社会、经济、政治和地理环境变化而变化的动态过程，每个地区都有可能克服这些困难，边际性的负面影响甚至可以作为创新的出发点和潜力；边际可以定义为“生活在相对孤立的文化、社会、经济系统中的一种暂时状态”；边际化是一种在不同空间尺度和社会环境下都会出现的现象，在不利的区位和发展条件下，边际化程度得以强化。空间边际化出现在人类定居点和活动场所，从最孤立的地理定居点到高度发达的大都市，从不发达国家（地区）到发达国家（地区），现行的边际性在家庭、社区、地方、地区、国家、全球不同尺度上可以观察到，边际性的类型和尺度根据不同的自然环境和社会环境而不同（Sommers et al.，1999；Larsen，2002a；IGU，2003；Müller-Böker et al.，2004）。

如同现代与传统、集约与粗放等概念一样，边际性是一种相对的、比较的概念，即相对中心（区）、主流等非边际事项而言。正是空间边际和社会边际特有的含义和它的相对性，赋予了边际研究丰富的内涵、活力和价值。然而，相对性一直也是学术持续争论的话题，边际与非边际依据于主体的认识、感受、价值观念等评判标准而不同。边际性研究，既可以借助适宜的研究方法、分析框架、指标测度进行科学解释，又可以在不同文化价值下进行诠释。

二、边际因子、研究方法和理论模式

边际因子（marginality factors）是对社会边际化和空间边际化产生作用和影响的因素或方面。它包括区位位置、自然要素与自然生态环境、社会经济要素（经济、政治、制度、法律、人口、文化、教育、技术等）与社会经济环境。对边际空间维度的解释，主要是基于区位和距发达中心区的距离，以及边际地区的发展条件（Darden，1989；Hoskins，1993；Massey，1994；Gans，1996；Sommers et al.，1999；Brodwin，2001；Davis，2003a；Leimgruber，2004）。空间边际化程度通常与远离主要经济中心的地理区位有关，缺乏适当的基础设施，被主流孤立而难以发展（Brodwin，2001；Müller-Böker et al.，2004）。边际性以不同强度和类型发生在全球社会经济空间（IGU，2003），形成了边际地区和人们的不同关系及不同形式的问题。Müller-Böker 等（2004）强调，对于发展中国家来说，环境问题是人口动态、政治动荡、集约农业、土地退化、低技术水平和工业增长缓慢的结果。此外，边际性可以进一步被“非民主政权、腐败官员、二元经济、宗教原教旨主义、少数部落主义、宗派主义”放大（Sommers et al.，1999）。所有这些因素可能强化边际性，影响边际地区，人们可能变得更糟，增加全球化导致的两极分化（bipolarization）和分割的国家劳动力市场（Sommers et al.，1999）。

在研究方法手段上，地图由于其直观性使得它在边际地区及边际化过程的研究中受到重视，各种定量分析方法得到广泛的运用。Pelc（1999）基于“文盲率大大超过全国水平就意味着该地区的边际化”的假设，通过文盲率这一指标来研究边际区域。Richard 和 Lonsdale（1999）对不同人口统计学指标进行综合后得出边际地区的地域分布图。本书认为用人口统计学指标来划定边际区域尽管是有效的，但必须谨慎使用。而更多的学者逐步由早期的单因子转向多种边际指标（marginality indicators），包括社会、卫生、教育、政治、经济、自然环境、基础设施等，采取主成分分析、因子分析和聚类分析等量化方法，借助各种统计软件，结合地理信息系统（geographic information system，GIS）技术和制图手段，对边际地区进行综合分析，揭示边际化地区的分布特征。例如，Andreoli（1994）对意大利利古里亚（Liguria）区的研究。

建立模型、解释机理成为边际地区及边际化过程研究中的重要内容。Pigozzi（2004）从传统的时间序列分解法（time series decomposition）中得到启发，提出了一种分解度量边际化的技术，即根据空间过滤（spatial filtering）来确定空间边际化等级，从而支持了空间边际化的特定尺度的理论解释。Tykkylainen（1998）建立了描述空间重构和压力响应过程的“四因素”模型，为边际化过程提供了一个多因子解释。即在任何条件下，为了理解边际化进程都必须综合考虑以下四个因素：总体进程（资本积累、收益性和资本主义生产方式等）、部门进程（需求转移、收入弹性作用、消费模式改变、部门技术进步和理性化等）、政策相关因子（政策体制、地方主动权和教育等）和地方特征因子（传统、自然环境和地方社会资本等），当四个因子中的任何一个发生变化时，都将影响其他因子并与之联合发生作用，从而导致边际地区社会经济结构的重组。Hugo 和 Jaume（1994）关注“文化纽带”（cultural links）所发挥的重要作用，并归纳出文化边际化的循环模型（图 1.1）。Anderson 和 Larsen（1998）等基于全球化在边际地区动力机制中所起的作用，从总体或特定的发展视角和全球（现代化）或地方（自力更生）发展策略的维度出发，总结了边际地区发展的基本评价模型。Schmidt（1998）则进一步从空间尺度与时间变化、内部因素与外部条件、客观事实与主观事实、边际类型与边际化程度多视角出发，构建了边际地区研究的总体框架。

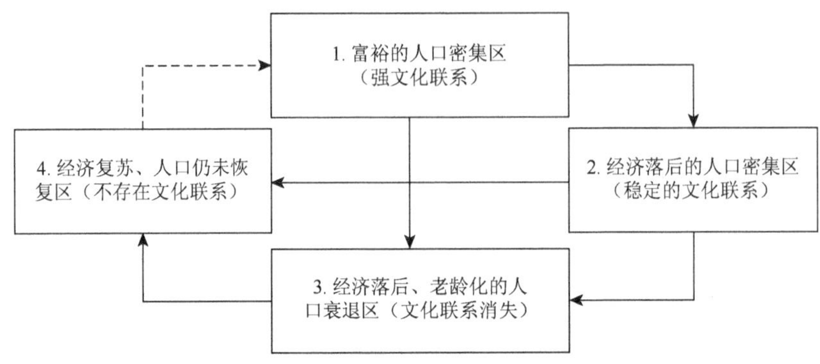

图 1.1 文化边际化循环模型

三、全球化、现代化进程中的边际地区响应

全球化和现代化进程中（表现在城市化、工业化、科学进步、知识经济、信息化和现代公民政治等方面）的区域和边际化响应，成为近年来边际化研究的热点。学者们基于不同边际地区的案例分析，对全球化下的边际化特点、表现、问题等开展了多视角研究。

Leimgruber（2004）探讨了全球化和去规则化背景下的边际地区和边际化过程，并分析了全球化和去规则化的“马太效应”。Scott（1998）在对澳大利亚塔斯马尼亚州的研究中，论证了全球经济重组、国家经济改革和区域边际化的关系，认为以出口为导向的经济既扩大了开放程度，也使其在全球经济重组的兴衰变迁中变得更加脆弱。如果为了保存当地的自然与文化遗产而拒绝融入全球化进程，这也将导致区域被边际化。一些学者基于经典的“极化-涓滴”理论和“核心-外围”模式探讨了边际地区在全球融合下的发展前景，如 Joao 和 Fernanda（1999）所研究的葡萄牙在非洲圣多美和普林西比民主共和国发展中扮演的角色。此外，环境问题也越来越成为人们关注的焦点，尤其是对于环境恶化的边际地区，解决这一难题只靠一国的努力往往难以奏效，必须研究全球性对策，采取共同行动。Thompson 和 Carol（2000）从边际特征、区域融合出发，探讨了非洲南部国家在环境安全上对全球化的地区响应，这为其他区域间的合作提供了一个典型的范例。边际化、全球化、区域性和地方性响应委员会强调：边际地区分析表明，在持续的经济发展进程及其变化和波动中，由于外部和内部的政治、经济、社会的交互影响，全球化进程对国家、地区、地方和个人，具有深刻的、积极的和消极的影响。

一些学者指出，在农业、工业、后工业社会及信息社会，边际化的表现是不同的。Tykkylainen（1998）发现在信息社会中信息、网络和社会团体的可进入性比以前更能决定一个人的边际化地位，并认为信息社会发展的过程会在地理空间上产生新的更加破碎的边际化空间模式。Jussila（1994）从相对微观的角度分析了信息化在边际地区经济发展中的作用，认为信息技术和信息通信业务并不是万能的，但若加以有效利用就能成为开创一条新道路的工具。Rahman（2006）详细阐述了信息网络技术在提高边际地区的生产力、改善服务质量和生活水平等方面的作用，并认为如果能因地适宜加以使用，将使边际地区的人们获得更大的力量。

对于科技文化在边际地区发展过程中的作用，不同的学者有着不同的看法。Jussila（1994）通过芬兰奥陆的发展揭示了基于高技术的经济发展在边际地区是可能的，因此，教育特别是基于高质量大学的教育是区域经济改善的重要因子。

Leimgruber（1994）指出，边际地区新技术引进的受益状况是不同的，总是区域中心多于边远地区，年轻人多于老年人，有能力者多于平庸者。Jones（1994）却认为与世隔绝在很多情况下是发明与创新之母，发展该地而引进的科学技术会带来当地人民财产的损失。尽管多数学者承认边际化状态是由环境、政治、经济和社会等因素所决定，但大多数人并不认为技术能消除边际化问题。Cullen（1994）的研究结论表明，边际化是人类活动的产物，但它却无法通过人们的行动来解决，它是现实世界永恒的特征之一，是无法被消除的。这与认为通过技术手段可以解决边际化问题的现代主义者观点形成鲜明对比，现代化进程并不是解决边际地区及边际问题的灵丹妙药，相反，在很多情况下，它的消极影响也许更突出。Jutta（1999）通过对巴西传统乡村共同体的研究，揭示了基于“绿色革命”理念下的乡村现代化进程不仅没有促进这些地区的发展，反而使当地农民被边际化了。

后现代主义思潮的兴起，引起了人们对传统的反思。Jenkins（2000）重新评价了传统文化的作用，以及它们对边际地区经济、社会和环境可持续发展进程的意义。Anderson 和 Larsen（1998）发现，现代主义者观点下边际地区的发展与后现代主义者的发展观点有着明显的不一致。此外，当前还有一种观点比较流行，与把边际地区看成问题地区的观点不同，其强调这只是现代化生活方式主导下的一种替代性选择，从这一角度看，边际地区成为了现代或技术生活逃避者的天堂。

四、典型边际地区边际化过程案例研究

在边际地区、边际化类型、边际化特征和边际问题研究中，乡村农业土地利用的边际化成为空间边际研究的一个热点议题。欧洲共同体委员会（Commission of the European Communities，1980）认为农地边际化可定义为经济生产能力处于边际化时的那种状况。Bethe 和 Bolsius（1995）认为农地边际化可以被看作是农地收益从多到少的变化，它包括从耕地到永久牧草地、从草地到林地间的各种变化。Brouwer 等（1999）认为，农地边际化可以被看成是一种受社会、经济、政治和自然环境等因素综合驱动作用的过程，一种在现有的土地利用和社会经济结构条件下，农地变得不再具有生产能力的过程。其将欧洲农地边际化过程中农户行为响应的表现归纳为六种形式：①从一种农地利用到另一种农地利用的变化。例如，从种植业用地向永久牧草地转移，典型情形是复杂的农业系统向简单的畜牧业生产转移；②在农地利用系统内部一种不明显的变化。例如，减少投入、降低载畜量、减少基础设施投资等；③农业系统的萎缩。通常包括在好的土地上集约化生产而在差的土地上粗放经营或者撂荒；④土地所有权重组。当一些农民离开了土地，而另一些农民接管这些土地后，为扩大农场规模，土地所有权开始重组；⑤完全的弃耕撂荒；⑥去农化变化。例如，林地向城市用地转移。Cialdea 和

Mastronardi（2014）基于城市中心的作用、人口结构的变化和空间差异，分析了一个沿海农村地区农业土地利用的边际现象。

山区、生态脆弱区和高纬度地区是边际地区的一种典型类型，当前的研究主要集中在人类开发活动对环境的消极影响，以及边际地区对气候和环境变化的响应等方面。Stotter（2015）对山区边际地区对气候变化的适应性及其全球性的指标意义进行了研究。Singh（1994）从土地利用、开发及其环境危害性角度对印度北部的喜马偕尔邦（Himachal Pradesh）的研究发现，对森林资源的无情掠夺导致了环境的严重退化。交通的发展对于改善可达性和克服被边际化有重要的作用，然而，某些情况下它的消极影响可能更加突出。Singh 和 Ghai（1999）对喜马拉雅地区的一个集水盆地的研究表明，道路建设将造成滥伐森林和土壤退化，从而加剧该地区的边际化程度。此外，土地利用和占有制度也将对边际地区产生重要影响，Petagna（1999）对阿根廷西部南美大草原乡村边际地区的研究表明，群落交错区到农业和畜牧区的转变正是该地区边际化的主要原因。更严重的是，尽管远离城市和工业中心，边远山区还是避免不了城市和工业排放物的影响，这将对生态系统造成沉重的负担，Lenz（1994）通过欧洲和亚洲的研究发现，除非这些排放物减少 75%，否则边远山区环境将继续恶化，并继续被边际化。Petrov（2012）分析了加拿大和俄罗斯及其北部边界区域的多极化和边际化，基于概念化和逻辑化的识别空间经济分异和“核心-外围-边际”空间结构，验证并对比了两国北方的区域差异和边际程度，认为加拿大和俄罗斯的空间结构具有惊人相似性，当代北方是在经济上被割裂的边际化地区。

欠发达地区的研究本身在学术上就有重要意义，以往大部分的理论和模型都是基于发达地区的动力模式，而第三世界国家则有着不同的社会、经济和空间结构，这就要求不同的解释模型。Mehta（1995）力图引进一种定义二元经济结构国家极化和边际化的方法。一些学者则试图尝试一些经典空间理论在发展中地区的应用，Sommers 等（1999）对南北国家社会空间边际化形式和过程的不同基础进行研究，阐明了南北国家的边际化性质和成因的复杂性及其对社会和空间的不同影响。Dai（2003）基于遥感地理信息系统方法和社会、经济、人口数据，对菲律宾南部边际地区的发展进行了分析，指出新兴农业企业、农业改革的实施、商业活动、土地适宜性及其开发速度影响着人口迁移，今天观察到的人口边际化和土地利用是人口迁移的历史产物。

转型国家或地区是一个与众不同的群体，而处于边际化地位的转型国家或地区则更显出其特殊性。社会主义国有经济向民主市场经济的转型是个加速空间极化的过程，导致了区域的不平衡发展，从而使得边际地区处于一种极端不利的地位。但是政治转型的结果——跨边界经济联系新的可能性和地方政府及一些地方发展机构、组织的逐渐壮大，也将给边际地区带来新的希望。Enyedi

（1999）以位于欧洲半边缘地区的匈牙利为例，探讨了特定区域条件下的边际化内容、边际地区类型及社会经济转型对边际地区的影响。类似地，Koutny和 Vaishar（1997）通过对捷克几个典型区域的研究，分析了社会转型的消极影响，力图寻求边际地区的未来繁荣之路。Potts 和 Mutambirwa（1999）以津巴布韦为例，研究了经济结构调整计划（ESAP）对乡村和城市经济边际化社区的不同影响。Tykkylainen（1998）对比了俄罗斯和匈牙利转型过程中乡村经济结构重组中的不同，阐述了俄罗斯在资本主义出现过程中为摆脱边际化所做的努力。

对社会经济转型时期的中国边际化问题，近年来已备受海外学者关注（Cheung，2009）。吴缚龙等从城市社会空间分异角度，对中国城市空间边际化问题进行了研究（Wu and Webster，2010）。Rahman（2006）讨论了中国南部边际和危机地区的发展变化轨迹。Zhang 等（2007）侧重从社会学角度对中国乡村边际化、进城务工人员边际化、贫困和边际化的制度应对、健康空间的社会的边际化等方面进行了研究。目前国内直接以边际地区和区域边际化为主题的研究缺乏，相关研究主要集中于贫困山区成因与反贫困化对策、山区资源环境与可持续发展、山区特色经济与产业发展、区域差异与区域协调等。

五、边际地区发展与反边际化对策

边际地区的发展问题近年来备受学术界关注，学者们从政策倾斜、区域规划、技术进步、教育培训和边际地区旅游等方面探讨了边际地区从“恶性循环”到“良性循环”的可能性和途径。Leimgruber（1994）区分了区域政策的两种可能结果：不符合需要的差异性（undesired disparities）和受欢迎的多样性（desirable diversity），前者如收入差异，是需要去减少的，后者如文化多样性，则是需要努力去保存的。他认为，如果发展的目标是区域的而不是功能的，从世俗价值观（secular values）到神圣价值观（sacred values）的转换就不可避免，前者包括效率、个人主义、集聚、从上至下、短期、数量和利润等，后者则涵盖了公正、团结、分散、由下至上、长期、质量和可持续性等。

Dahl 和 Tevera（1999）强调了发展战略在走出“匮乏陷阱”（the deprivation trap）、实现“良性循环”中的重要作用。尽管区域政策和发展战略十分重要，但大都由处于中心的决策者所制定，因此，他们对贫困地区的人和发展问题所持的态度则更为重要。Anastasi A 和 Anastasi M（1996）在对阿根廷干旱贫瘠地区的研究中认为，城市决策者的消极态度抑制了沙漠地区的社会经济发展。一些学者对现行政策提出批评，强调决策者必须充分顾及居民的态度和传统文化，认为一个善意的计划，即使伴随着足够的投资，如果决策者忽视了当地居民的态度、价值观和传统文化，这个发展战略也是不可能成功的。Tourn 在 1996 年所讨论的例子，即 20 世纪 60 年代南美大草原中部地区制定的发展战略的失败就是一个最好的证明。Jussila（1994）强调了当地居民和地方文化在地方发展中的重要作用。

边际地区的发展，依托于适宜产业的支撑。旅游业因其能使边际地区掌握主动权并获得再生而备受青睐。克里斯塔勒对地理学的贡献并不局限于中心地理论，他很早就进行了边际地区的旅游影响研究，并认为“旅游给了那些经济上不发达但对旅游者有较大吸引的地区一次发展自己的机会”（Rahman，2006）。此后对边际地区的旅游研究也逐渐增多，Wallace 和 Russell（2004）提出“生态-文化旅游”的概念，并将其作为促进文化边际地区和生态敏感区域可持续发展的手段。Almedal（1996）就旅游对挪威北部四个地区的经济影响进行了评估。Lundgren 和 Britton 于 1996 年建立了关于游客空间分布和旅游业的核心-边际理论模型；Young（1994）将边际旅游分为边际地区旅游（MRT）和边际化群体旅游（MPT）两种类型，并提出新的旅游空间模型，从内到外由集约旅游带、粗放旅游带和外围旅游带三个圈层组成。

边际地区（问题）与边际环境（问题）具有对应的难以分割的关系。环境贫困形成的生存贫困、生存贫困导致环境恶化的问题一直备受关注。Bourdier（1998）分析了柬埔寨东北边际地区的环境状况、妇女社会边际化和健康问题。在对生态危机和传统人地关系的反思中，对人类与环境耦合关系的关注逐渐占据了学术研究的主流，可持续发展的思想备受重视。人们日益认识到边际地区的人和环境的脆弱性，以及可持续发展在边际地区中的重要作用。在印度喜马拉雅山的边际地区，由于多数男人都外出，妇女成为生态保持和文化重建中的积极参与者，Singh 和 Juyal（1996）阐述了她们在可持续发展中所扮演的重要角色。在边际地区的资源利用和环境管理方面，Briggs（1993）、Cullen（1994）和 Partap（1999）等学者做了大量的研究工作。正如“社会契约”中我们是社会的成员一样，Romanowski（1994）基于人类是环境的一部分提出了“生态契约”（ecological contract）的概念。Andreoli（1994）主张未来的区域政策应提倡可持续发展，更多地基于内生的资源，更加尊重环境并消除地区间的巨大差距，从而实现边际地区的可持续发展。

第二节　区域的要素的相关研究

空间边际化跨越了广阔的地理区域和多样化的研究主题，结合本书研究的体系，本节重点对边界地带特征与问题、城乡交错带特征与问题、农地边际化、贫困化与边际化进行述评。

一、边界地带特征与问题

边界地带或边界地区作为一种特殊的“界面区域”和“问题区域”，一直为国际社会和学术界所关注。对特定地区和国家边界的历史变化和社会研究一直是历史学者的工作之一。长期以来，一批学者聚焦于边界地区的民族、文化、社会、经济等中断、冲突、整合关系，从事跨边界的民族学、人类学、文化学的研究（Barth，1969；Reganold and Christensen，1986；Verdery，1994；Razin and Hasson，1994；Alvarez，1995）。

近年来，国外不少学者从地理学和景观学角度对边界地区的地理特征、发展问题、差异与整合、地方主义、城乡冲突等进行了广泛探讨（Reganold，1990；Dennis and Minghi，1991；Razin and Hasson，1994；Kaplan and Hakli，2002）。Jame 和 Dowd（2000）从人文地理学角度对欧洲边界土地的社会文化、多元文化与合作交流进行讨论。

针对边界地区日益增加的边界问题压力，有部分学者探讨了跨边界的领土争端、民族冲突、地方政策矛盾、自然资源安全、大气污染管理、资源协作开发、交通通信网络建设、区域合作等问题，形成了边界地区（地带）研究的地缘政治学、地缘经济学、地缘环境学、地缘资源学等不同的研究视角。国外学者对边界（边疆）地区的研究多集中于国家这一行政等级层面，相对而言，对国内“亚行政边界地区”的研究则显不足。事实上，因历史、文化、地方中心主义和地方利益驱动等原因，不同行政等级的边界地区皆具有的一种或强或弱的亚地缘政治、经济、环境现象。在中国现行行政管理体制下，省市、县区和乡镇层次的各种亚地缘现象均值得关注。

不少学者对“提高政府和非政府组织处理跨界发展能力”给予了高度关注，这方面的研究涉及交通通信和基础设施的整合、社会公共机构的能力开发、政策支撑特别是制度体系重构，成为都市地区管治和区域合作的中心议题之一（Deas and Giordano，2003）。Dai（2003）分析了信息时代欧洲区域和城市的跨国化问题，其认为跨边界政策网络的建设，在欧洲联盟制定政策上为区域和当地政府更直接的融入提供了机会，在信息社会里，“跨国空间”的创造将导致欧洲管治模式从等级权利结构向网络管治结构的根本性变化。

McCarthy（2003）认为跨域合作涉及当地与区域公共、私人和非营利性实体等所组成的网络的协作，同时还包括以其所在区域或区域集团的利益为中心与更高级政府的合作。Vries 和 Priemus（2003）指出：连接西北欧主要城市的大型廊道面临空间管治的挑战，集体行为的变革影响着这些地区的发展，而成功与否强烈地取决于部门之间、政府-私人的、国家-地方的跨边界协调。Neil（2000）认为美国城市区域正在被种种内部冲突和矛盾所渗透，大都市的区域主义者是地方特性政治对社会空间分化和不平衡的地理反应；当前对大都市合作问题的讨论，代表的是当地、州、联邦机构、活动者和当地社会运动的"新等级政治"。一些学者认识到，城市的行政边界存在着不同的响应模式（Anderson and Larsen，1998），空间的复杂性、多重行为主体利益协调的困难和重要性，使城市地区空间规划和管治任重而道远（Williams，1999a，1999b）。米克认为，美国大都市管理中出现了联邦-州-地方统治范式向全球-区域-邻里治理范式的转移。Sullivan 和 Skelcher 分析了英国地方跨域合作演进的原因，指出政治环境、操作机制及财政状况是影响政府间跨域合作的重要因素；欲促使跨政区问题能得到圆满解决，可以采用契约（contract）、伙伴关系（partnership）及网络（network）三种形态，利用可行的合作机制、协同发展组织，甚至"公司治理"来增进其解决能力，以提供政府经营之重要发展途径。针对跨区域政府合作的协调机构建设；西方学者对跨政区协调研究的内容主要涉及多重行为主体利益关系协调及不均衡问题、政府和非政府组织跨地区协调能力的建设、城市地区政府结构与功能对快速变化的社会经济适应性等方面。从理论支撑看，涉及管治理论、全球化理论、地方变化理论和冲突理论，但目前对相关理论的梳理与整合仍然较为薄弱。其研究视角大多从政府管治出发，对跨区域的政府合作及都市内部的政府合作、合并、协调模式进行研究，以城市地区地方政府作为基点的研究的则相对较少。中国的政治体制、行政体制和文化特质与西方国家存在较大差异，特定的国情条件下，"地方政府-行政区域"对地方社会经济的作用具有一种"放大效应"，这在行政边界地带表现得更为明显。在借鉴国外学者理论方法的同时，对中国特有的内在作用机制进行研究，可以丰富目前的跨政区协作理论。

目前国内对边界地带的探析多集中在跨国界合作、边界地带的空间组织结构、跨边界区域环境管理、边界自然资源开发、边界地区冲突与跨界治理等内容上。陈钊（1996）对涉及行政边界地带的基本涵义、研究内容、研究意义和目的及行政区边界区域范围的确定等问题进行了初步探索。安树伟（2004）针对中国省区交界地带经济活动的基本特征，分析了省区交界地带经济发展中面临的主要问题。李铁立（2004）从人文地理学的角度，通过对边界、边界效应、边境区位等的系统研究，揭示了三者对跨边界次区域经济合作的影响，以及跨边界次区域经济合作的动因机制、制度安排和组织特征等问题。

行政边界地带冲突的复杂性是由冲突主体之间的相互作用关系产生的，而这种相互作用关系最集中地体现在边界上（李琼，2004）。郭荣星（1993）认为多维边界地区的空间约束条件更加复杂，区域内各种生产要素更难实现空间优化组合。肖金成（2004）认为省区边界地带是"阳光照不到的边缘区"，它们与省域中心地区的经济发展差距是一个长期受人忽视但却深刻影响中国经济发展的大问题，这一差距比东部与西部地区之间、城乡之间的差距还要大。作为中国行政序列的基层组织——县及县际边界地区的可持续发展问题，也引起了学者的注意（齐恒，2005；罗锋华等，2005）。

行政边界地带的环境问题、环境资源关系已成为重要的区际社会关系和社会矛盾，极大地影响着区域协调发展，不断引发地区间的摩擦、纠纷和冲突。安树伟和张素娥（2004a）通过对黄河小北干流段两岸滩地的纠纷与解决的分析，从行政区之间协调成本的角度对我国行政区交界地带的环境整治问题进行了分析，并认为黄河北干流河务局的成立是一种制度变迁，其直接效果是协调成本的降低。吴晓青等（2003）提出缺乏补偿是江河上游与下游地区间矛盾产生的重要原因，也是环境问题难以解决的重要原因，必须建立由政策法律制订机构、补偿计算机构、补偿征收管理机构等组成的区际生态补偿体系来加以防御。

一些学者敏锐地注意到跨政区冲突的制度问题。严重敏和周克瑜（1995）较早对跨行政区区域规划给予了关注，强调通过“利益协调机制、政策调控手段、组织管理和政区制度改革”来解决区域经济一体化中的跨行政区域发展与规划问题。刘君德和陈占彪（2003）指出，我国目前所存在的行政区划问题，在深层次上是地方政府与地方政府之间的利益矛盾，要解决区域（跨界）发展中的行政区划体制矛盾，要在转变政府职能、建立政区之间公平合理的利益协调机制与体制的改革上下功夫。张京祥等（2002）在《都市密集地区区域管治中的行政区划影响》中认为行政区经济是经济体制与行政体制的相互作用在“行政区划”层面上的具体表征；从深层次理解中国都市密集区行政区划负面效应产生的机制，可以将它归结为经济体制转型与行政体制变革的不匹配。

总体上看来，目前国内学者对边界地带的实证研究多集中于国际边界和省际边界的宏观空间尺度上；而对中观尺度的市、县（区）边界地带，微观尺度的镇、街等的行政边界地带关注甚少，对不同行政等级层次边界的边际化问题和理论解释则显不足。

二、城乡交错带特征与问题

城乡交错带既是一个富有多样性、变化性、过渡性和增长潜力的区域，又是一个问题密集、群发的“问题区域”。德国地理学家赫伯特·路易斯于1936年最早提出城市边缘区概念，他在研究柏林的城市地域发展及城市形态变化时发现，由于柏林的不断发展，柏林市区的建成区不断向外扩展，城市周边的乡村土地形成城市边缘新的特殊区域（Louis，1975）。随后国外关于这一区域的相近似概念——“城乡结合部”、“城乡交错带”、“半城市化地域”等不断被提出来。果勒杰（Golledge，1960）归纳了城市边缘区的七大特征：①土地向外扩张是混杂带持续变化的模式；②农场规模较小；③集约型农业生产；④外来人口变动幅度大，密度属于中低等；⑤居住区扩散迅速；⑥大多数拥有不完善的服务和公共设施；⑦投机倒把性建筑较多。普内尔（Pryor，1968）认为，这类地区大多数位于中心城区连续建成区与外围以农业人口、农业土地利用为主的腹地之间，兼有城市和乡村特征、人口密度低于中心城区但又高于其他农村区域，在土地利用、人口社会、生态环境具有过渡性。

20 世纪 70 年代，国外关于城市交错带的研究进入成长发展时期，其研究多集中于城市交错带的地域结构形成、演变过程和机理。90 年代以后，城乡交错带的研究视角逐渐由区域视角转向微观层面，学者开始对第三世界的城市边缘区给予关注，研究城市边缘区的人性化建设及边缘城市的形成。美国学者高乐（Joel Garreaul）将在原中心城市周围郊区发展起来的兼具商业、就业与居住等职能的综合功能区域称为边缘城市，并首次提出边缘城市这一概念，引发了对城市交错带研究的热潮。

20 世纪 90 年代，随着城市化进程的加快，城市边缘区问题的日益凸显，我国学者开始城市混杂带的研究，研究重点集中在概念、特征、范围界定及演变机制上。随着遥感技术、GIS 技术的广泛应用，研究手段多样化。罗彦和周春山（2005）提出城市边缘区具有以下四个特征：①盲目性和自发性生长；②界面变化快，是农业人口转为非农业人口、农村景观转为城市景观最集中的地区，是外来流动人口的主要集聚地；③以第二产业、第三产业为主导，呈现动态变化、被替代的概率大、抗干扰能力弱的特征；④存在复杂多变的城市建设和管理、人口结构、经济成分、产业结构、生态环境。刘巧琴等（2014）强调了城市边缘区人口的过渡性和动态性、社会空间分异性、景观要素的距离衰减性等。

综上所述，城市混杂带具有以下五个特征：①人口结构复杂，人口素质不高，人口增长快速，外来人口流动强；②对主城区依赖性强，与城市中心联系密切，在技术、资金、人才、信息和市场等方面联系密切；③生态环境系统脆弱，环境问题（如环境污染）较其他地区更为严重；④土地利用性质处于动态变化中，土地开发密度高于中心城区低于农村，土地利用权属复杂，处于土地市场和管理的无序状态；⑤受城市服务功能的渗透明显，但公共基础服务设施不完善，受行政体制的限制多，在人口、经济及社会的管理上能力较弱。

国外对城市交错带的问题研究非常广泛。伊思德・查尔沃思（Charlesworth，2005）从城市边缘与中心、边缘城市、生态边缘等角度对城市混杂带作了更加细致的分析。把城市交错带的问题归结于公共领域与私人开发之间矛盾。马提思・奎斯特伦（Qviström，2008）对城市边缘的垃圾堆放、景观恶化等现象及其产生的根源进行了披露。斯塔琴科和奥卡萨纳（Starchenko and Oksana，2008）

视城市边缘区为后现代城市发展问题的诊断工具，提出城市边缘区已处于城市体系的顶层，在加拿大的城市发展中起重要作用。Phelps（2009）强调了城市规划对边缘城市建设的重要性，认为边缘城市是美国自由市场制度的产物。此外，刘易斯（Lewis，2009）探讨了城市边缘区的空间开放问题，Zebardast（2006）讨论了德黑兰都市边缘区的贫民与居住问题，Gant 等（2011）研究了伦敦边缘区的农村政策问题。

近年来，国内对城乡交错带问题研究的成果颇丰。范凌云等（2014）将问题总结为土地利用对立、产业发展的低端化、空间布局的混乱、规划管理的过度集权等，并认为城市中心与边缘地区双轨的城市化路径、土地所有制的二元性管理及城乡规划管制的缺陷是城市混杂带问题的根源所在。李世峰（2006）就北京城市边缘地区人口的增长过快、人口素质偏低、空间分布不均、土地利用与产业结构不合理、城乡差距大，以及人口居住隔离、流动人口多、社会秩序差、违法犯罪率高等社会问题做了深入研究。陈峰云等（2003）阐述了城市混杂带犯罪问题的环境影响，并提出了解决方案和措施。

城市交错带问题的解决直接影响到城市整体经济实力的提升和生态环境的可持续发展，对此许多学者提出了自己的看法。魏竹琴（2002）强调了政府应给予城市边缘区更多的关注，尤其是在物质环境建设、城市产业布局、社会保障体系完善等方面。李和平和李金龙（2004）提出了城市混杂带应采用建立社团参与的区域管治制度、有秩序的集中和疏散相结合的发展模式，以及更加灵活的与之相对应的规划手段。程文和赵天宇（2003）着眼于城市混杂带大型公共设施的完善，提出了应从城市发展战略、城市交通体系与政策、城市经济与环境等方面对混杂带大型公共设施进行综合一体化规划设计。邢忠和魏皓严（2003）从城市混杂带“四不管”的蔓延式推移建设状态出发，提出了促进城市边缘区的理性分期推移。

三、农地边际化

农业土地集约经营最早始于德国古典经济学和农业经营学，研究的内容主要涉及农业集约经营的影响因素、集约经营差异化和空间分异的表征、农业集约度定量分析、规模报酬递减律作用下的适度集约度。这些研究源于农业经营中在单位土地面积上投入强度差异的思考。在这方面，德国经济学家做出了举世瞩目的贡献。布林克曼的《农业经营经济学》对农业集约经营提出了不少有价值的观点：“对各色各样的农业经营形态作一般研究时，区别粗放的和集约的经营形态具有根本的意义……但是，粗放和集约这两个术语，仅具有一种相对的和相反的意义。”布林克曼依据报酬递减律，认为合理的集约经营存在收益的界限。他提出的土地

集约利用公式为 $I=(A+K+Z)/F$。式中，I 代表集约度；A 代表工资费用；K 代表资本耗费；Z 代表资本所需支付的利息；F 代表耕作面积。艾瑞葆在《农业经营学概论》"集约度学说之纲要和指导原理"部分中，列举了对农业经营集约度产生作用的各因素一览表和对农业经营集约度差异进行辨识的一览表，系统地进行了农业集约影响要素与集约度差异辨识。在德国学者看来，土地集约经营影响产出和产出效益，但产出并不是集约本身的内涵。农场主是否选择集约或粗放土地经营方式，主要取决于他对农业生产条件和市场的判断。

中国社会转型时期出现的农地粗放化经营问题已引起广泛的关注，而农地边际化是一个比农地粗放化更宽广的术语，与合理或理想的土地经营相比，农地边际化既表现为低投入，又表现出低产出效益。近年来中国学者对农地边际化开展了较为系统的研究工作。刘成武和李秀彬（2005，2006）对农地边际化的定义、类型、表现、诊断进行了梳理和探索性研究，在已有研究的基础上将农地边际化定义为"一种受社会、经济、政治和环境等因素综合驱动作用的过程，以及一种在现有的土地利用和社会经济结构条件下，农地变得不再具有经济生产能力的过程"；基于边际土地（投入等于产出收益为零的土地），将农地边际化分为高端边际化（广义边际化）和低端边际化（狭义边际化）；依据自然环境限制和社会经济影响的差异，将农地边际化分成真性边际化（自然型边际化）和假性边际化；以三大粮食作物生产的平均状况为例，对中国农地边际化现象进行了宏观层次的诊断研究。郝海广等（2015）运用经济学的理论，并以具有代表性的边际农区为例，建立了农户决策模型，并剖析了务农机会成本对农地边际化的驱动机制。邵景安等（2014）结合 3S 技术，利用遥感影像和森林工程图，结合社会经济统计数据，分析了重庆市石柱县耕地边际化的特征和发生原因，并提出针对不同成因下的边际化区实行不同的"顺边际化"和"反边际化"政策。闵弟杉（2013）分析了在"林进粮退"的发展趋势下阻碍农地边际化发展的影响因素，即制约农地边际化的主要后拉因素。针对这种地区的农地边际化，一些学者抛开其形成机理，提出"对特定边际地区进行有针对性的特色开发，使其最大限度地发挥其经济潜力"的观点。此外，一些学者对农地边际化背景下农地响应行为及其对粮食安全的影响（黄利民等，2009），以及丘陵山区经济与环境的影响进行了探讨（张连莲，2012）。

四、贫困化与边际化

从地方的贫困到全球的贫困，贫困问题一直是社会和学术界关注的重要议题，其研究成果可谓是汗牛充栋。学者们从贫困表现、贫困原因、贫困测度、贫困伦理、贫困与环境、贫困地区贫困人口的脆弱性、易损性等方面开展了广泛的研究。

近年来，国外学者转向贫困政治和贫困制度的思考。《国际社会科学杂志》（中文版，2005 年 2 期）发表了多篇有关贫困与人权关系研究的文章。库碧在《贫困：对人权的侵犯》中分析了在种族歧视下贫困与人权的关系，强调了“法律无法界定贫困”。皮埃尔·萨内指出，每个人都应意识到，当我们的文明在全球推进它前所未有的繁荣时，其显著特征就是持续不断的贫困增长，贫困影响着世界一半的人口。姆邦达指出，贫困是系统性歧视的结果，强调贫困是一个全球性的或国际性的问题，使每个人享有脱贫权是全球责任。

边际性和贫穷通常被用作同义词，贫穷意味着缺乏或限制拥有住所、食物、清洁的水、卫生保健、教育、就业、代表性和自由权力，生活的每一天都存在一个不确定的未来（Gerster，2000；Coudouel et al.，2004）。在很大程度上，贫困是脆弱性、排斥、不平等的根源，并与空间边际性和社会边际性密切相关。贫困与边际两者在概念和应用方面存在很大差异，贫困分析往往局限于绝对的或相对的指标测度，而边际分析则更加注重边际化过程和机制，其研究可以覆盖更广泛的内容（Gerster，2000），从穷人到富人、从平民到明星不同的社会群体。

第三节　边际地区研究进展评述

与“增长极”和“空间极化”相呼应，“边际地区”和“空间边际化”对“危急-问题区”及其机理提供了一套理论解释，展现出地理学的空间差异和空间关联研究的新视角。经过 20 多年的探索积累，边际地区边际化研究成果颇丰，其学术影响力在不断增加。这得益于国际地理联合会及其下设的专题组和专业委员会的全力推进（表 1.1 和表 1.2），以及一批长期致力于边际化的研究、组织和领引的学者的不懈努力（表 1.3）。

表 1.1　第 29 届至第 32 届国际地理大会有关空间边际讨论的内容与议题

届次	年份	委员会名称	讨论的内容与议题
29	2000	边际地区和危急地区动态委员会	城市与乡村的区域差异，边际地区和脆弱地区动态，边际化的概念与研究方法、城乡交错带的发展，传统区域改造，农业与农村特征的变化
30	2004	①寒冷地区环境委员会；②干旱土地、人类、环境委员会；③边际化、全球化、区域性和地方性响应委员会	①跨学科探讨寒冷地区的地质生态系统；改善冰缘环境；将寒冷地区的物理环境与社会经济环境结合在一起，推动其可持续发展；②促进干旱地区地理问题研究，监测干旱地区的人类与环境变化；③进一步了解边缘化和全球化的进程中被边缘化的尺度范围；通过研究和分析各种因素，有助于在动态空间和结构的边缘，研究边缘地区的关系；研究人类对全球变化的响应，包括边缘化的影响
31	2008	边际化、全球化、区域性和地方性响应委员会	①从城市和区域变迁看边缘化；②农村地区的边缘化与社会活动；③边缘化局部反应；④基础设施流动与边缘化；⑤从住房和社区看边缘化

续表

届次	年份	委员会名称	讨论的内容与议题
32	2012	边际化、全球化、区域性和地方性响应委员会	①从合并到地方；②墨西哥市社区民众：空间的边缘？③流动人口空间再生产：社会地理学的视角；④农村-城市拓扑空间：输送边缘到边缘？⑤边缘化背景下的全球粮食问题；⑥英语会使得其他科学语言边缘化么？⑦不丹的边际地区改变生计的策略；⑧边缘化中的空间表现；⑨克服边缘化还是增加异质性？⑩通过旅游业发展地方的新地方主义；⑪形式化的都市农业实践是边缘化的一种回应；⑫1960～2010 年：东南亚山区在调整和边缘化之间徘徊；⑬农村结构调整对边缘地区时空行为模式的影响；⑭发展、边缘化和身份认同问题

表 1.2　边际化、全球化、区域性和地方性响应委员会的主要目标、关注焦点和研究主题

项目	内容
主要目标	①进一步理解全球化框架下的边际化过程和边际特性，研究不同尺度下和空间边际化的动力、结构和影响因子。②分析作为人们决策行为结果的边际性，理解这一过程中的不同行为主体的作用，以及他们对目前境况的响应。③为识别各种类型的边际和地方、区域的响应，发展比较研究方法，评估在日益增强的全球化中的作用。④基于区域可持续发展，研究政策对边际地区社会经济问题的响应，全球化和边际化对人们产生的影响
关注焦点	①批判性评估全球化对地方和人的作用结果，尤其是那些被忽视正在边际化的地区；②全球化、边际化对地方及人的相互关联作用；③全球性和边际性对地和人的直接或间接联系；④在日益紧密联系的世界、地方和区域中，认识和理解在文化和政治方面的差异性和多样性；⑤环境因素十分重要，由于资源保护和开发利用存在的问题，关系到全球互动过程和模式，也涉及全球和地区环境保护的伦理
研究主题	①全球化世界尤其是南方边际化的关键问题；②全球化和边际化的动因；山区和全球化；③全球化和边际化背景下环境、社会、经济和技术展望；④社区、地方和区域对全球化和边际化的响应；⑤应对边际的政策；⑥中心–外围的变化动态；⑦边际的过去、现在和将来；⑧社会不平等和社会排斥

表 1.3　空间边际化主要研究成果（丛书、论文集、专著）表

主编/作者	书名	出版社	出版年份
C. D. Chang，S. C. Jou，Y. Y. Lu	《边际地区的边际性和发展问题》	Taiwan University	1994
R. Majoral，H. Jussila，F. Delgado-Cravidão	《地理空间中的环境与边际：21 世纪的土地利用、空间边际化和发展问题》	Aldershot；Brookfield，VT：Ashgate	1998
H. Jussila，W. Leimgruber，R. Majoral	《边际响应：地理空间中的理论问题和区域边际响应》	Aldershot；Brookfield，VT：Ashgate	1998
H. Jussila，R. Majoral，C. C. Mutambirwa	《空间边际—过去、现在、将来：边际和危机地区的文化、社会、经济因素的理论与方法》	England；Brookfield，VT，USA：Ashgate	1999
H. Jussila，R. Majoral，F. Delgado-Cravidão	《21 世纪地理空间的全球化和边际化：发展中的政治、经济、社会问题》	Burlington，V T，USA：Ashgate	2001
H. Jussila，R. Majoral，B. Cullen	《持续发展和地理空间：边际地区的人口、环境、全球化和教育问题》	Aldershot：Ashgate	2002
M. M. Valenca，E. Nel，W. Leimgruber	《全球化挑战和边际化》	New York：Nova Science Publishers	2008

续表

主编/作者	书名	出版社	出版年份
W. Leimgruber	《全球化和地方化之间：全球化和放松管制下的边际地区边际化》	Aldershot；Burlington，VT：Ashgate	2004
W. Leimgruber，R. Majoral，C. W. Lee	《边际地区的政策、战略，总结与评价》	Aldershot：Ashgate	2003
H. X. Zhang，B. Wu，R. Sanders	《中国的边际化：基于社会转型和全球化视角》	Aldershot，England；Burlington，VT：Ashgate	2007

中国台湾学者在边际地区及边际化过程的研究中走在前列，1993 年，张长义在台湾主持召开了一次边际地区及边际化过程的国际研讨会，并出版了其研究成果。目前国内学者以“边际地区边际化过程”为主题的系统研究欠缺，相关研究集中在边际地区土地利用、农地边际化、边缘区边缘化、历史时期边际地区问题、区域差异与区域协调、贫困成因与反贫困化对策、教育社会和地区公平等方面。

严瑞珍（2004）对中国贫困山区的现状、分布、实现脱贫的条件、途径、方法、步骤和应有的特殊经济政策开展了系统深入的探讨，对太行山区开发的制度创新、资金筹集、资源开发与支柱产业选择进行了分析，其理论与实证研究成果在学术界富有影响。一些学者探讨了特定省区边缘化地区特征、形成机制与影响（修春亮和袁家冬，2002；陈晓华和张小林，2004；梁留科等，2008），有的学者对中国社会转型中出现的教育边际化、弱势群体、外来民工边缘化等社会边际化/边缘化问题进行了探讨（游明和赵蓉，2006；杨润勇，2007；张立建和甘巧林，2008）。罗伟卿（2009）分析了作为公共财政框架部分之一的基础教育的分权管理，即基础教育的事权主要由地方政府，尤其是县、乡两级政府来承担，存在不合理性。这会导致地方政府在优先考虑经济发展等“硬指标”时，压缩基础教育方面的投资。近年来，高考录取省市之间的公平问题引起了社会争论和学术关注。张千帆（2011）从大学招生指标制度和录取标准的地方差异出发，分析了高等教育机会不平等的社会后果，认为招生指标等高等教育领域的地方保护主义行为违背了宪法平等原则。王卫明（2013）指出，中国高考招生中的不平等主要表现在两个方面：一是重点院校的分省招生指标制度对本地考生的特殊照顾从而构成对外地考生的歧视；二是以各省高考录取率的悬殊差异体现出来的不同省区考生接受高等教育机会的不平等。其认为高考招生的改革方案应实现各省高考录取率的大致相等，以保障每个考生有基本相同的接受高等教育的平等机会。这些研究主题较为分散，理论支撑有所不足。中国作为一个快速发展的地理大国，在全球化、工业化、城市化背景下，处于急剧的社会边际化和空间边际化互为增强的过程中，对边际地区及其发展问题进行针对性研究意义重大。

国际学术界边际地区研究总体发展趋势是：由边际地区概念界定到内涵拓展，由单要素分析到多元边际因子分析，由边际地区内部要素分析转到对全球化响应分析，由边际化现象问题研究转到边际化后果的行为方式与社会整合分析。总体上看，学术界对边际地区边际化研究已有相当的积累基础，对边际地区和边际化的概念、类型、特征、问题、成因已有初步揭示。在研究内容上，形成了区位、生态、经济、社会、文化、政治、行为心理等多元化方向。在研究方法上，选取多种变量参数，采取主成分分析、因子分析和聚类分析等量化手段，借助各种统计软件，结合 GIS 技术，对边际地区的时空特征、动力机制进行研究。

然而，其不足之处在于：重视全球化，但对工业化、城市化进程中的空间边际化研究不足，而这对发展中国家来说尤其重要；重视核心-外围-边际的空间结构分析，对多极城市经济极化作用下的边际化研究不够；注重边际要素分析，对空间极化与空间边际化耦合作用机制研究不足；注重全球化的区域与地方响应，但边际地区的地方垂直综合研究与空间水平关联分析相脱离；研究的尺度，集中于宏观和中观尺度，对小尺度的地域研究仍有不足；在研究群体上，以发达的欧美地区学者为主体，发展中国家学者参与较少。目前区域边际化研究仍处在边际化概念界定、边际要素多维分析、边际化理论构建阶段。边际化研究，面临着“边际地区边际化内涵的深度拓展、不同类型边际地区的精细解析、边际化理论的进一步整合”的挑战。

第二章

转型时期的社会-空间边际化问题

20 世纪 80 年代以来，中国开始了从封闭走向开放、从计划经济走向市场经济的历程。在全球化、市场化、工业化和城市化进程中，经济增长、基础设施建设、城镇发展、生活质量提高等方面取得了明显成效。然而，在经济高速增长和社会财富快速积累的同时，社会处于急剧转型、分化、断裂之中，不同社会群体之间和地区之间的收入水平差距也在持续扩大，社会边际性和空间边际性显著增强，严重影响到中国社会经济的健康发展。基于边际性分析视角，本章重点对社会-空间边际化问题、全球化、城市化、人口流动中的边际化问题、乡土文化边际化问题、教育空间边际化问题进行了讨论，为反边际化政策的制定提供依据。

第一节　20 世纪 80 年代以前的社会-空间边际化问题

20 世纪 50～70 年代，在特定的国际国内背景下，中国社会经济具有如下特征。

1）高度集权的计划经济体制。这一体制靠自上而下的刚性的行政指令性计划，统一配置资源，统一安排建设项目，统购统销产品，统一调拨供应原材料，统收统支财政。这一经济模式，在特定的非常时期（如战时经济或经济恢复时期）能够组织全国的财力、物力和人力进行集中建设。但长期作为一种主导经济模式，无法避免内在的一系列弊端，如投资主体单一、价格扭曲、个体创造力的缺失、地方政府的无权与盲从等。

2）重工业高度倾斜的产业政策。基于冷战时期的国际背景和国防安全等考虑，决策者将军事工业的发展置于首位。长期集举国之力于重化工业，实现了工业化的初期目标。然而存在的问题也极其严峻：农业和轻工业长期投资偏低，与人民生活息息相关的纺织、食品等轻工业生产总量相对比例下降；重工业为农业和轻工业服务的能力不足；轻工业发展不足、“高积累政策”等因素也导致民众长期低收入、低消费；日用生活必需品按国家计划凭票限额供应，由此也造成我国第三产业长期处于低迷不振状态；工业偏离城市布点，忽视城市基础设施建设；以户籍制度为特征的城乡屏障，使我国城镇建设长期滞后，城市化水平远远落后于工业化水平。除少数资源型城市外，中国大部分城市处于一种近于停止的缓慢发展中。笔者1978年在西南师范大学上学时，重庆城区的建筑景观与20世纪三四十年代差别不大。

3）刚性且分割的户籍管理制度。在世界上最严格的户籍制度和人口流动管制下，从乡村到城镇的人口迁移被“户籍高墙”阻隔，只有极少数路径（上大学、军官退役）可以从农民转为“吃皇粮”的城镇户口，即使城乡通婚也不行。1983年一位来访的“老外”对“夫妇两人分居两地，孩子却生了一大堆”这一百姓早已习以为常的“中国现象”百思不解，视为“天方夜谭”。

上述社会背景，形成了这一时期特有的社会-空间边际问题。

在刚性的、自上而下的、中央集权控制的计划经济体制和历次政治运动的影响下，不管是城镇居民，还是农村居民，绝大多数国民处于赤贫的生活中，经济边际化相对较小，总体上属于一种“均贫困化”状态。改革刚刚起步的1978年，城镇居民人均可支配收入为343元，农民人均纯收入为134元。尽管这一公布的数据可能比实际情况偏高，按当时的人民币对美元平均汇率计算，城镇居民和农村居民平均每天生活标准分别为0.60美元和0.23美元，远低于世界银行1.25美元的贫困标准和1.00美元的绝对贫困标准（2005年此标准提高到1.25美元）。

在“发展工业为重、确保城市为先”的运作模式下，农村居民和城镇居民、乡村与城镇的差异是当时中国显著的社会-空间特征。成年劳作、生活赤贫的农民，以“公粮”和“农业费税”的双重付出，做出了巨大牺牲。

在阶级斗争和历次政治运动中，“地富反坏右”连同他们的家人成为当时中国政治上和经济上最“边际化的人”。

第二节　20世纪80年代以后的社会-空间边际化问题

自20世纪80年代以来，在经济总量高速增长的同时，收入的社会差距和地区差距日益拉大，成为当下中国社会的中心问题之一。收入的差异决定了生活质量、住房状态、医疗保险、文化教育等方面的连锁性差距，进而形成了系统化的社会边际性和空间边际性问题。

2011年11月，中央决定提高“扶贫线”，将农民人均纯收入低于2300元（2010年不变价）作为国家扶贫新标准。今天的中国仍然存在绝对贫困问题，其中大部分是山区环境贫困。这是由于自然环境和宜农性差的地区人口的过快增长，造成环境破坏和地力衰退，人口增长超过土地资源承载力，生产的粮食和农产品不能维持温饱的需要。贫困地区积弱积贫，没有外界的投入或人口大规模的迁出，贫困地区无法摆脱人口-环境-经济的恶性循环。在解决绝对贫困的问题上，各种扶贫项目、扶贫性移民工程、资金投入，已取得一定成效。贫困地区劳动力大量外出务工，增加了农民收入，减缓了历史上长期积累的人地压力和环境压力，成为贫困地区反贫困化的主要力量。

中国作为一个快速崛起的经济总量位居全球第二的大国，社会阶层处于急剧的多级化的分异之中，存在规模庞大的相对贫困人口。这种“相对贫困”与财富分配制度、收入高低、物价水平、税费负担、教育支出、健康状况（重病可以使中产家庭陷入赤贫）、购房能力（高房价使一大批人成为“房奴”而严重影响到生活质量）、地区差异（每人每月 1000～2000 元，在农村乡镇上可以过上简朴但能维持生计的日子，但在北京、上海等大城市则很难生存）等有关。相对贫困既密集地出现于自然-经济环境较差的乡村地区，同时也是经济发展条件不错的农村、乡镇、城市的一个普遍性现象。中国的贫困问题，面临着严峻的长期的挑战。这有待于个人和社会持续发展能力的培育、社会福利水平的整体提高、公平公正的社会财富分配制度的构建。贫困问题显然不是一届或几届政府一蹴而就的事。

由于自然环境、区位因素、资源控制能力、发展的初始条件与积累优势等方面的差异，在空间倾斜性政策和市场行为两种力量共同作用下，自 20 世纪 80 年代以来中国各城市之间、城乡之间、省市之间、不同农村之间的经济发展水平和收入水平差异急剧扩大，由传统的“城乡二元结构”演变成多等级化的空间梯度结构（图 2.1、图 2.2）。城乡收入的二元结构仍然存在，并呈现出一种持续扩

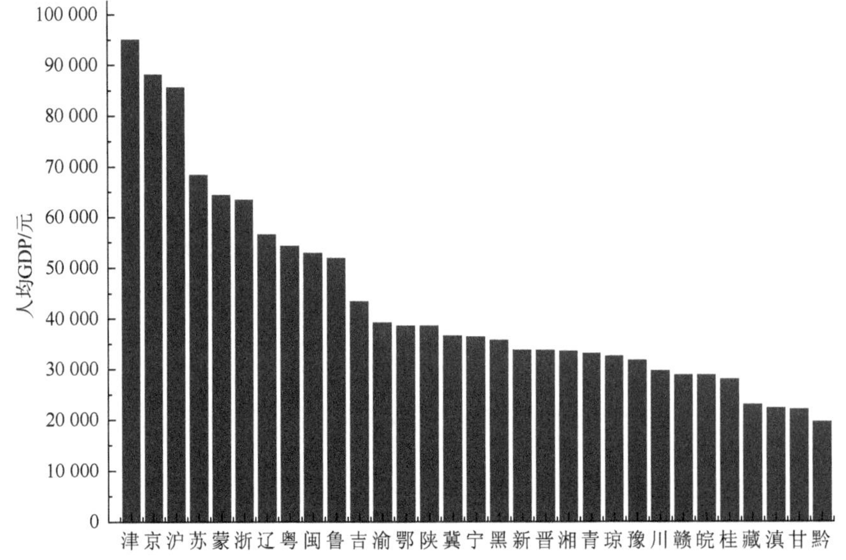

图 2.1　2012 年中国各省市人均 GDP 等级序列图

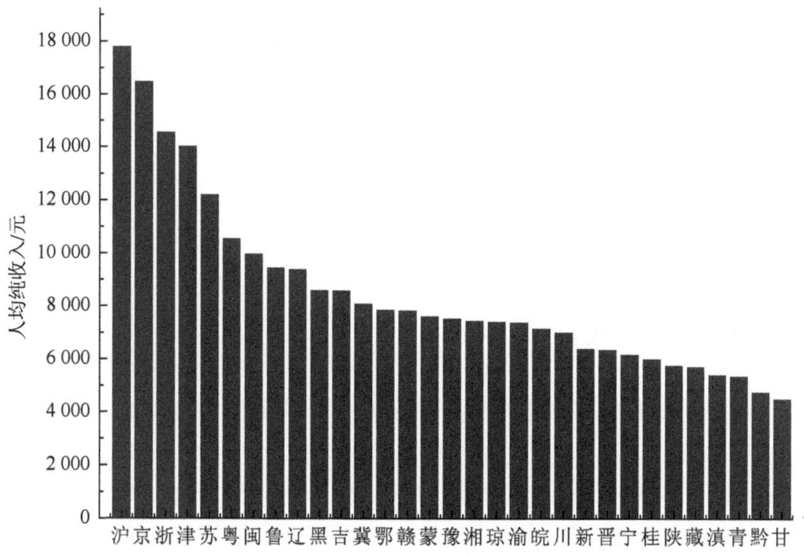

图 2.2 2012 年中国各省市农民人均纯收入等级序列图

大的趋势。大量的资本密集地投入城市，城市成为社会财富的聚集地。由于存在大量隐性的“灰色收入”，城乡收入实际差距要高于公布的数据。

中国城市和经济发达地区凭借其区位优势、良好的发展环境、社会资源的拥有与控制得到快速和超前发展。在现行的制度框架下，从理论上讲，这些城市和地区创造的收益应为全民所共享。尽管中央和地方财政有一部分财力用于扶贫和地区转移性支付、中西部地区基础设施建设，但并没有有效地解决地区间收入差距扩大这一问题。这既涉及经济发展中效益与公平的取舍、平衡问题，又涉及地方政府与中央政府之间的利益博弈。

客观上讲，任何国家和地区的经济发展水平差距不可避免，适度的区域发展差异产生的区域间互补和发展波形成的空间推移，成为国家竞争力和活力的源泉。问题的关键是：伴随地区间经济发展水平差异出现的地区间收入水平和生活质量的差距，潜存和现存了尖锐的社会冲突和矛盾；地区间发展水平和收入水平的悬殊差距，严重地制约了欠发达地区尤其是乡村地区充分的、有效的发展。空间边际化与社会边际化带来的结果是社会-空间的不公平与不公正。从理想的状态看，当人口的数量与人口拥有的资源数量或社会财富在空间上均衡时，即在发展环境较差的地区以更少的人拥有更多的资源财富，以此来达到或接近经济发达地区的人均收入水平，地区之间经济发展差距产生的收入差距将趋于收敛和减弱。这需要中国的人口数量与“人口承载力”和“适度人口”相协调，人口能够在城乡之间、地区之间自由迁移，以及一个公平的空间政策和社会财富分配体系。

第三节　全球化、城市化、人口流动中的边际化问题

西方学者特别重视全球化的地区响应和边际问题。实际上，全球化主要是通过特定地域（地方化）的工业化和城市化而产生作用和影响。也就是说，工业化和城市化在不同地区的进程和边际化响应更值得关注。

一、中国的全球化与边际化问题

20 世纪 80 年代初，中国再次打开封闭多年的国门，实施向东部沿海地区重点倾斜的空间发展战略，中国快速参与到经济全球化进程中。1980 年深圳、珠海、厦门和汕头 4 个经济特区的建设全面开展，出台了包括计划、建设项目审批权、税收政策、外汇留存和使用、外贸政策、信贷资金、价格等方面在内的高强度的优惠政策。1984 年年初，中央决定进一步开放沿海 14 个港口城市：大连、秦皇岛、天津、烟台、青岛、连云港、南通、上海、宁波、温州、福州、广州、湛江、北海。1985 年年初至 1985 年年底，国务院决定把珠江三角洲、长江三角洲、厦漳泉三角地区及山东半岛、辽东半岛开辟为沿海经济开放区。1990 年上海浦东新区开始大规模开发。1992 年中央确定 13 个边境城市、长江沿岸 5 个城市、4 个沿边省会的首府、11 个内陆省会城市的对外开放。2000 年天津滨海新区启动，推动开放重心北移。2010 年重庆市两江新区投入建设，成为内陆地区深度开放的标志。

中国低廉的劳动力成本、低廉的土地使用价格、低廉的环境治理成本、各种优惠政策、巨大的市场潜力，吸引了大量的海外企业（主要是劳动密集型企业）的进入。相对其他发展中国家而言，中国是全球化的受益者也是贡献者。发达国家从中国廉价的产品中获得了好处，海外企业赚取了利润的大部分。全球化深刻地改变了中国社会经济和空间经济结构，外资直接投资额强烈地影响着城市和地区经济增长和发展。中国农民外出务工获得了劳动报酬，在贵州、重庆、广西、四川等山区的半山坡上，常常可以看到外观不错的“小洋楼”，山区贫瘠的土地滋生不出这种建筑景观，它们是中国农民参与全球化、工业化和城市化的表征。

任何事物均存在正反两方面，全球化也不例外，这也是国际上一些社会团体和社会公民反全球化的原因。中国全球化产生的边际性问题同样值得关注：在全球产业分工中，中国产业处于产业链和价值链的低端，高物耗、高能耗、高污染型产业支撑下的经济发展，付出了资源耗竭和环境恶化的巨大代价，中国经济结构的边际性及其可持续发展问题需要警示；中国东部沿海地区在接纳海外资本的同时，也吸纳了中西部地区大量的资本、人才和劳动力，对本身资本和人才缺乏

的中西部来说更是雪上加霜，客观上扩大了地区之间的经济发展水平和收入水平的差距；由于社会财富分配制度的不完善和社会整体福利水平的低下，全球化及其城市化的“红利”从社会高层、中层群体向社会底层群体大幅递减，而全球化的负面影响和损害则从社会高层向社会底层快速递增，这“一增一减”形成的“剪刀差”，加重了转型时期中国的社会边际化。

二、工业化和城市化进程中的边际化问题

从某种意义上，中国全面的、系统的工业化和城市化开启于20世纪80年代。快速的工业化和城市化全方位深刻地改变着中国社会经济文化结构：①工业化和城市化成为中国经济增长的主动力，1980～2012年，国内生产总值从4545.62亿元增加到519 470.10亿元，第二、第三产业占GDP增量贡献率的90.10%。②工业化和城市化改变了中国经济结构，三次产业比从1980年的29.91∶48.22∶21.87变化到2012年的10.09∶45.32∶44.59。一些经济发达地区，如珠江三角洲的深圳市、东莞市、广州市第一产业净产值占GDP比重分别为0.04%、0.4%和1.63%(2012年数据)，已呈现出高度工业化和城市化经济的特点。③中国的工业化和城市化，吸纳了大量的农村剩余劳动力，极大地减缓了中国农村尤其是生存条件较差的地区的人口-环境压力，使广大农村特别是山区和丘陵地区的自然生态环境得以恢复和改善。④城市化的广泛推进，将整个中国乡村纳入城市经济文化的支配与控制之中，其产生的作用和影响亦喜亦忧。

一个值得关注的现象是：在全国、省市、县区三个尺度，地区生产总值构成中第二、第三产业产值之和均高于第一产业产值，表现出工业和城市主导的经济结构。甘肃43个贫困县的第二产业（工业经济）和第三产业（城市经济）增加值均占有较大比重。例如，古浪县第一产业、第二产业、第三产业比为18.22∶56.24∶25.54（2012年），仅仅从数据上看，这已是一种工业化中期的经济结构。全国位置最偏远、海拔最高（平均海拔4500m）的西藏阿里地区的日土县，也表现出类似的特点，三次产业比为45.07∶18.21∶36.72（2012年）。为什么在县域实际看到的是传统的相对落后的农业景观，而统计数据却以“工业-城市化经济”来展现？这一现象有相当丰富的含义：①与工业和服务业比较，农业的劳动生产率和资本生产率较低，农业创造产值的能力明显偏弱。②这势必影响到地方政府的目标与行为，从绩效最大化角度，往往会将精力、物力和财力投入增值最大的工业和服务业。③这同样会影响到农民的目标与行为。由于劳动报酬在农业、工业、服务业存在显著差距，这成为工业化、城市化对农民具有持续吸引力的根本原因所在，造成农业和农村经济的绝对和相对衰落。④对不发达地区而言，三次产业结构数据往往会使人忽视经济落后的现实，用三次产业结构来分析乡镇或县域经济发展

水平存在严重偏差。⑤落后地区“工业经济和城市经济的高度化”，在很大程度上是城市和发达地区的全球化、工业化、城市化的“远域表现”，中国的工业化、城市化已将整个乡村经济拖入对其的高度依赖中，一旦这一进程受阻，必然会对中国社会经济产生难以估量的冲击和影响。

需要指出的是，不管是城市化还是逆城市化（城市化的广泛推进），都是社会经济发展的一个自然过程，靠政府全力推进的城市化是有局限的也是有问题的，城市化以农村充分发展和城镇充分就业为双重前提条件。这一组条件的缺失，必然产生一系列城市化问题，导致城乡发展失衡。没有农业的高劳动生产率和高土地生产力，城市化将失去农业基础支撑，没有城市充分就业所提供的持续保障，不可避免地会出现“城市贫困”这一灾难性结果。中国城市化进程中低土地成本、低经济成本、低社会和环境成本的时代已结束，进入高成本时代。或许对中国而言，最重要的不是持续猛推城市化，而是使城市化与乡村发展、产业结构调整、社会系统性变革相适应。工业化和城市化既是反边际化的力量，又是社会-空间边际化的主要“推手”，其作用和影响随地区、社会群体不同而表现出不同的获利与损害。

对工业化和城市化进程，国内学术界已有广泛而深入的探讨，但系统性、批判性的研究成果不多。中国工业化和城市化已经高速推进了 30 多年，到了应该对它进行冷静审视和检讨的时候，以下问题值得思考：①工业化、城市化和经济高速增长中社会财富公平、公正分配问题；②工业化、城市化与资源耗竭、环境恶化、受损地区民众的社会补偿问题；③工业化、城市化进程中土地征用的社会成本和社会冲突问题；④工业化、城市化与乡村地区的农地粗放化、人口空心化、经济边际化、乡土文化衰落等问题；⑤乡村现代化与工业化、城市化同步协调问题；⑥过度城市化和物价通胀下的城市贫困问题。可以确定的是，现有工业化、城市化模式与路径肯定出现了问题。这一问题的症结在于，中国的社会结构、乡村经济与迅猛推进的城市化不相适应，出现了错位与脱节，而通过工业化和城市化驱动经济高速增长的惯用做法，解决不了它自身存在的问题和它关联的社会问题。

三、人口流动、迁移的边际化问题

20 世纪 80 年代以后，面对经济发达地区和城市建设的大量用工需求，城乡之间的“户籍篱笆”被迫打开，户籍管理制度趋于宽松（尽管还是要办特区证、暂住证这类显示身份的证件）。被禁锢在土地上 30 多年的数千万农民纷纷走出家门，涌向沿海发达地区、大中小城市和各类矿区，形成了世界上罕见的“民工大潮”。相对人民公社时期每天几分钱或几毛钱的收入，每月数百元的务工收入对当时的农民来说相当于“天文数字”。

今天十几岁和二十几岁的年轻人，难以想象并体会20世纪80年代中国民工乘火车的情境。1984年春节前两天，笔者从贵阳经重庆到达县，在贵阳至重庆的火车上，提起一只脚来，就很难再找到把脚放下去的地方。在重庆菜园坝火车站，当车站放行的时候，数以千计背着背篓、挑着扁担、扛着席子等生活家当的民工，铺天盖地地涌向“闷罐车”（一种仅留有小窗口通气的货运火车），不到半小时全部“压缩”到“闷罐车”中。

农民进城务工经商，对中国社会经济发展的促进作用应得到充分肯定：①农民工进城填补了城市急需的劳动力市场短缺，极大地促进了中国沿海地区和大中小城市的城市化和工业化进程。②“民工潮”打破了传统的城乡封闭、区域间劳动力不流动的格局，促进了城市之间、地区之间的开放和交流，有利于建立全国统一的、开放的劳动力市场。③进城民工吃苦耐劳、能进能退、随行就市的就业行为，对许多城市职工改变就业观念起到了引导和催化作用。④扩大了劳动力输入地区的消费市场、增加了消费容量，从而进一步刺激了这些地区的投资增长和国民收入增加。⑤农村劳务输出，加速了农民向“现代人”、“城市人”的转化进程。⑥务工收入成为中国农民家庭收入的主要来源之一，支撑了农民建房、孩子上学、农业生产投入。⑦农村人口的流动与迁移，减缓了农村人多地少、长期积累下来的人地关系压力和生态环境的压力，为土地规模经营和土地流转创造了条件。

基于人口流动-迁移的自然和经济驱动力的差异，可将人口流动-迁移模式分成两类：一类是自然环境（主要是地形地貌）分异下的空间位移（图2.3），这是农业经济时期人口空间位移的基本模式；另一类是城市等级结构/区域经济发展水平分异下的空间位移（图2.4），这是工业化城市化时代人口空间位移的主导力量。城市在就业、医疗、教育、文化等方面优势突出，这对很大一部分渴求改变“农民”身份的农村青年具有巨大吸引力。在两种力量的叠加作用下，一些地区或城市属于机械人口净增加地区，即人口极化地区。另外一些地区属于机械人口净减少区，即人口边际化地区。

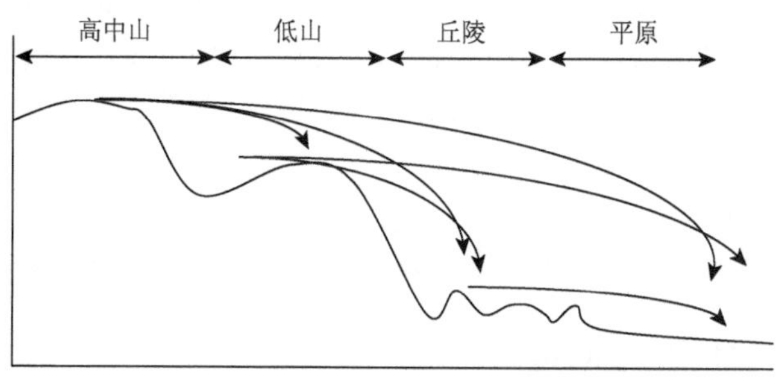

图2.3 自然环境分异下的人口空间位移模式

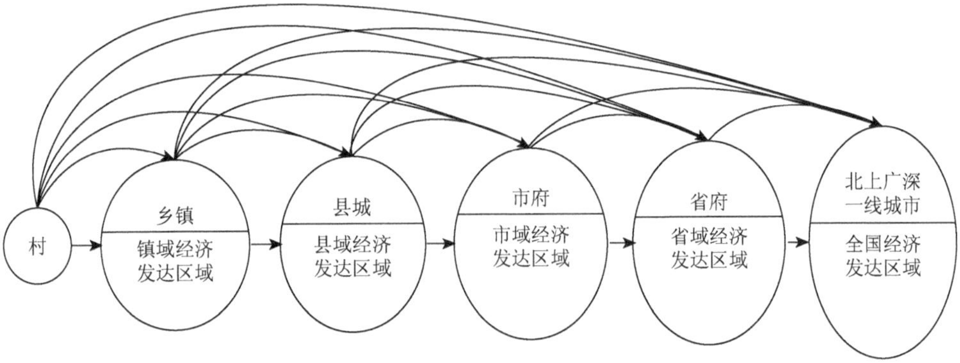

村
乡镇
镇域经济发达区域
县城
县域经济发达区域
市府
市域经济发达区域
省府
省域经济发达区域
北上广深一线城市
全国经济发达区域

图 2.4 城市等级分异下的人口空间位移模式

不同地区的人口机械变动量和机械变动率，形成了多级化序列差异。除工业化和城镇化水平高的地区外，中国大多数农村地区、经济发展相对落后的乡镇和县城均表现出不同程度的人口边际化特点。人口边际化与经济边际化具有密不可分的关联性作用。人口边际化加重了经济边际化，而经济边际化又进一步驱动着人口边际化。这一循环过程，减弱了中国边际农村、边际乡镇、边际县区的发展能力。

时下的中国人口流动、迁移模式与方向正悄然发生变化，由过去从落后地区向发达地区、由乡村向城镇的空间位移，转变到家乡回流、城与乡双向流动。毫无疑问，未来相当长一段时期内，人口从乡村向城镇转移（即人口城镇化）仍将是人口迁移的主导方向。不可忽视的是，劳动力从农业向非农产业转移面临着新的挑战：过去 30 多年来劳动密集型产业一直是支撑中国劳动就业增长的主力。当下中国的劳动密集型产业，既存在自身产业升级调整的强大压力，又面临着发达国家回流、发展中国家转移的态势，吸纳就业的潜力有限；过去 20 多年来，房地产业一直是驱动中国经济增长的主导产业，而今全国各地铺天盖地的房地产建设高峰已过，房地产及其关联产业的就业人口将绝对降低；智能机械和机器人正逐步替代劳动工人，这对制造业的就业人口形成“挤压”；电子商务的兴起对传统“商业业态”构成强大冲击，影响商务业就业人口的增长。

农村人口大规模的流动和迁移引发的社会-空间边际问题已备受关注。这些问题聚焦于：①务工农民的工作与工作环境、生活与居住环境、社会地位与社会福利的边际性问题；②农村留守儿童和老人的社会边际性问题；③青壮年和中年劳动力大量外出引起的农地边际化、农村经济边际化、教育边际化和文化衰落等问题。

第四节 “三农”问题和乡土文化边际化问题

一、“三农”的社会-空间边际问题

自 1978 年以来，对中国农民来说最实惠的政策有三项：一是开始于 1978 年

的土地承包经营改革，农民有了自己承包的土地，极大地调动了农民种田的热情，受土地报酬递减规律作用，这一政策效用在 20 世纪 80 年代中期趋于减弱。二是户籍管理制度放松，农民能进城务工经商，非农收益成为中国农民家庭收入的主要来源，引发了农民从乡村向城市持续的流动和迁移。三是各项农业补贴政策尤其是 2004 年出台的农业税减免政策，农民从这一政策中获得可见到的好处，也引导了相当数量的农民返乡务工务农。

近 20 多年来，农民、农业、农村问题一直是中国社会关注的中心问题。国务院多年来连续以“1 号文件”部署农业发展，反映出中央政府对解决“三农”问题的决心和紧迫感。然而，中国的“三农”问题不可能靠出台一个文件、一项政策在短期内解决，也不可能仅仅在农村或农业内部来解决。它是多种因素交织作用的结果：中国的自然环境，致使高产优质农田面积相对较少，中低产农田面积大，这影响到土地生产力和劳动生产力；以家庭为单位的小规模、分散化的土地承包经营方式，形成不了规模经济，影响到现代农业化进程，妨碍了农业劳动（资本）生产率和净生产率的提高；劳动力大量外出，老人成为农业经营主体，乡村社会经济边际问题突出；人多地少，相当多的地区人地关系依然紧张，一方水土养活不了一方人，一方水土更是富裕不了一方人；农民向城市迁移因城市吸纳力、城市本身的失业人口和就业人口的压力而受阻，现存的户籍制度下务工农民对城市缺乏一种心理归属，表现出一种“非完全城市化和工业化”下的不稳定社会经济结构，这在经济危机时期尤其明显；一些省（自治区、直辖市），如重庆市通过“农转非”优惠政策来加速城市化，但农民对“农转非”后持续的生活保障（尤其是在物价通货膨胀背景下）心存忧虑，影响到这一政策的实施效果；全球化背景下，东南亚等发展中地区凭借农产品低价格优势，美国等发达国家凭借技术和高劳动生产率优势，对中国大宗农牧产品构成冲击和影响；城市化、工业化对整个社会物价、工资、生活水平的抬升，与农村相对低的劳动生产率和劳动报酬率呈现出强烈反差，这种错位与落差，使农民再也不愿意回到家乡的“一亩三分地”中去谋生。这些问题环环相扣、盘根错节，增加了“三农”问题解决的艰巨性和复杂性。

由于存在城市在政治权力方面的中心性，在资源控制方面的支配性，农民、农村处于社会群体和社会组织结构的边缘地带，社会边际问题突出。中国的乡村，尤其是偏远地区，成为假冒伪劣产品的泛滥地，成为政府监管的虚空地带。

二、农村乡土文化的边际化问题

在近代清末民初“千年之变”的基础上，中国经历了 1949 年社会制度的变迁和改革开放后全球化、市场化、工业化和城市化浪潮的洗涤，中国的政治、经济、社会、文化处于急剧的嬗变、震荡和转型之中。中国的传统文化是一种典型的农耕文明文化，而乡土文化是传统文化的基质与载体。乡土文化是人们在数千年的历史长河中不断塑造、积累、沉淀、传承、提升而形成的智慧结晶，是整个民族也是人类社会的财富。乡土文化［包括乡土物质文化（如乡土建筑文化）和乡土人文文化（如道德、伦理、观念、思想、情感、习俗等）］作为一种历史积累的投影和社会现实的映射，记录并选择性地适应着社会全方位的变化。

全球化和现代化进程对乡土文化和乡土建筑的冲击和影响，是一个全球性的问题。对全球性与地方性、现代性与传统性之间的矛盾与悖论已引起广泛关注（吴良镛，1998）。用哲学家利库尔（Ricoeur，1961）的话表述，“这就是我们的悖论：如何既恢复一个古老的、沉睡的文化，而又参与到全球文明中去”。全球化、工业化、城市化、现代化打破了区域间的空间隔离，“现代化”的建筑价值理念同新的建筑材料和技术一起渗透到了世界上的各个角落，传统乡土建筑文化在这一社会背景中被逐渐侵蚀。Dincyurek 和 Turker（2007）在其关于塞浦路斯的建筑文章中就表现出了对传统建筑文化遗失的担忧，“看到塞浦路斯拥有上千年历史的建筑文化正在经受当今这样一个毁灭性的时代是令人难过的”。

今天，我们引以为豪的乡土建筑文化，绝大多数是 20 世纪三四十年代以前的文化遗产。再过一二百年，当人们回首审视当代中国，会发现乡土建筑文化的历史传承存在一个大断层。面对乡土建筑文化遗产遭受来自现代化和城市化等方面的巨大冲击，保护和抢救中国优秀的乡土建筑文化已受到民间团体和学者的关注。然而，如何创造流芳百世的乡土建筑，这一问题将中国的思想家和行动者置于一种困惑和尴尬的局面：当代中国在社会经济取得巨大进步的同时，传统乡土文化及其建筑文化正处于持续衰退、消逝之中。

时下的乡土文化缺乏内聚力、特质性、创造力和竞争力，而被城市文化所控制、支配。中国农村传统乡土文化衰退，既受全球化、工业化、城市化的深度影响，更是特定社会背景下社会系统化影响的产物。在中国社会转型中，存在多种非平衡、非对称的力量关系：建筑技术文化的突飞猛进与建筑人文文化的相对衰落；传统建筑技术的衰退与现代建筑技术的兴盛；传统工匠阶层的消失与城市建筑缩影到乡土建筑中；存留数千年的乡绅精英阶层的消失、以氏族宗亲（宗祠宗庙）为内聚力的传统社会瓦解与基层组织、制度文化的管制体系；社会均贫化下的建筑同质化（1950～1980 年）与社会空间分异下的富裕家族对建筑的精心打造（1950 年以前）；传统文化的整体衰退与工业城市文化的蔓延控制。

传统乡土文化的持续衰退是多重力量非均衡作用、多重关系错位的结果，是乡土文化对社会嬗变、分化的一种被动适应。要创造一种能传承千古的乡土文化和乡土建筑，在其深层次上，还要回归到上述各种力量与矛盾的重新调整与平衡中。

第五节　教育空间边际化问题

20 世纪 80 年代以前，在城市与乡村之间、不同地区之间或多或少存在教育的空间边际化问题，但总体情况并不突出。当时的大学生绝对服从组织分配，有不少人满怀热情自愿到环境艰苦的地方从事教育工作。在特定的历史背景下，打成“右派”或成分不好的大学生（他们当中不少就读于清华大学、北京大学、中国人民大学、四川大学等中国的名牌大学）被下放到偏远山区（如笔者从小生活的大巴山区），在民风纯朴的山区他们的学识受到尊重。恢复高考后的几年，一群偏远山区的孩子们能走进大学校门，有他们的辛劳。随着“平反”，他们相继被调到条件更好的中学。80 年代大学生相对稀缺，师范类院校学生大多分配到城市、县城和一些条件好的乡镇学校。

自 90 年代以来，教育的空间边际化问题日益凸现：随着高考的持续增温，中考、高考升学率成为学校、教师主要的绩效考核指标，省城、市府、县城各级学校凭借其区位、资源优势掀起了“抢”优秀生源的大战。优秀师资、优秀生源、教育投资沿着乡镇—县城—市府—省府这一路径层层升级。这一路径积累的结果是，自然环境、区位条件、经济环境越差的地方，生源越差、师资力量越弱、中考和高考上线率越低、老师的付出回报越低、教师收入越低、教学效果越不好。这些地区对那些寻找工作的师范大学生来说，自然而然地失去选择的兴趣。表 2.1 以重庆市不同类别学校为例，反映出教育空间边际化这一特点。

表 2.1　重庆市不同层次的中学中考录取线和高考上线率（2014 年）

学校名称	学校类别	中考录取线	高考上线率
重庆南开中学	重庆市一流中学	688 分	本科 100%。重点本科：理科 80.03%、文科 66.3%
万州区万二中	万州区最好的中学	644 分（调招）	本科 93%。重点本科：理科 54.1%、文科 43%
开县中学	开县最好的中学	662 分（调招）	本科 83.46%。重点本科：理科 39.68%、文科 18.15%
开县某镇中学	镇上中学	400 分（调招）	本科 23.6%。重点本科：理科 4.23%、文科 2.80%

对中国的县城，尤其是那些远离中心城市、自然环境差、县域经济落后、外出打工人数多、县城经济实力弱的县城而言，教育极化已成为城市化的主要驱动力量。相当多的农民为了孩子受到更好的教育，从乡镇搬迁到县城，或举家搬迁、或老人伴同、或母亲照顾并兼职工作。在县城教育规模急剧膨胀的同时，乡镇学校的学生大量流失、人去楼空。表 2.2 为贵州省习水县的数据，可作为这一现象典型案例。县城的东皇中学有 95 个班，学生人数近 6000 人。一方面，教育的空间极化增加了办学的规模效益；另一方面，教育在县域大范围内的萎缩，教育空间边际化造成的社会负面影响不能低估。

表 2.2 习水县县城教育规模指标占全县比重 （单位：%）

年份	占小学所数比	占小学在校人数比	占小学专任教师数比	占中学所数比	占中学在校人数比	占中学专任教师数比
2007	9.23	17.91	21.02	10.00	14.23	19.56
2012	9.82	19.47	22.66	21.42	45.35	23.16

教育作为社会公共资源，赋予了人人享受教育和教育公平的权力。中国高考中的省市不平等问题已经引起持续的争议。然而，小学、中学教育空间边际化和不公平问题更值得关注。城市与乡村、经济发达地区和落后地区在教育投入、办学条件、老师收入、师资力量等方面呈现出日益扩大的差距。尽管国家政策上鼓励大学生到条件差的地方工作过渡一段时间，但这对解决中国教育空间边际化作用甚微。早有人提出“条件越差的地方，教师工资越高”这一设想，但终因教育经费与地方财政的捆绑等原因而难以实现。

第六节 小 结

自 20 世纪 90 年代以来的快速工业化和城市化，深刻地改变和影响了中国社会经济结构和空间经济格局。大量的资本、劳动力、技术涌入城市，教育文化医疗等公共社会资源在城市高度集中，形成了多级的城镇等级体系。中国的广大乡村地域已纳入“城市体系”的广域空间中。即使是中国经济最落后、位置最边远的地区，在经济数据上仍呈现出一种“产业高度化”（非农产业产值大于农业产值）的表象。然而，中国城市化与整体社会经济的非同步发展——农业经济的低劳动生产力与工业经济相对高的劳动生产力、农业活动的较低劳动报酬与非农活动相对高的劳动报酬、农村的教育文化与城市教育文化的差异、大规模乡村人口“进城”与城市对乡村人口容纳有限的“半城市化”的状态，使得城市化成为社会-空间边际化的主要原因。中国快速城市化带来的社会-空间边际化，客观上要求对其做出冷静的检讨，并思考城市化与中国整个社会经济协调发展的问题。

全球化、工业化、城市化、市场化推进了中国经济的高速发展和社会财富的海量积累，与此同时，加剧了社会分层和空间分异。社会-空间边际化带有强烈的系统化、制度化特征，进入历史上的关键时期。在诸多社会-空间边际化问题中，有两大问题成为中国社会的中心议题：一是在中国经济总量位居世界第二的背景下，中国的绝对贫困人口和数量庞大的相对贫困人口（低收入群体）的社会（经济、政治、文化、教育、医疗、住房）边际化问题。显然，单纯的经济增长解决不了这一问题。这需要从追求“经济增长”转向促进“社会发展”、从只关注“经济效益”转到注重“社会公平”、社会结构系统化变革和社会财富分配的制度重构。

二是在快速工业化和城市化进程中，中国农村出现的农地粗放化、人口空心化、经济边际化和社会边际化问题。中国城市化能否健康而顺利推进，取决于农业充分发展和城镇充分就业这一组前提条件。对中国这样一个人多地少的人口大国来说，忽视或削弱农业土地生产力和劳动生产率、提高城镇就业的城市化，其结果将是灾难性的。

第三章

基于农民人均纯收入的空间边际化研究

中国快速工业化和城市化进程，深刻地改变了原有的城乡格局、农村经济和农民人均纯收入构成。在诸多社会-空间边际化问题中，农民和农村边际化问题是中国社会的一个中心问题。农民人均纯收入构成是分析不同地区农民、农村边际化程度的核心指标。为解构边际地区边际化机制，本章创立了四大作用力、四种效应、四个基本测度分量的理论分析框架。以农民人均纯收入构成这一综合性指标进行了省市、县区、乡镇三个尺度的实证分析。

第一节　边际地区边际化理论分析框架

边际地区边际化程度是基于两个或多个地域单元发展状态的比较，具有相对性。相比较的地域单元，既可以是空间分离的，也可以是空间毗邻的。为简化研究和便于实证，本书主要聚焦于空间关联体（同一区域内）不同边际化地域单元某一发展要素的分析与比较。为创建一套完整的理论框架和定量分析体系，进行以下理论设定和分量解构。

1）空间边际化理论总体表述为，空间关联体内不同地域单元的发展程度或边际化程度，是由空间水平关联作用与区域垂直综合作用耦合形成。这一耦合关系由四项作用分力构成：外部边际化作用分力（F_{om}）、外部反边际化作用分力（F_{oum}）、内部边际化作用分力（F_{im}）、内部反边际化作用分力（F_{ium}）。进一步，依据作用力对边际地区发展程度产生的正负效应的不同，将外部反边际化与内部反边际化的作用分力之合力称为反边际化作用力（F_{um}），将外部边际化与内部边际化的作用分力之合力称为边际化作用力（F_m），如图 3.1 所示。

2）与外部边际化、外部反边际化、内部边际化、内部反边际化的作用分力相对应，四个作用力在边际地区形成四种不同的功能性响应：外部边际化效应（E_{om}）、外部反边际化效应（E_{oum}）、内部边际化效应（E_{im}）、内部反边际化效应（E_{ium}）。前一组概念是对空间极化、回流/扩散效应的嫁接，后一组概念则是对边际地区内部发展要素或条件产生的约束-限制、支撑-激励机制的表述。外部边际化效应主

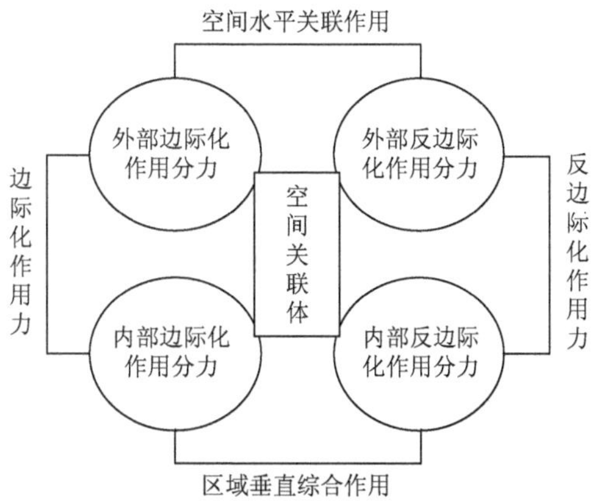

图 3.1　边际地区边际化机制解构

要是在极化区域的极化作用下，导致劳动力、资本、技术等发展要素流出，进而加重了边际地区边际化程度，削弱了边际地区的发展能力与发展水平。外部反边际化效应，主要是极化地区的回流/扩散作用或国家政策性投入导致劳动力、资本、技术等发展要素的流入，进而提升了边际地区的发展程度。对社会经济发展滞后的边际地区而言，因技术层次低和资金缺乏，外部边际化主要表现为大量青壮年劳动力外出对地方经济的影响，外部反边际化主要表现在外出务工收入和政策性投入方面。内部边际化效应源自于边际地区发展条件/要素支撑的不足产生的强烈限制，阻滞了边际地区的社会经济发展。内部反边际化效应，是边际地区在外部边际化效应与外部反边际化效应作用下与区域发展要素支撑下所实现的内生性发展程度。与边际化作用力与反边际化作用力相对应，把外部边际化效应与内部边际效应统称为边际化效应（E_{m}），外部反边际化效应与内部反边际效应统称为反边际化效应（E_{um}）。

3）与四个作用分力和四种效应相对应，存在四个可识别可测度的分量：外部边际化分量（X_{om}）、外部反边际化分量（X_{oum}）、内部边际化分量（X_{im}）、内部反边际化分量（X_{ium}）。进一步，可将外部边际化分量与内部边际分量并合为边际化分量（X_{m}），外部反边际化分量与内部反边际分量并合为反边际化分量（X_{um}）。

4）若空间关联体内有 i 个地域单元（S_i），其发展状态值（X_i）由 j 个组分构成。设定空间关联体中发展态中最大的地域（$S_{i\mathrm{max}}$）为“基准单元”，同时将其定义为“非边际化地域单元”，其发展状态值（$X_{i\mathrm{max}}$）及其各组分（$X_{i\mathrm{max}j}$）为基准值。可以设定，空间关联体内的不同地域单元（S_i）的要素发展值（X_i），是内部反边际化与外部反边际化合力作用的结果，等同于单元 i 的反边际化量（$X_{i\text{-um}}$）。单元 i 的反边际化量为内部反边际化分量（$X_{i\text{-ium}}$）的各组成部分（$X_{ij\text{-ium}}$）之和与外部反边际化分量（$X_{i\text{-oum}}$）的各组成部分（$X_{ij\text{-oum}}$）之和的和。用式（3-1）～式（3-4）表达：

$$X_{i\text{-ium}}=\sum_{i,\ j=1}^{n}(X_{ij\text{-ium}}) \tag{3-1}$$

$$X_{i\text{-oum}}=\sum_{i,\ j=1}^{n}(X_{ij\text{-oum}}) \tag{3-2}$$

$$X_{i\text{-um}}=X_i,\quad X_{i\text{-um}}=X_{i\text{-ium}}+X_{i\text{-oum}} \tag{3-3}$$

$$R_{i\text{-um}}=X_{i\text{-um}}/X_{i\max}=X_{i\text{-ium}}/X_{i\max}+X_{i\text{-oum}}/X_{i\max}=R_{i\text{-ium}}+R_{i\text{-oum}} \tag{3-4}$$

式中，$R_{i\text{-um}}$为反边际化率；$R_{i\text{-ium}}$为内部反边际化率；$R_{i\text{-oum}}$为外部反边际化率。

5）设定基准地域单元（$S_{i\max}$）的内部反边际化各组分分量（$X_{i\max j\text{-ium}}$）与相应的某单元（S_i）的内部反边际化各组成分量（$X_{ij\text{-ium}}$）之差的累计之和，为单元 i 的内部边际化分量（$X_{i\text{-im}}$）。基准地域单元的外部反边际化各组成分量（$X_{i\max j\text{-oum}}$）与某单元（S_i）的外部反边际化各组成分量（$X_{ij\text{-oum}}$）之差的累计之和，为单元 i 的外部边际化分量（$X_{i\text{-om}}$），两者之和为边际化量（$X_{i\text{-m}}$），用式（3-5）～式（3-8）表达：

$$X_{i\text{-im}}=\sum_{i,\ j=1}^{n}(X_{i\max j\text{-ium}}-X_{ij\text{-ium}}) \tag{3-5}$$

$$X_{i\text{-om}}=\sum_{i,\ j=1}^{n}(X_{i\max j\text{-oum}}-X_{ij\text{-oum}}) \tag{3-6}$$

$$X_{i\text{-m}}=X_{i\text{-im}}+X_{i\text{-om}},\quad X_{i\text{-m}}=X_{i\max}-X_{i\text{-um}} \tag{3-7}$$

$$R_{i\text{-m}}=X_{i\text{-im}}/X_{i\max}+X_{i\text{-om}}/X_{i\max}=R_{i\text{-im}}+R_{i\text{-om}},\quad R_{i\text{-m}}=(1-X_{i\text{-um}}/X_{i\max}) \tag{3-8}$$

式中，$R_{i\text{-m}}$为边际化率；$R_{i\text{-im}}$为内部边际化率；$R_{i\text{-om}}$为外部边际化率。

6）假设存在一种理想的空间关联体，各地域单元的发展值（X_i）随空间距离变化呈现出从最小（$X_{i\min}$）到最大（$X_{i\max}$）的序位排列，对应地，其反边际化分量与边际化分量也呈现出梯度式变化。在发展态（X_i）已知条件下，空间关联体内诸地域单元的边际化程度/边际化率与反边际化程度/反边际化率，具有此增彼减的反比关系（图 3.2、图 3.3）。

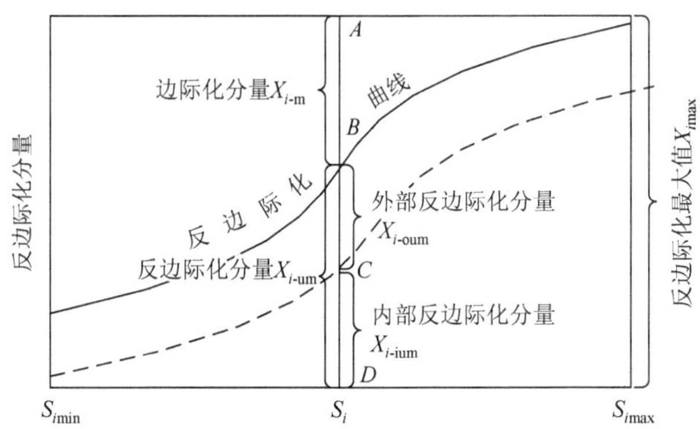

图 3.2　反边际化曲线与反边际化分量解构

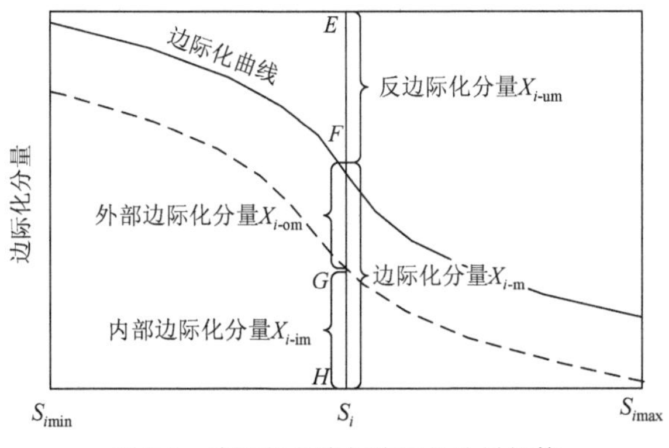

图 3.3 边际化曲线与边际化分量解构

7）需要强调的是，由于存在空间水平关联作用与区域垂直综合作用的耦合关系，外部边际化、外部反边际化、内部边际化、内部反边际化的作用分力及其各分量并非完全独立关系。假设两个地域单元处于完全封闭状态，则两单元的反边际化分量仅限于内部反边际化分量，边际化全由内部边际化产生。然而，在开放条件下，空间水平关联与区域垂直综合作用形成了两种基本的耦合关系：一方面，外部资金等发展要素的流入直接构成两个单元的外部反边际化分量（X_{oum}）及其外部边际化分量（X_{om}）差异，同时注入的资金与区域发展要素耦合作用，形成了一个内部反边际化分量增加值（$X_{\text{oum-ium}}$），即在内部反边际化分量中已经包含了外部反边际化所贡献的一个量，用集合术语表达为$X_{\text{oum-ium}} \in X_{\text{ium}}$。另一方面，在空间极化作用下，劳动力等发展要素的流出或多或少会对边际地区发展程度产生负面影响，存在因发展要素流出而导致内部边际程度加重的分量（$X_{\text{om-im}}$），即内部边际化分量中包含了外部极化边际化产生的一个分量，用集合术语表达为$X_{\text{om-im}} \in X_{\text{im}}$。

8）以上分析框架，可以拓展到空间非关联的两个或多个地域单元的边际化分析与比较。需要说明的是，不管是外部边际化分量还是内部边际化分量，均是基于与基准单元值的比较，具有相对性。对此，进一步将内部边际化分量（X_{im}）分成两部分：一是内部绝对边际化分量（X_{ima}），它是边际地区因“内部自身发展条件不足”而对“发展态”形成的约束或限制程度；二是内部相对边际化分量（X_{imir}），它是内部边际化分量中扣除内部绝对边际化分量的剩余部分，用公式表达为$X_{\text{imir}}=X_{\text{im}}-X_{\text{imia}}$，其含义可表述为因“相对基准单元的发展要素与条件的差距”而形成的相对边际化程度。

第二节 数据资料来源与处理

本章的数据主要来自《中国统计年鉴》、《重庆统计年鉴》、《古浪统计年鉴》、

《宁海统计年鉴》中的农民人均收入构成数据。从县、省市到全国尺度，统计年鉴中有关农民人均收入的构成数据从详细到简略。对此，以县农民人均收入构成为基础进行数据处理。

选择农民人均纯收入这一指标研究边际地区边际化程度，主要基于以下考虑：①农民人均纯收入构成数据来自农民家庭调查户的收支流水账，具有翔实性和良好置信度。②农民人均纯收入构成是反映农民家庭各项实际收入水平的综合性指标，该指标对揭示农民、农村边际化程度具有指示性意义。③农民人均纯收入中的家庭经营性收入部分，是指各种经营性收入，减去各种生产性支出包括固定资产折旧和税收等，除以家庭人口数。这一指标同时也反映出农村地区垂直综合作用下的人地关系，在自然环境和社会经济环境约束下，抑制了总收益，减弱了资本投资效益。④更重要的是，农民家庭纯收入既包括家庭经营性收入，又包括转移性收入、财产性收入和外出务工的工资性收入，收入结构数据与上述已建立的理论框架中的反边际化和边际化分量具有良好的对应和契合，能够支撑边际化程度分析。

依据已建立的分析框架和各组分的内在特点，对农民人均纯收入构成数据作以下处理：①农民家庭经营性收入对应于内部反边际分量（$X_{i\text{-ium}}$），由三部分构成。一是第一产业（种植业、林业、牧业），反映了农业在反边际化中的贡献率；二是第二产业，反映了农民家庭经营中工业和建筑业在反边际化中的作用大小；三是农民家庭来自第三产业（批发零销、餐饮业、服务业、运输业）的纯收入，反映出农民家庭经济中服务业支撑的程度。②各乡镇的外部反边际分量（$X_{i\text{-oum}}$）由三部分组成。第一部分是转移性收入，主要是国家财政救济、补贴和来自非家庭成员的外来收入，反映了政策投入等资金在反边际化率中的贡献量；第二部分是财产性收入，主要由银行存款利息组成，由于存款大部分来自外出务工收入积累，因此将其列入外部反边际分量中；第三部分是家庭成员的工资性收入，包括非企业组织收入和从业（本乡地域内、外出）收入。

第三节　基于省市尺度的农民人均纯收入空间边际化分析

一、农民人均纯收入总量的空间边际化分析

基于 2004～2012 年的《中国统计年鉴》，对全国（不含港澳台地区）31 省（自治区、直辖市）农民人均纯收入总量按降序排列，并依据农民人均纯收入高低的组合差异，分成四种类型区：高收入区、轻度边际化地区、中度边际化地区、重度边际化地区（图 3.4、图 3.5）。对图和数据进行分析，可以发现农民人均纯收入具有以下特点。

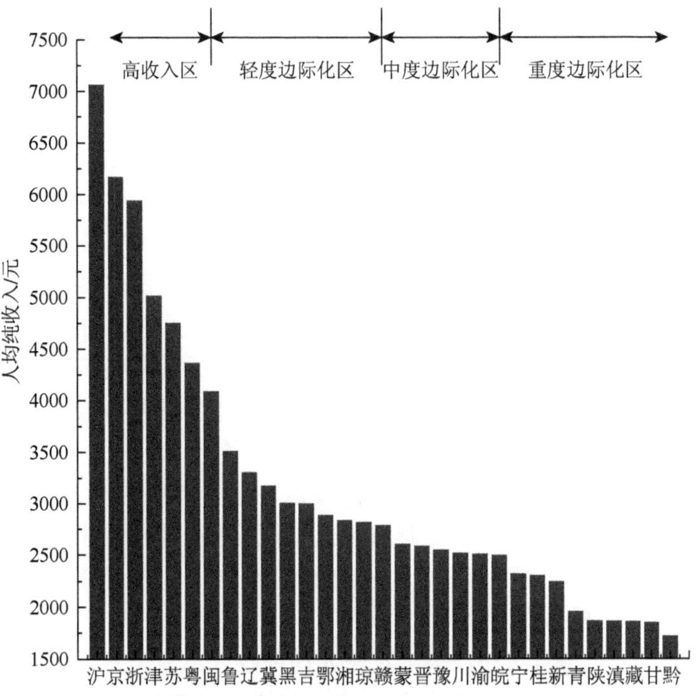

图 3.4 2004 年各省市人均纯收入序列图

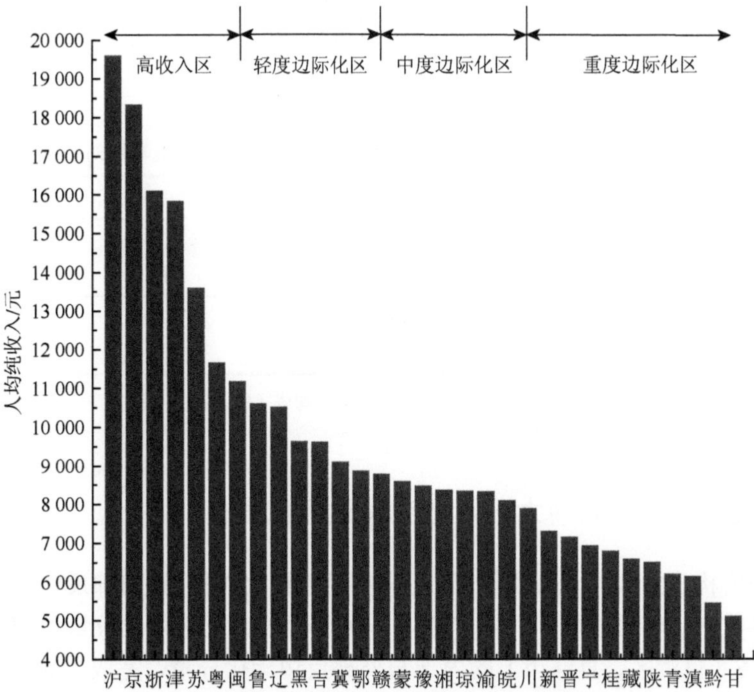

图 3.5 2012 年各省市人均纯收入序列图

不管是 2004 年或 2012 年，农民人均纯收入的空间差异与经济发展水平的空间差异关系密切，也就是说，区域经济或城市经济的水平决定了农民人均纯收入的高低。高收入区包括上海、北京、浙江、天津（第一级）和江苏、广东、福建（第二级）。广东、福建两省在高收入中排位居后，主要是受面积较大的山区农村所拖累。轻度边际化地区由山东、辽宁、河北、吉林、黑龙江、湖南、湖北、海南、江西组成，这些省区处于沿海和中部地区，是中国三大地形区中平原集中分布的区域，较发达的区域经济和相对发达的农业使其农民收入处于较高水平。中度边际化地区包括内蒙古、山西、河南、四川、重庆、安徽，这六省为中部和西部省市；主体地形是蒙古高原、黄土高原、四川盆地及周边丘陵山区，这一地区有良好的自然资源和较强的区域经济实力，但由于人口多、山区面积大影响到农民人均收入水平。重度边际化地区包括西北地区各省区，除川渝外的西南省区。这一地区自然环境由青藏高原、云贵高原、黄土高原和西北干旱区组成，属于中国区域经济落后的区域，相对较差的自然环境、远离经济发达区的不利区位、区域经济实力整体落后，强烈地影响到农民的收入水平。

从动态变化看，2004～2012 年，农民人均纯收入总量上各省区都有明显增长，四大类型区的省市组成结构总体保持不变，但增幅增速差别较大。在中度和重度边际化组中，省市排位有所变动。从表 3.1 可以看出，以高收入地区数据为基准值，“绝对边际化值”大幅增加，而“相对边际化值”小幅降低，并呈现出轻度边际化地区＜中度边际化地区＜重度边际化地区这一特点。

表 3.1　2004 与 2012 年不同程度边际区边际化绝对值与相对值

年份	指标	轻度边际化地区	中度边际化地区	重度边际化地区
2012	H_i	5110.58	6291.32	8006.63
	R_i	0.60	0.85	1.42
2004	H_i	2308.35	2797.89	3344.90
	R_i	0.76	1.10	1.67

注：绝对边际化值（H_i）为高收入地区农民人均纯收入平均值（H_{mo}）减去其他类型区的平均值（H_{io}）；相对边际化值（R_i）为（$H_{mo}-H_{io}$）/H_{io}

二、农民人均纯收入两大分量的空间边际化分析

依据所构建的边际化分析框架，把家庭经营纯收入作为“内部反边际化分量”，把工资性收入、转移性收入、财产性收入列为“外部反边际化分量”。基于 2012 年 31 个省（自治区、直辖市）的内部与外部反边际化分量，完成二元聚类图。按两者的组合差异将各省（自治区、直辖市）分列在四个不同的象限中。第一象限

为“内外皆强区”，第二象限为“内弱外强区”，第三象限为“内外皆弱区”，第四象限为“内强外弱区”。进一步依据散点组合特点并归为四类（图 3.6）。

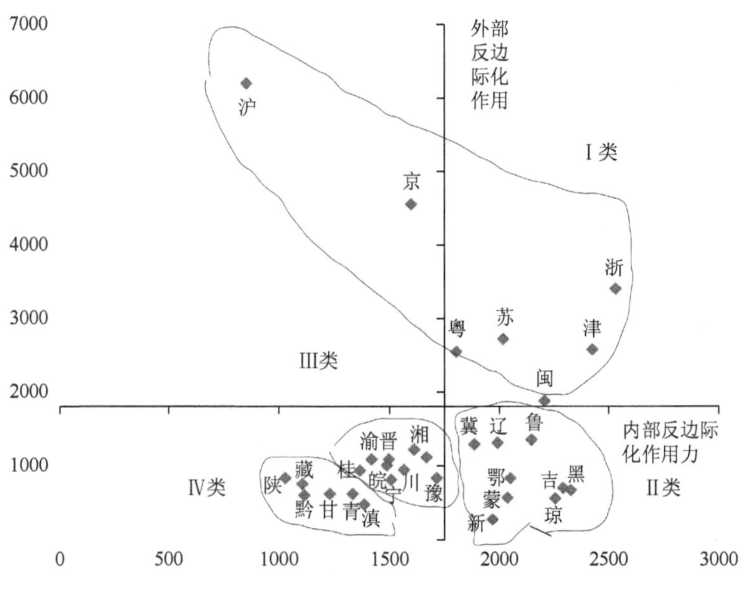

图 3.6　各省区内部与外反边际化分量聚类图

由图 3.6 可以看出：①依据内部与外部反边际化分量差异的四种分类与依据总量差异的四种分类，总体上具有良好的吻合关系。即农民人均纯收入高的省市外部反边际化分量和内部反边际化分量也高。但上海和北京这两个大都市却表现出了外强内弱的特点，农民务工的高收益抑制了或减弱了农民的农业热情和家庭农业经营收入，中国大都市强极化中心所表现出的这一现象值得关注。②一二象限中的省（自治区、直辖市）（即Ⅰ类区、高收入地区），经济实力明显强于三四象限的省（自治区、直辖市），外部反边际化作用力与农民人均纯收入总量呈显著正相关。外部反边际化作用分量中，工资性收入占绝大比重，财产性收入与转移性收入比重很小且变幅不大，表明中国不管是东部沿海发达地区还是西北内陆落后地区，农民收入的增长越来越依存于外出打工收入或本地务工收入，工资性收入的增加对于提升农民人均纯收入水平有着重大意义。③第四象限为“内强外弱”的省（自治区、直辖市）（Ⅱ类区），基本上与轻度边际化地区对应，属于中国农业发展条件好的区域，农业经济收益在农民家庭经营中起了基础性支撑作用。④第三象限属于内部与外部反边际化分量均较低的省（自治区、直辖市），进一步根据程度差异分成Ⅲ和Ⅳ两种组合类型，基本上对应于中度边际化地区和重度边际化地区。大部分位于西北、西南或者中部省（自治区、直辖市），相对较差的农业发展条件、较低的城市化和乡村工业化水平制约了这些地区的农村经济发展和农民收入增长。

三、农民人均纯收入构成四个分量的空间边际化分析

按各省区农民人均纯收入四个基本构成分量，完成 2012 年和 2004 年农民人均纯收入构成图（图 3.7、图 3.8）。数据分析表明：①2004～2012 年，各个省区都表现出家庭经营纯收入比重降低，而工资性收入比重增高的趋势，但无论是总量还是分量都有较大差异。②高收入省区中，工资性收入超过家庭经营收入成为总收入的主要贡献者，2004～2012 年呈逐年上升趋势。作为中国经济最发达区域，具有本地农民务工的邻近区位优势，工资性收入地位突出。随着时间的推移，财产性收入和转移性收入对于农民纯收入的贡献提升明显，尤其是京沪二市，财产性转移性收入比重提升较快，2008 年后，这一地区转移性收入已经超过家庭经营纯收入成为继工资性收入的第二大贡献项，显现出家庭经营纯收入的相对重要性持续减弱的特点。③轻度和中度边际化省区，工资性收入增长较大，但家庭经营纯收入仍然为主要贡献项。这些地区大多为中部和西部工业实力较强的省区，以矿产开发业为主导的资源型产业结构特征突出，支撑了农民工资性收入增长，但对带动乡村工业化和增加农民非农收入的作用有限。④重度边际区中，家庭经营纯收入虽有波动，但长期占主导地位，而工资性、财产性、转移性收入多年来提高幅度不大。⑤值得关注的一个现象是，黑龙江、吉林、内蒙古、新疆、海南、云南、西藏工资性收入所占比重较小，这与中国宏观经济格局和省区工业化城市水平有密切的相关性。距中国经济发达地区越

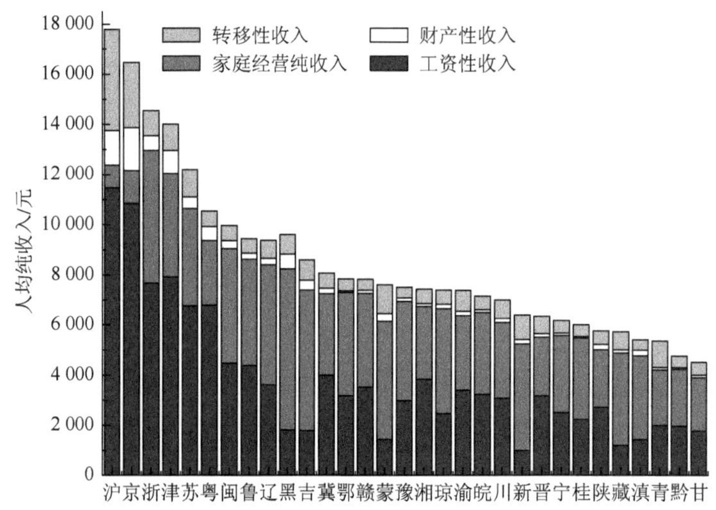

图 3.7 2012 年各省区（不含港澳台）农民人均纯收入构成图

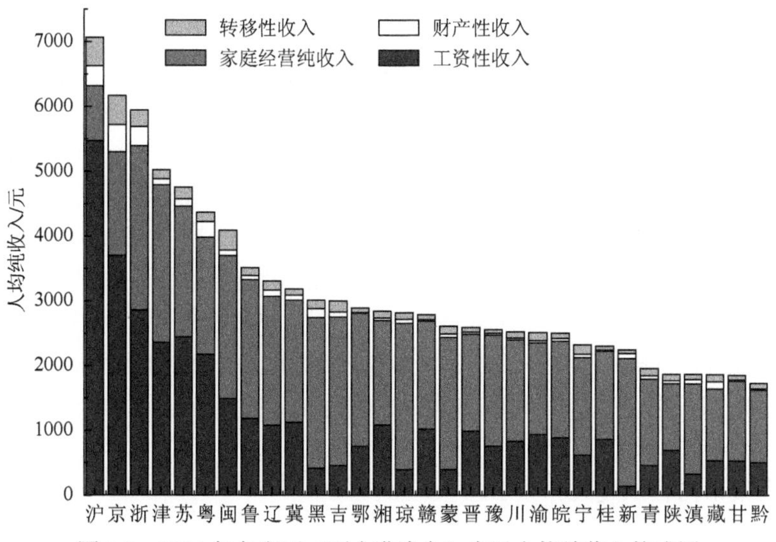

图 3.8　2004 年各省区（不含港澳台）农民人均纯收入构成图

近，地方经济和区域经济越发达，农民工资性收入越高。这成为中国农民人均纯收入差异的重要原因。一些低工资性收入地区，通过良好的农牧业发展条件（如黑龙江、吉林、内蒙古、海南）在农业经济上获得较多的收益而形成一种补偿。⑥31 个省区呈现出的共同特点是财产性收入和转移性收入份额均偏低，整体呈现平缓增加态势，经济发达东部沿海地区要高于中西地区。总体上看，尽管有来自非农产业尤其是工资性收入的支撑，不管是经济发达省区或落后省区，农民资产性积累仍然薄弱，这既影响到农业再生产投入，同时也削弱了中国整体消费水平。转移性收入呈现出与财产性收入类似的时空变化特点，中西部地区转移性收入中，国家政策性货币补贴占较大比重，农业政策性投入对落后贫困地区的作用应该肯定，但对增加农民收入、缩小中国农民收入地区差距效果有限。

中国省区的农民人均纯收入构成，既表现出相同的一些变化特征和趋势，又具有各自的变化强度、速率和组合结构，反映出不同的自然、社会、经济环境对农民收入及构成的影响。社会转型时期的区域差异和城乡差异问题值得关注，中国不同地区农民人均纯收入的悬殊差距同样不容忽视。以上分析表明：全国农民人均纯收入差距明显，农民人均纯收入的高低与地方和区域经济发展水平高度正相关；不管是经济发达省区还是落后省区，工资性收入成为农民收入的主要贡献项，并呈现出随着时间变化其所占比例不断加大的态势；农民家庭经营性收入中，第二、第三产业纯收入比重偏低，多年来变幅不大，表明以大中城市为载体的工业化城市化进程对乡村工业化带动作用较弱；各省区财产性收入和转移性收入份额较低、增幅相对平缓，影响农民农业投资和社会消费能力。

第四节　基于县区尺度的农民人均纯收入空间边际化分析

本节选择重庆市作为县区尺度空间边际化研究案例区。自重庆设直辖市以来，社会经济呈现出快速发展态势，在中国的经济地位也得到逐步提升。2012 年，重庆市地区生产总值为 11 459 亿元，在全国 31 个省市中排 23 位，人均 GDP 为 39 257 元，全国排名 12 位。重庆市是中国劳务人口输出的主要源地。自 2008 年金融危机以来，回流的返乡务工创业人数增加明显。全市户籍登记人口为 3342 万人，“户籍改革”后的农村居民为 2025.67 万人，农村劳动力为 1276.13 万人。全市转移农村劳动力为 880.54 万人，其中市内就业人数为 481.71 万人，占全市农村外出劳动力的 54.7%，市外就业为 398.4 万人，占全市农村外出劳动力的 45.3%。农村劳动力就业人数市内首次超过市外。

一、重庆市农民人均收入及其变化分析

根据《重庆统计年鉴》数据，得出表 3.2。从表中可以看出：①2012 年农民人均纯收入为 7383.27 元。其中，人均工资性收入为 3400.77 元，占总收入的 46.06%；家庭经营纯收入 2975.31 无，占总收入的 40.30%。②从动态上看，从 2004 年到 2012 年，农民人均纯收入增长较快，总增量为 4872.86 元，总增速为 70%。在总增量中，工资性收入贡献量最大，占总增量的 50.98%；而来自农业收入的贡献率只有 24.12%，这说明非农产业收入是农民人均纯收入增加的主要驱动力。③与全国其他省市比较，重庆市属于中度边际化地区。这主要是由于除主城区外，其他县域经济实力较弱小；山地丘陵为主体的自然环境，限制并影响了农业经济的发展。

表 3.2　重庆市农民人均纯收入构成变化表　（单位：元/人）

指标	2004 年	2005 年	2006 年	2007 年	2008 年	2009 年	2010 年	2011 年	2012 年
农民人均纯收入	2510.41	2809.32	2873.83	3509.29	4126.21	4478.35	5276.66	6480.41	7383.27
工资性收入	931.69	1088.80	1309.91	1559.30	1764.64	1919.68	2335.23	2894.53	3400.77
在本地劳动得到收入	276.58	303.23	360.28	425.02	505.58	578.80	756.92	1089.98	1295.41
外出从业得到收入	588.83	712.60	849.32	1030.80	1151.07	1223.39	1435.86	1641.59	1898.54
家庭经营纯收入	1418.84	1541.48	1349.57	1639.82	2016.64	2111.65	2323.51	2748.25	2975.31
第一产业纯收入	1327.83	1406.38	1176.85	1460.83	1784.70	1834.56	2003.03	2332.37	2503.15
第二产业纯收入	14.79	19.59	28.58	23.28	27.51	35.28	33.13	29.51	30.92
第三产业纯收入	76.22	115.51	144.14	155.71	204.43	241.80	287.36	386.36	441.23
财产性纯收入	33.06	30.69	27.29	43.76	50.90	67.80	90.50	139.67	175.56
转移性纯收入	126.82	148.35	187.07	266.41	294.03	379.23	527.41	697.96	831.63

二、重庆市县区农民人均收入总量的空间边际化分析

为分析重庆市 40 个区县农民人均纯收入时空变化特点，在研究时间段（2004～2012 年）内，选取首尾 2004、2012 两个年份，采用自然断裂法，将 40 个区县的农民人均纯收入水平由弱到强分为五级：极化地区、弱边际化地区、轻度边际化地区、中度边际化地区、重度边际化地区（图 3.9）。

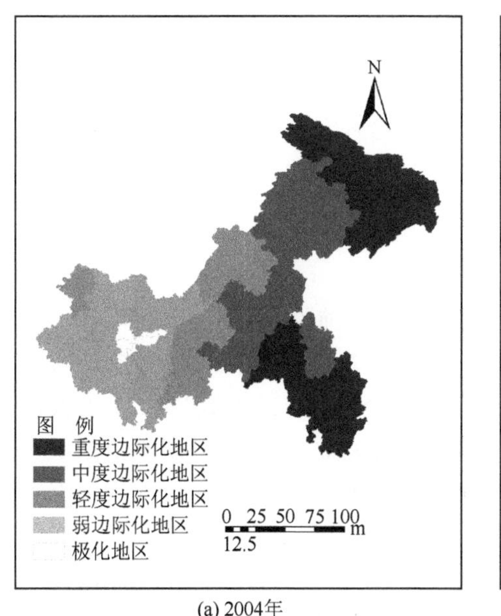

(a) 2004年

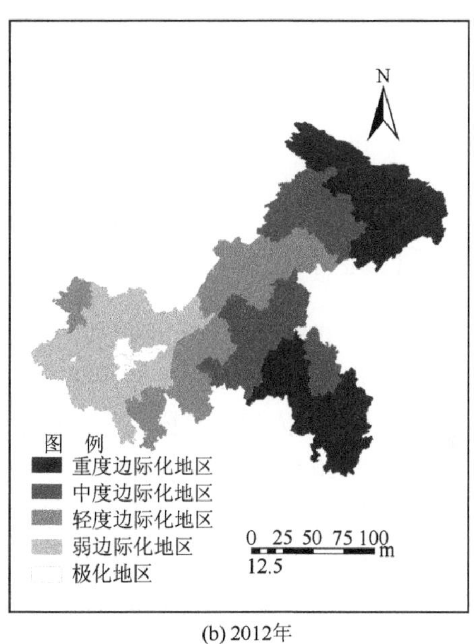

(b) 2012年

图 3.9　2004 年与 2012 年重庆市农民人均纯收入

由图 3.9 可以看出：①2004～2012 年，农民人均纯收入边际化的空间结构变化很小，呈现出"'一圈'高，'两翼'低"的总体格局。极化地区集中于以渝中区为中心的六个区，即渝中区、沙坪坝区、江北区、南岸区、九龙坡区、大渡口区。值得注意的是，在重庆九大主城区中，北碚、渝北、巴南三区处于弱边际区。②受重庆主城区空间极化效应和扩散效应的作用，以及特定的地貌格局（西部方山丘陵区、中部平行岭谷-低山丘陵区、东北部大巴山中山区、东南部巫山-七曜山岩溶化峡谷中山区）的强烈影响，空间边际化程度从极化地区、"一圈"到"两翼"逐次递增，空间梯度差异明显。渝东北（城口、巫溪、巫山、奉节）与渝东南（彭水、酉阳、秀山）为重度边际化地区。③有明显变化的是两个地区：万州区与綦江区。两个地区经过 10 年的发展，边际化程度有所减弱：万州区由 2004 年的重度边际化地区跃升为 2012 年的轻度边际化地区，綦江区

由 2004 年的轻度边际化地区跃升为 2012 年的弱边际化地区。

第五节　基于县区和乡镇尺度的农民人均纯收入空间边际化分析

目前国家公布的不同行政级别的统计年鉴中，县级农民人均纯收入具有最为详细的构成数据，相对省（市）地域尺度，县级单元在自然生态、社会经济发展要素与环境方面具有更多的同质性。选择地处西北内陆、县域经济发展落后、垂直地带性分异明显的甘肃省古浪县作为案例研究区，以揭示边际地区内部不同自然环境条件下的空间边际化特征及其作用因素。进一步说，选择地处东南沿海、地方经济和区域经济发达的浙江省宁海县作为比较的参照系，以揭示边际地区与发达地区的差异的程度、变化特征、主要成因。

一、研究区和参照区基本情况

2012 年古浪县的人均地区生产总值和农民人均纯收入分别为 9034 元、3559 元，远低于全国同期的两个指标值 38 354 元、7917 元。全县 35.75 万农村人口中有 16.83 万贫困人口，贫困发生率高达 47.1%。全县劳务总人数为 9.71 万人，劳务总收入为 10.52 亿元，占全县地区生产总值的 29.90%。古浪县属于全国 592 个国家级贫困县之一，近年来在甘肃省 86 个县市中人均 GDP 和农民人均纯收入排位在 60～66，属于典型的边际地区，边际化特征与边际化问题突出。

除上海市和北京市外，其余省级行政区中浙江省的农民人均纯收入连续 23 年居全国首位，2012 年宁海县人均 GDP 和农民人均纯收入分别为 54 483 元、16 547 元，经济实力在浙江省 69 个县市中排位在 30 左右。选择宁海县作为参照系，一是避开高度工业化、城市化的大都市地域，二是能够代表中国东部沿海地区经济发展偏上的水平。

二、古浪县乡镇农民人均纯收入空间边际化分析

择定农民人均纯收入最高的永丰滩乡为基准单元。将古浪县各乡镇的农民人均纯收入按降序排列，这一排序总体上与绿洲-灌溉农业区、绿洲-旱作农业混合区、旱作-二阴农业区的空间分布一致。利用本章第一节式（3-1）～式（3-8），算出各乡镇的内部反边际化分量与外部反边际化分量（图 3.10）、内部边际化分量与外部边际化分量、边际化率与反边际化率[①]（图 3.11）。

① 此部分详细数据可查阅表 3-4。

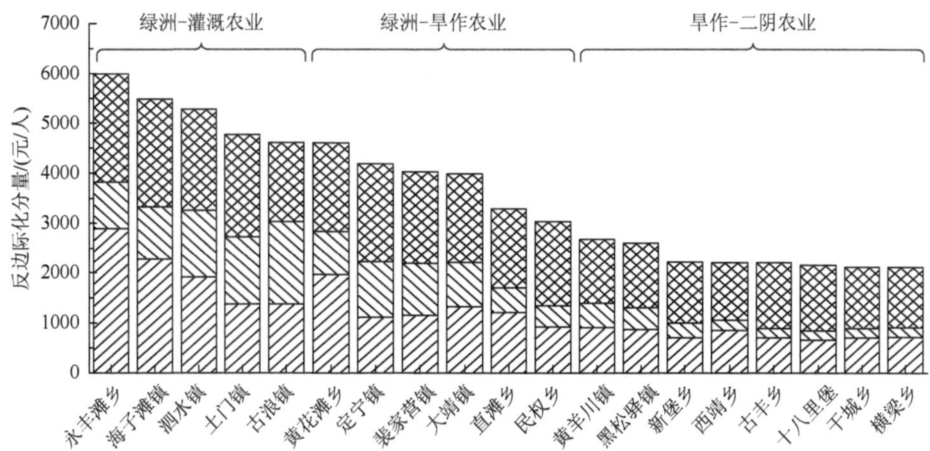

图 3.10　2012 年古浪县各乡镇内部反边际化分量和外部反边际化分量

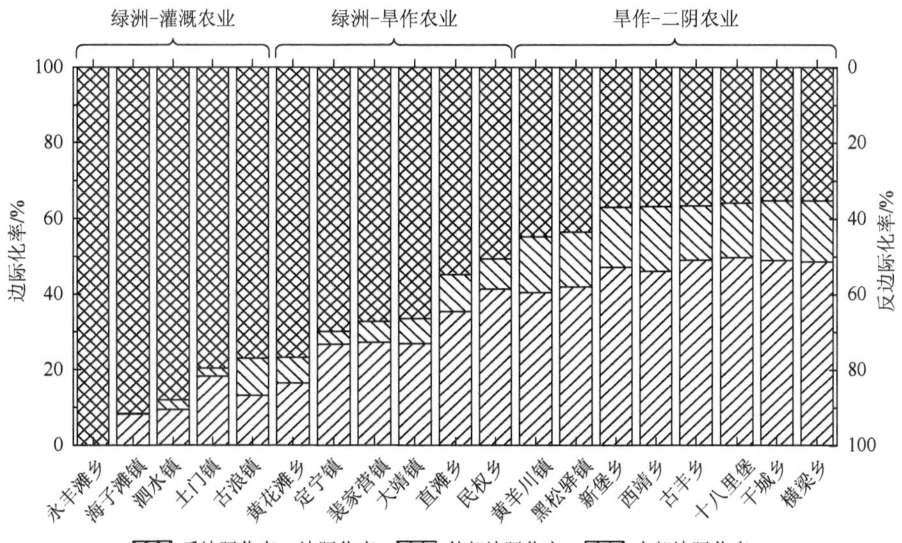

图 3.11　2012 年古浪县各乡镇边际化率与反边际化率

从平原绿洲农业到祁连山低山旱作农业、中高山二阴高寒农业，随着发展种植业和非农产业的适宜性降低和限制性增强，内部反边际化分量及组分、外部反边际分量及组分总体上表现出梯度递减、边际化程度加重的特点。同时，外部反边际化分量从明显低于内部反边际化分量转到高于内部反边际化分量，反映出边际化地区力图通过提高外部反边际化来减弱边际化程度的努力。在反边际化总量中，国家政策性补贴所占比重不到 10%，说明靠政策补贴难以解决边际地区的生计与发展问题。在边际化量中，内部边际化分量占了绝大部分。旱作-二阴农业区的八个乡镇平均边际化率为 61.79%，其中内部边际化率为 53.51%，外部边际化率为 8.46%。在内部边际化率中，农业边际化率占了 35.72%。表明自然环境尤其是发展农业条件的差异是导致边际地区内部空间边际化的主要原因。其中一个值得关注的问题是，所有乡镇即使是重度边际化乡镇，农民人均收入构成中非农收入均高于农业收入。

以农民人均纯收入最高的永丰滩乡为基准单元，依据古浪县 2003～2012 年各乡镇农民人均纯收入构成数据和边际化值，选择绿洲-灌溉农业区的海子滩镇、绿洲-旱作农业区的民权乡、旱作-二阴农业区的横梁乡，进行古浪县内部空间边际化变动分析（表 3.3）。

表 3.3　古浪县不同农业类型区典型乡镇的边际化变化表

地区	项目	2003 年	2004 年	2005 年	2006 年	2007 年	2008 年	2009 年	2010 年	2011 年	2012 年
海子滩镇	边际化量/（元/人）	128	166	150	134	207	223	224	215	218	503
	内部边际化分量/（元/人）	73	156	172	234	247	229	211	193	176	492
	外部边际化分量/（元/人）	55	10	−22	−100	−40	−6	13	22	42	11
	边际化率/%	0.12	0.14	0.11	0.09	0.13	0.12	0.10	0.09	0.08	0.08
民权乡	边际化量/（元/人）	289	379	430	547	545	694	844	811	1144	2955
	内部边际化分量/（元/人）	140	185	251	373	444	555	667	596	891	2475
	外部边际化分量/（元/人）	149	194	179	174	101	139	177	215	253	480
	边际化率/%	0.26	0.31	0.33	0.37	0.33	0.36	0.38	0.32	0.41	0.49
横梁乡	边际化量/（元/人）	585	600	677	781	893	1079	1267	1417	1643	3877
	内部边际化分量/（元/人）	334	328	408	545	626	738	853	929	1082	2909
	外部边际化分量/（元/人）	251	272	269	236	267	341	414	488	561	968
	边际化率/%	0.53	0.49	0.52	0.53	0.54	0.56	0.57	0.56	0.59	0.65

数据分析表明：①10 年来各年份的边际化量、内部边际化分量、外部边际化分量、边际化率四个指标值，均表现出海子滩镇＜民权乡＜横梁乡的梯度变化特点。②除个别年份外，三乡镇的内部边际化量与内部边际化率均高于外部边际化量和外部边际率，并呈现出从绿洲-灌溉农业，到绿洲-旱作农业，到旱作-二阴农业两者差值增大的趋势。③2003～2012 年，海子滩镇的边际化程度呈下降趋势，

边际化率从2003年的0.12%降低到2012年的0.08%，多年平均边际化率为0.10%，其中，年平均内部边际化率和外部边际化率分别为 0.11%、–0.01%。民权乡边际化加重明显，同期边际化率从0.26%增加到0.49%，多年平均边际化率为0.36%，其中，年平均内部边际化率和外部边际化率分别为0.25%、0.11%。横梁乡的边际化呈现持续加重的特点，同期边际化率从 0.53%增加到 0.65%，多年平均边际化率为0.55%，其中，年平均内部边际化率和外部边际化率分别为0.36%、0.19%。④总体上看，受自然环境的强烈限制，内部边际是各乡镇边际化差异的主要动因；绿洲农业区的边际化程度有所减弱，其他类型农业地域边际化程度持续加重。

三、以宁海县为基准地域单元的边际化分析

以宁海县为基准单元，利用古浪县和宁海县2003～2012年农民人均纯收入构成数据，完成古浪县边际化程度变化表（表3.4）。

表3.4　古浪县边际化变化表

项目	2003年	2004年	2005年	2006年	2007年	2008年	2009年	2010年	2011年	2012年
边际化量/（元/人）	4004	4515	5227	6028	7224	8204	8988	10082	11761	12988
内部边际化分量/（元/人）	1854	1910	1265	1433	1306	1714	1949	2834	3093	3399
第一产业/（元/人）	135	489	459	390	298	438	775	1403	1313	1324
第二产业/（元/人）	1095	1098	172	279	196	414	768	7308	909	985
第三产业/（元/人）	624	323	634	764	812	862	406.5	701	871	1090
内部边际化分量/（元/人）	2150	2605	3962	4595	5918	6490	7039	7248	8668	9589
转移性收入/（元/人）	13	33	264	322	451	304	355	5181	578	466
财产性收入/（元/人）	57	55	152	200	29	137	425	3775	959	1065
工资性收入/（元/人）	2080	2517	3546	4073	5438	6050	6260	6353	7131	8058
边际化率/%	0.74	0.74	0.76	0.77	0.79	0.79	0.79	0.79	0.80	0.79
内部边际化率/%	0.34	0.31	0.18	0.18	0.15	0.17	0.17	0.22	0.21	0.21
外部边际化率/%	0.40	0.43	0.58	0.59	0.64	0.63	0.62	0.57	0.59	0.58

计算结果表明：①10年来古浪县与宁海县的农民人均纯收入绝对差值即边际化量快速加大，年平均增长率高达11.33%，呈现出重度边际化特点。②在边际化分量中，各年的内部边际化分量和内部边际化率均低于外部边际化分量和外部边际化率，且随着时间变化其差值有加大趋势。2003～2012 年年平均边际化率为0.77%，其中，年均内部边际化率和外部边际化率分别为 0.21%、0.56%。③内部

边际化分量中，农业的边际化量所占比重较低（年平均值为 31.48%），非农产业所占比重大（为 60.52%）。近年来古浪县农业边际化的绝对值和相对值均表出现较明显的增加趋势，伴随宁海县的整体经济实力的提高，非农产业对农业的反哺作用逐步显现，进而在一定程度上拉大了与落后地区农业发展水平的差距。④外部边际化分量中，工资性收入中占了绝对主体，各年份占外部边际化比重在 82%～97%，同时也是边际化总量中贡献率最大的一项，多年平均占边际总量的 64.15%。值得关注的是，在工资性收入中构成中，古浪县本乡地域内收入所占比重从 2003 年的 11.24%下降到 2012 年的 9.45%，同期宁海县本乡地域内收入所占比重从 79.81%上升到 83.53%，表明农村乡镇地域层次上的工业化和城镇化，发达地区持续增强而落后地区相对减弱的变化特点。

与乡镇经济、县域经济和区域经济发达的宁海县比较，古浪县的农民收入提高面临多重约束：除面积有限的绿洲农业外，不利的自然环境刚性地制约了农业生产和非农产业的发展；县城和县域经济弱小，工业化和城镇化水平低下（分别为 25.16%、18.96%），难以带动农民非农产业收入增长；加之劳动力文化程度低和外出率较低，远离经济发达地区，到东南沿海地区务工人数少，本地劳务市场工资相对低廉等原因，客观上加重了边际地区外部边际化程度。

不同地域单元之间的发展条件，尤其是农业发展条件的差异，是形成边际地区内部空间边际化的主要因素；受自然环境及其弱化的经济环境的双重约束，抑制了总收益，减弱了生产要素投资及其效益，内部边际化以一种持恒的力量阻滞了边际地区的内生增长，并具有一种难以逆转的刚性特点；与中国经济发达地区比较，非农产业发展环境和发展水平，形成了工资性收入和第二、第三产业收入的差距，成为中国乡村地区发展不平衡的主要原因。

第六节 小　结

基于不同空间尺度的案例研究表明：农民人均纯收入及构成在省市、县区、乡镇三个尺度上均表现出鲜明的梯度差异和空间边际化特征；随着时间的变化，梯度差异的空间结构和相对边际化（边际化率）变动不大，表现出一种稳定性特性，但绝对边际化（总量差异）随着时间变化而不断加大；在农民人均纯收入中，工资性收入占重要地位，并表现出随着时间变化在总增量中的贡献率越来越大的态势，说明农民人均纯收入日益依赖于工资性收入的增长和城市化工业化进程的推进；在家庭经营收入中，农业经营性收入起着一种稳定性的基础作用，但随着时间变化所占比重持续下降，这一特点应引起高度关注；非农收入在农民人均收入中占主体地位，表明中国的农民和农村已纳入到广域的城市化工业化进程之中，若这一进程受阻，将对中国社会经济产生重大冲击和影响。农民人均纯收入中“弱农业强非农”现象中引发的问题值得研究；与城市居民可支配收入比较，中国农民的财产性收入数量明显偏低、增速较缓，这制约了农业生产的投入，也极大地影响到中国农民这一庞大群体的消费能力；影响农民人均收入的因素很多，主要有自然环境条件、地方和区域经济发展水平、距发达地区和大都市的远近、外出务工人数、人地关系状况、农业政策等。

基于农民人均纯收入构成的边际分析方法，具有结构性分析、相对比较分析、黑箱分析的特点，不失为研究农村边际地区边际化有用的工具，但同时存在其研究方法和农民人均纯收入数据自身的缺陷。基于已建立的研究框架，需要进行长时段、多类型、复合性指标的实证分析，有几个关键性问题有待深入研究：①地方垂直综合作用下即人地交互作用下的边际化机制如何？②如何测算外部边际化效应带来的内部际化增量？③如何测算外部反边际化效应带来的内部反边际化增量？④中国农村青壮年大量外出对边际地区社会经济发展的影响如何？

第四章

人地交互作用下的空间边际化

空间边际化是水平关联作用与地方垂直综合作用（人地交互作用）的结果。空间极化理论从极化效应和扩散效应两个方面解释了空间边际化的外部边际化作用力和外部反边际化作用力。然而，空间极化理论缺失了边际地区的内部边际化作用力和内部反边际化作用力。在已有的边际地区边际化过程研究成果中，人地交互作用下的空间边际研究相对薄弱，其深度也较为欠缺。本章以祁连山东段北坡［古浪县全境和天祝藏族自治县（简称天祝县）四个乡镇］为例，研究自然环境垂直地带分异和人地交互作用下的空间边际化的状态、过程与特征。

第一节　研究区域自然环境与农业景观特征

祁连山东段北坡位于我国东部季风区、西北干旱区和青藏高原高寒区的交汇地带，兼具三大自然区的特点，垂直地带性显著，呈现出多个不同类型的垂直景观带。在这里，我国半干旱农牧过渡带、绿洲荒漠交错带、高寒农牧过渡带在此交汇。自然景观和农业景观的多样性、复杂性是我国其他地区无法比拟的。早在 20 世纪 50 年代，赵松乔先生就指出了这一地区“极其错综复杂与显著过渡的特征”，“是一个饶有地理学理论研究及实践意义的地区”。无疑，这一地区是研究“自然环境限制下的内部边际化、自然景观与农业景观分异下的空间边际化”的理想区域。

一、地貌类型与农业土地利用

祁连山东段北坡地区（古浪及天祝部分地区），南依祁连山东延乌鞘岭、毛毛山，北靠腾格里沙漠，东端没入黄土高原。本区地貌类型复杂多样，分带现象显著。根据地貌基本形态、单元和成因，分为六个一级类型。由北向南依次为：①沙漠，为风积地貌，绵亘于区域北部，是腾格里沙漠组成部分，海拔为 1600～1800m，该地貌由新月形沙丘构成的链状、垄岗状沙梁组成，沙梁之间有塘，塘内有沙生植物、牧草，是沙区主要放牧之地。②平原地貌，由古浪河、大靖河倾斜冲积平原、洪积扇及滩旱地组成，海拔为 1550～2100m。由于冲洪积作用，地势较平坦，大部土质良好，土层较厚，为山水灌溉农业和黄灌区农业分布区域。③台地，主要指平原与山地边沿，组成物质上部为黄土，下部为新近纪红土层和时代更老的基岩受流水侵蚀或构造抬升而形成的台阶状地面。地面已被冲沟切割，成梁峁状地形。大部分为耕地。④丘陵，相对高差小于 200m 的波状起伏地面。因气候干燥，植被覆盖率低，大部为裸露地表。⑤低山和中山，由横山、秦家大山、萱帽山组成，海拔为 2000～2700m，相对高度为 200～600m，为山地林业、牧业和旱作-二阴农业区。⑥亚高山和高山，包括尖山、毛毛山、雷公山、乌鞘岭等山地，海拔在 2700m 以上，为高寒农林牧业区。

二、气候特征与气象灾害

本区为东部季风气候（季风西缘尾闾末端）、西北内陆干旱气候和青藏高原高寒气候交汇地带。从北到南，从北部的腾格里温带沙漠气候到中部山区温带干旱、半干旱气候（降水上具有季风气候特点）到南部的高原高寒气候。与南高北低的地势一致，气温从腾格里沙漠向南递减，由腾格里沙漠年均温 7～9℃，≥0℃积温 3500℃，分别下降到毛毛山附近年均温 1℃，≥0℃积温 1000℃左右，形成越往北气温越高这一“热量倒置”现象，与气温的地域变化趋势相反，来自东南、西南季风的水汽向北逐渐减少，降水量自北向南递增，在这里，逐级抬升的地形对降水又起到了增强作用，区域地貌分异与降水分异形成的“水热倒置”现象，对区域各景观带的自然生产力产生深刻的影响。

干燥度是反映各地区干湿程度的指标，对自然植被类型、农牧生产类型和方式构成重要影响。一般采用式（4-1）计算：

$$K=E/R=(0.16\Sigma T10)/R \tag{4-1}$$

式中，K 为干燥度；E 为蒸发量；$\Sigma T10$ 为日均气温≥10℃期间的积温。比值大于 1 表示降水量不敷需要；比值小于 1 表示降水量有余。图 4.1 为研究区域干燥度等

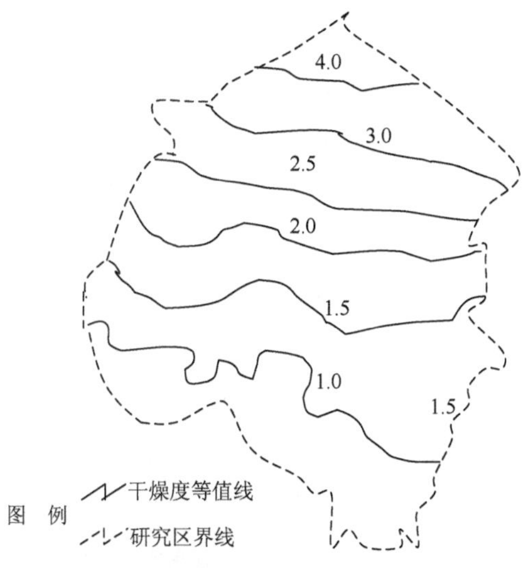

图 4.1 研究区域干燥度等值线图

值线分布图。海拔高度与干燥度有密切关系。海拔高度在 1550～2500m 时，K 值>2.0。当高度在 2500～3000m 时，K 值为 1.1～1.9。海拔每上升 100m，K 值减少 0.2。

研究区远离海洋，夏季来自太平洋的东南暖湿气流和来自印度洋的西南暖湿气流气翻越秦岭和黄土高原，而影响到本区，在山地地形抬升作用下形成降水，这正是本区地处干旱地区山地农业存在的一个基本原因。然而，季风气候降水年际变化和年内变化大、波动不稳这一特点，在季风西缘尾闾末端这一位置进一步放大，气候强烈的不稳定性导致自然灾害频发。

干旱是本区农业生产的常态性自然灾害，区域内一年四季都有干旱发生。据古浪县气象站 1960～2012 年的降水量数据，春末夏初和伏秋期间干旱出现频率最高为 46.7%，不干旱出现频率最高为 27.2%，微旱出现频率最高为 26.1%。就年度干旱来看，干旱年的频率高达 41.6%，微旱年次之，为 35.8%，不干旱年只有 22.6%。这与当地农民“十年九旱”“三年两头旱”之说相符。干旱始终是本区不同地域类型的农牧生产最大的制约因素。干热风是北部川滩区的灾害性天气之一，多在 7 月发生，主要危害春小麦。二阴高寒农区的自然灾害主要是低温、雹灾、秋季的连绵阴雨和春季风雪。上述自然灾害的地域差异，往往导致旱作区干旱农业减产，二阴高寒区稳产；在雨水较好的年份，旱作农业地区有较好的收成，但二阴农业地区却受低温冷湿的影响而减产。近 20 年来，旱作农业与二阴高寒农业同时成灾的现象时有出现。

三、自然景观与农业景观类型

研究区域海拔在 1550～4200m，垂直地带性差异明显。在不到 110km 的直线距离内，从北部的腾格里沙漠荒漠草场地带、腾格里沙漠南缘半荒漠草场地带，到中部的祁连山北坡黄土丘陵沟壑半荒漠草场-干草场地带，以及南部的中山山地草场森林地带和高山灌木草甸草场地带，自然景观分异明显（表 4.1）。

表 4.1 研究区域的自然景观带与农业景观类型

地貌类型	海拔/m	年均温/℃	年降水量/mm	生长期积温/℃	土壤类型	主要自然灾害	农业景观类型
沙漠	1550～1780	6.5～7.7	150～250	2960～2850	灰漠土	风沙、干旱	荒漠、半荒漠牧业
冲积、洪积平原	1600～2100	4.9～7.4	190～300	2850～2510	风沙土、灌漠土、潮土	干旱、干热风	绿洲农业、滩地旱作农业、浅山旱作农业
低山丘陵沟壑	2100～2500	4.0～7.4	300～350	2510～2070	山地栗钙土	干旱、霜冻	低山旱作农业

续表

地貌类型	海拔/m	年均温/℃	年降水量/mm	生长期积温/℃	土壤类型	主要自然灾害	农业景观类型
中山	2500～3000	1.9～2.5	350～400	2070～1620	山地黑钙土	干旱、低温阴雨、霜冻、冰雹	中山二阴、高寒农牧林业
高山	3000～4200	-4.4	400～600	1620～730	山地草甸土、灌丛草甸土	干旱、阴雨、霜冻、雪灾、冰雹	中高山高寒牧业林业

在自然景观垂直变化基础上，本区由南向北呈现出9种农业景观，浓缩了西北地区各种自然景观和农业景观类型（图4.2）。

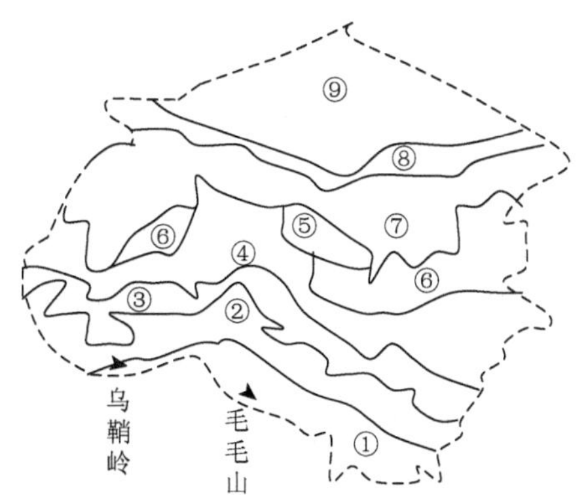

图4.2　研究区域农业景观带分布图

本区垂直带谱发育，景观类型多样，地理环境具有鲜明的多样性、过渡性、不稳定性和脆弱性特征。从大格局讲，研究区处于东部季风区、青藏高原区和西北干旱区的交汇处，故三大地带的自然生态特征兼而有之。从中等尺度看：最南部松山、西大滩、东大滩等乌鞘岭周围地区，海拔较高，属高寒气候类型，草场发育，海拔3500m以上谷地，由于是阴坡，一般寒冷而湿润，植被较茂密，海拔3000～3200m为树林草原及树林带。3000m以下地区，可进行农业生产，是典型的二阴农业区。向北为海拔2500m以下的浅山丘陵地区，大部土地只能利用季风尾闾带来的300mm左右的年降水，为旱作农业区，河谷低地有面积不大的灌区。再往北，雨量减少到150mm以下，有灌溉条件的地区才有绿洲农业。

地处季风区西缘尾闾区和黄土高原西缘山地的这一特殊位置，使得本区的自然生态环境和农牧业生产均表现出强烈的不稳定性和脆弱性特征。二阴山地与浅山干旱区的界线虽然按多年平均值可以确定，但在短周期中会发生推移。大旱年二阴山地表现出浅山干旱特征，粮食产量大幅下降，草场退化严重。在丰水年份，浅山干旱地区也可表现出阴湿的特点。降水量少，年际年内波动大、气象灾害频繁、山区地形起伏成为区域农业生产和发展的强限制性因素。

第二节 土地利用与社会经济基本特点

一、土地利用结构与土地利用问题

研究区域农用地占总面积的76.52%，建设用地占总面积的2.63%，沙漠、荒漠、半荒漠等占总面积的19.49%（表4.2）。耕地面积为163 244hm^2，占总面积的31.64%。其中，水浇地面积为59 799hm^2，旱地103 465hm^2，分别占耕地面积的36.63%、63.37%，形成以旱地为主体的耕地结构。

表4.2 研究区域土地利用结构表 （单位：hm^2）

区域	总面积	耕地	其中		园地	林地	草地	城镇村及工矿用地	其中				交通用地	水域水利设施用地	其他用地
			水浇地	旱地					城镇用地	农村居民点	采矿用地	风景名胜用地			
古浪	378 294	142 044	58 539	83 505	357	13 011	144 320	11 786	66	10 523	356	841	533	6 789	59 631
天祝	137 667	21 200	1 240	19 960	0	3 069	82 533	1 195	6	1 189	0	0	51	821	1 226
合计	515 961	163 244	59 799	103 465	357	4 370	226 853	12 981	72	11 712	356	841	584	7 610	60 857

资料来源：第二次土地利用现状调查数据。古浪为全县数据，天祝为松山、东大滩、西大滩、朵什4个乡镇数据

在水浇地中，海拔较低的黄灌区和山水灌区面积为47 698hm^2，占水浇地的79.76%，这类用地可种植瓜果蔬菜，属于粮食作物高产区；海拔高的山区谷盆地山区水灌区为12 101hm^2，占水浇地面积的20.24%，这类型的水浇地因受热量限制，多为中产区。研究区域所有旱地均为低产农田，多年粮食作物平均产量为1125～1500kg/hm^2。

在旱地中，依据海拔高低、地貌类型差异和土地利用情况，可分成四类旱地：第一类是腾格里沙漠南缘的滩旱地，面积为6621hm^2，占旱地面积的6.40%；第二类是低山（浅山）旱地，面积为28 318hm^2，占旱地面积的27.36%；第三类是二阴地，海拔在2500～2800m，面积为48 578hm^2，占旱地面积的46.59%。第四类属于高寒农地，分布于天祝四个乡镇，面积为19 960hm^2，占旱地面积的19.29%。

受历史上积累形成的人口压力驱动，与三条农牧交错带对应，本区农业存

在三种类型的勉强适宜或极限适宜农业区域，即上述第一类、第二类、第四类旱作土地利用区，这类用地面积有 54 887hm^2，占耕地面积的 33.62%。这三类地区农业风险很高，产量低而不稳。灾害重的年份颗粒无收，风调雨顺年份因人均耕地多，一年的收成能供农民全家吃上 3～4 年。受特定的自然环境和干旱、低温的强烈限制，本区高产田面积小，低产田面积大，这对种植业经济的发展形成刚性制约。

二、农牧耦合经济及其存在问题

受气候年际波动、生物本身对环境抗逆“弹性”和人类活动的影响，在农区和牧区交接区存在着一个农牧交错过渡地带。研究区存在三种不同类型的农牧交错带：第一条是高寒冷湿地区的高寒牧业与高寒农业之间的农牧交错带；第二条是山地半干旱地区的山地草场牧业和旱作-二阴农业之间的农牧交错带；第三条是干旱地区的绿洲农业与荒漠半荒漠牧业之间的农牧交错带。

三条农牧交错带决定了研究区域不管是在土地利用上，还是农牧业经济上均表现出很强的农牧耦合特点。农牧耦合作用具有三种基本功能：①互补增效功能。通过农区牲畜对周边草场的利用或向牧区输入农业副产品（粮油、饼渣、青饲料、秸秆），以及牧区向农区输入畜产品和肥料等方式，延伸了能量利用链，加强了营养元素的物质循环，扩展了农牧资源利用空间和利用量，从而降低成本、增量增效。②农户与牧户、粮菜果基地和牧业基地的联合，形成农副产品加工、畜牧产品加工和市场的联动性增值机制。牧区的羊冬季在农区圈养育肥，其增值效益能提高 3～8 倍。③平衡稳定效应。农牧耦合可以使农业生产系统保持较多的种群和足够长的食物链。种植业中的作物多样性种植，既有利于种植业自身的发展，又为畜牧业的发展提供了丰富的饲料。通过饲料季节平衡、土壤营养元素的平衡，减缓草场、耕地压力，增强了农牧生产系统稳定性和抗御灾害和风险的能力。

表 4.3 反映了研究区耕地生产力和草场生产力分别按高、中、低三个层次的组合关系。目前研究区的农牧耦合关系主要集中在高-低、中-中、低-低组合类型上。存在的主要问题是：①现行的耦合关系，多为历史上形成的传统经验低层次延续，现代化农业所拥有的地域分工和地域协作尚十分薄弱。②半农半牧区的农牧发展，偏向于此增彼减、外延扩张的方式，而对耦合互补、协调共生的策略关注不足。往往农牧分家，不是以农挤牧，就是以牧挤农。农业的发展以草场的失去为代价。③农牧空间耦合强度和耦合效益处于低水平状态。受交通、距离的阻隔和观念等影响，高寒牧区与绿洲农区的强-强组合还极其薄弱。而这正是研究区农牧空间耦合效益潜力最大所在。

表 4.3 研究区农牧空间耦合强度组合关系

草场生产力	耕地生产力		
	高（6.0～7.5t/hm²）	中（3.75～6.0t/hm²）	低（3.75t/hm² 以下）
高（可食鲜草 3.35～6t/hm²）	绿洲高产农区-祁连山优质牧区	河谷高位冷凉绿洲-亚高山草甸草场	高寒上部极限（温度）农业-亚高山草甸草场
中(可食鲜草 1.28～2.63t/hm²)	绿洲边缘中产农区-面积有限的天然绿洲	高寒旱作农业-山地草场	高寒下部极限（降水）农业-山地草场
低（可食鲜草 0.27～0.6t/hm²）	绿洲高产农区-荒漠半荒漠草场	河谷高位冷凉绿洲-山地荒漠半荒漠草场	荒漠零星农业-荒漠草场

三、社会经济发展与经济边际化特征

在特定的自然环境和区位条件下，古浪县和天祝县均是国家级贫困县。两县都表现出县域和县城经济实力弱、城市化水平低、农牧民收入低等不发达特点。从纵向看，1985～2012 年，两县经济在原有的基础上都有长足的发展（表 4.4)。然而，从横向上看，两县与甘肃省绿洲地区的发展差异在扩大。以同为武威市的民勤县（纯绿洲县）为例，1985 年农民人均纯收入为 289 元，高出古浪县同期 95 元；2012 年这一数据民勤县为 7035 元，比古浪县多 3446 元。若与中国经济发达地区相比，社会经济发展水平差异更为悬殊。研究区涉及天祝县的松山、东大滩、西大滩和朵什 4 个乡镇，在天祝 19 个乡镇中处于中（松山镇）低（其他三乡）水平。

表 4.4 古浪和天祝县社会经济主要指标变化表

要素	古浪县					天祝藏族自治县				
	1985 年	1990 年	2000 年	2010 年	2012 年	1985 年	1990 年	2000 年	2010 年	2012 年
总人口/万人	30.13	32.78	38.53	39.81	39.82	19.31	20.94	23.17	21.48	21.42
农业人口/万人	29.09	31.52	36.45	36.54	35.58	17.4	18.67	18.74	17.24	17.22
地区生产总值/万元	8 048	18 428	64 010	239 126	351 867	11 562	17 145	172 367	217 191	397 329
农业总产值/万元	5 680	6 030	25 945	122 156	185 655	3 885	3 675	26 321	62 269	75 764
耕地面积/万亩	109	110.5	112.96	109.29	113.3	37.06	36.8	36.56	31.97	31.46
农作物播种面积/万亩①	82.91	83.9	91	91.47	91.16	32.01	32.74	31.37	31.1	33.22
粮食产量/万 t	7.51	8.2	14.24	16.46	18.62	3.5	4.2	2.46	4.27	4.23
城市化率②/%	3.34	3.84	5.42	8.21	10.64	9.89	10.84	19.11	19.73	19.6

续表

要素	古浪县					天祝藏族自治县				
	1985年	1990年	2000年	2010年	2012年	1985年	1990年	2000年	2010年	2012年
人均GDP/（元/人）	269	488	562	6 206	8 836	606	829	7 439	10 116	18 549
人均农业产值/（元/人）	189	184	673	3 068	4 662	186	176	1 136	2 899	3 537
农民人均纯收入/（元/人）	194	280	1130	2 663	3 559	271	425	1 100	2 752	3 842

①1 亩≈666.7m^2；②城市化率按非农业人口占总人口比重计算

第三节　不同农业地域类型的人地关系状况

人地关系是一个内涵极其丰富的术语，涉及人类活动及其所创造的物质、精神系统（农业活动与农业系统、工业商业活动与城市系统、工具装备交通系统、社会组织活动与社会系统、文化活动与文化系统等）与自然地理环境、人文地理环境的关系。农业活动是土地自然生产力与社会经济力共同作用的过程，人地关系在农业活动中得到充分展现。本节基于狭义的人地关系，重点分析人口-土地-土地生产力三者的关系及其状态（图 4.3）

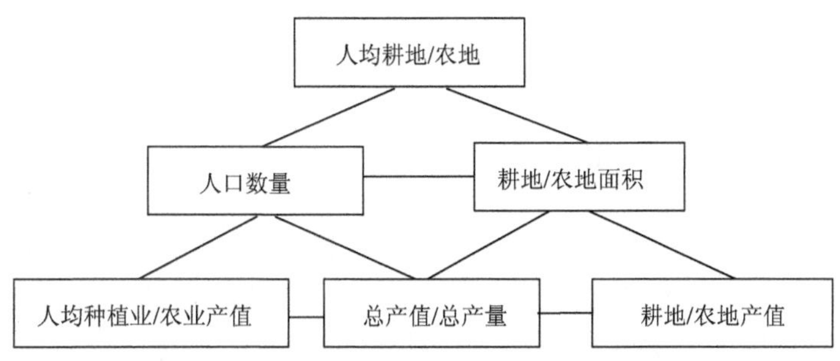

图 4.3　基于农业活动的人地关系简明分析框架

一、人口构成及其变化

表 4.5 反映了研究区域不同农业地域类型两个时期的人口状态：农村劳动力中，60%以上从事农业活动，这是中国落后地区在乡镇这一地域尺度上低度城市化和工业化的表现；劳动力受教育程度整体偏低，呈现出从绿洲地区向高寒地区递减特点；从动态上看，2004～2012 年，绿洲农业地区人口在增加，旱作-二阴农业、高寒农业的人口在减少，在土地生产力差异和农牧民人均收入差异的作用

下，人口数量趋于均衡化调整；2004～2012 年，除绿洲-灌溉农业区的劳动力比重有所增加外，其他三类地区从事农业的劳动力比重减少幅度较大，说明绿洲-灌溉农业的劳动集约度在增加，而山区农业劳动集约度在降低。

表 4.5 不同农业地域类型典型乡镇的人口构成及其变化情况

年份	项目	绿洲-灌溉农业（永丰滩、海子滩、泗水）	绿洲-旱作农业（直滩、黄花滩、民权、定宁）	旱作-二阴农业（干城、横梁、十八里堡、古丰）	高寒农业（东大滩、西大滩、朵什、松山）
2012	总人口/人	62 217	82 685	52 153	38 678
	农村劳动力/人	30 538	43 223	24 555	22 296
	其中：从事第一产业劳动力/人	20 541	30 551	17 432	13 368
	第一产业劳动力比重/%	67.26	70.68	70.99	59.96
	农村劳动中高中以上人口比重/%	22.28	19.07	11.15	7.83
2004	总人口/人	57 994	76 364	58 489	45 535
	农村劳动力/人	26 614	38 503	28 675	27 880
	其中：从事第一产业劳动力/人	15 867	31 265	24 548	21 172
	第一产业劳动力比重/%	59.61	81.2	85.56	75.94
	劳动力文化程度指数	14.5	14.42	10.72	10.64
2004～2012 年人口变动量/人		4 223	6 321	–6 336	–6 857

注：劳动力文化程度指数为农村劳动力中高中以上人口比重

二、土地利用结构与农业生产结构

考虑到自然环境和农业景观的地带性差异，结合乡镇行政区域的边界线，将上述 9 个农业景观类型区归并为绿洲-灌溉农业区、绿洲-旱作农业混作区、旱作-二阴农业区、高寒农业区 4 类农业地域类型，并对应选择 15 个乡镇进行典型分析，以揭示自然环境分异下不同农业地域类型的空间差异和空间边际化特征。

鉴于林业产值占农业总值比只有 1.69%，园地面积小，土地利用重点考虑耕地和牧草地。根据第二次土地利用现状调查数据，完成典型乡镇耕地与牧草地面积汇总。进一步，参考海拔高度和地貌类型差异，将旱地按当地的习惯分成滩旱地、浅山旱地、二阴地、高寒地 4 类（表 4.6）。表 4.6 反映了研究区域农用地的空间组合结构特点。水浇地的土地生产力以海拔相对较低、热量条件好的绿洲农业最高；旱地则以二阴地区的土地生产力相对较高和稳定；牧草地的生产力从荒漠草场到中山和亚高山草场逐渐提高。

表 4.6 不同农业地域类型的耕地与牧草地面积 （单位：亩）

农业地域类型	涉及乡镇	耕地	水浇地	旱地	其中				牧草地
					滩旱地	浅山旱地	二阴地	高寒农地	
绿洲-灌溉农业	永丰滩	50 380.73	50 131.25	249.48	249.48				0
	海子滩	106 343.6	105 577.8	765.8	765.8				128.6
	泗水	125 901.97	99 399.1	26 502.87	26 502.87				169.81
绿洲-旱作农业	直滩	149 508.73	74 541.6	74 967.13	50 174.67	24 792.46			75 053.99
	黄花滩	151 697.2	66 862.61	84 834.58	46 119.55	38 715.3			230 612.81
	民权	76 078.36	17 379.97	58 698.38		58 698.38			179 080.03
旱作-二阴农业	定宁	108 834.97	55 464.65	53 370.31		34 253.2	19 117.11		110 986.85
	干城	126 934.53	1 838.36	125 096.17		72 416.65	52 679.52		119 902.93
	横梁	104 506.27	8 889.43	95 616.84		54 209.86	41 406.98		166 925.55
	十八里堡	45 686.56	4 650.9	41 035.66		24 844.01	16 191.65		59 854.32
	古丰	89 843.58	16 054.28	73 789.3		44 216.3	29 573		47 832.47
高寒农业	东大滩	24 146.03	215.49	23 930.54				23 930.54	96 016.15
	西大滩	65 368.09	4.63	65 363.46				65 363.46	226 280.96
	朵什	60 662.57	185.09	60 477.48				60 477.48	95 564.1
	松山	167 817.15	18 201.23	149 615.92				149 615.92	820 134.32

资料来源：第二次土地利用现状调查数据

不同农业地域类型具有不同的作物结构和牲畜结构，见表 4.7。从作物类型品种上看，低海拔地区作物品种多，对市场变动选择性和应变性大，具有生产蔬菜、瓜果等经济作物的优势条件，机耕条件好，劳动力输出的影响相对较小，同时农业技术的选择、突破的类型多、群体效应大。也就是说，海拔较低的平原绿洲农业在土地产量、土地产值、农业技术效应等方面均优于山区农业。尽管山区农业也存在自身的特点和优势，如人均耕地相对较多，山区可种植反季节性蔬菜，药材、杂粮等特色产品，但城市交通区位条件、发展潜力和竞争力整体上要远远弱于平原地区农业。这成为中国山区普遍落后和经济边际化的根本原因所在。

表 4.7 不同农业地域类型的作物结构和牲畜结构

农业地域类型	主要粮食作物	主要经济作物	主要牲畜
绿洲-灌溉农业	小麦、玉米、大麦、豆类、薯类	蔬菜、瓜果、胡麻、油菜、葵花、甜菜	绵羊、山羊、肉牛、驴、骆驼、猪
绿洲-旱作农业	小麦、玉米、薯类、大麦、豆类、谷子、糜子	蔬菜、瓜果、胡麻、油菜、葵花	绵羊、山羊、驴、猪
旱作-二阴农业	小麦、薯类、豆类、谷子、糜子	蔬菜、油菜、胡麻、药材	绵羊、驴、骡、猪
高寒农牧业	小麦、薯类、青稞、豆类、青饲料	小油菜	牦牛、绵羊、马、骡、猪

三、不同自然环境和土地利用下的人地关系响应

由于古浪县2003年进行乡镇合并，乡镇个数由2003年的24个调整到2004年的19个，对此以2004年为基期进行乡镇尺度的变化分析。基于古浪县和天祝县2012年的统计年鉴数据，以典型乡镇为单位进行数据汇总（表4.8）；考虑到研究地区近3年土地利用结构变化很小，利用“第二次土地利用现状调查”的耕地数据计算耕地利用集约度（农作物总播种面积/耕地面积）、耕地投入集约度Ⅰ（种植业中间投入/耕地面积）、耕地产出效益Ⅰ（种植业增加值/耕地面积）；考虑到山区休闲、撂荒面积大这一特点，根据农作物总播种面积为单位计算耕地投入集约度Ⅱ（种植业中间投入/农作物播种面积）、耕地产出效益Ⅱ（种植业增加值/农作物播种面积）。以“第二次土地利用现状调查”耕地数据和作物播种面积两种数据计算的耕地投入、产出值相差很大，相对而言，按作物总播种面积计算的数值与实际情况更接近；利用2004～2012年各年的粮食总产量、种植业产值、牧业产值，计算三者的变异系数，以揭示不同地域农业类型的波动性和不稳定性特征。

表4.8 不同农业地域类型的人地关系状态

	项目	绿洲-灌溉农业	绿洲-旱作农业	旱作-二阴农业	高寒农业
基本情况	总人口/人	62 217	82 685	52 153	38 678
	耕地面积/亩	282 626	486 119	366 971	317 994
	农作物播种面积/亩	157 106	186 387	159 603	66 244
	农业总产值/万元	42 653	39 068	21 777	12 028
	农业增加值/万元	22 913	21 849	10 706	7 629
	种植业产值/万元	32 913	26 267	10 521	3 491
	种植业增加值/万元	18 789	12 462	5 049	2 024
土地利用	耕地利用集约度/%	55.59	45.34	43.49	20.83
	耕地投入集约度Ⅰ/(元/亩)	499.74	283.95	149.11	37.52
	耕地投入集约度Ⅱ/(元/亩)	898.7	740.66	342.85	180.01
	耕地产出效益Ⅰ/（元/亩）	664.8	256.36	137.59	72.26
	耕地产出效益Ⅱ/（元/亩）	1 195.94	668.61	316.34	305.54
人均水平	人口密度/（人/km^2）	180.03	76.63	47.93	28..32
	人均耕地/（人/亩）	4.54	5.88	7.03	8.22
	人均牧草地/（人/亩）	0	7.21	7.57	21.2
	人均农业总产值/（元/人）	6 855	4 725	4 176	3 110
	人均农业增加值/（元/人）	3 683	2 642	2 053	1 972
	人均种植业增加值/(元/人)	3 020	1 508	968	594
	人均牧业增加值/（元/人）	898	999	1 288	1 770

续表

项目		绿洲-灌溉农业	绿洲-旱作农业	旱作-二阴农业	高寒农业
变异系数	粮食产量变异系数	0.28	0.31	0.54	0.41
	种植业产值变异系数	0.36	0.38	0.47	0.62
	牧业产值变异系数	0.33	0.38	0.43	0.65

表 4.7 表明，从绿洲-灌溉农业、绿洲-旱作农业、旱作-二阴农业到高寒农业：①耕地利用集约度（即复种指数）、耕地投入强度、耕地产出效益逐次减少，而人均耕地逐步增加，反映出山区农业力求通过较多的耕地投入获得更多的土地产出这一“土地粗放经营策略”。②人均农业产值、人均种植业增加值以较大幅度逐次降低，人均农业增加值减少的幅度相对较小，而人均牧业增加值则表现出相反的递减趋势，反映出研究区域北部“绿洲农业+农区畜牧业+沙区牧业”、中部“半农业+半牧业”、南部“牧区畜牧业+高寒农业”这一农牧空间耦合特点。③粮食产量、种植业产值、牧业产值三者的变异系数均表现出随着至北向南空间变化而增加的特点，说明旱作-二阴农业、高寒农业的波动性和不稳定性更为强烈，自然灾害对农牧业损害程度更重。

四、不同自然环境和人地压力下的耕作制度响应

在不同的人地关系状态和人地压力下，研究区域的耕作制度随之而发展变化和响应。轮休方面，20 世纪 50 年代初期，不论山川一般都是近地、肥地、油茬地少歇或不歇，远地、瘦地、白茬地多歇。在人口压力作用下，人均耕地不断减少，出现的情况是近地、肥地、油茬地不歇，远地、瘦地、白茬地少歇。20 世纪 70 年代，古浪县歇地面积每年都在 30 万亩左右（为统计年鉴数据，下同），80 年代为缓解日益增加的人口压力，休闲地锐减，每年不到 10 万亩。90 年代以后休闲地有所增加，到 2012 年古浪全县歇地面积为 22 万亩。

轮作制度方面，20 世纪 50 年代末，作物倒茬次序川区为，豆茬—小麦—秋禾—糜谷—洋芋，一般是 5 年轮作制。山区为豆茬—小麦—油菜—青稞或洋芋；滩旱地区一般是种两年歇一年，有时为了轮埫播种，也就没有严格的茬口顺序。

80～90 年代，轮作倒茬方式有了新的变化。二阴山区采取三种方式：①歇地—小麦—豆类—青稞（或大麦）；②洋芋—小麦—洋芋—莜麦（或青稞）；③歇地—小麦（或油菜）—青稞（或大麦）—歇地。浅山干旱区采取三种方式：①歇地—小麦—豆类—青稞（或大麦）—歇地；②歇地—小麦—豆类（或薯类）—小麦（或大麦）—歇地；③歇地—小麦—歇地。川滩区采取两种方式：①豆类（或休闲）—小麦—玉米—洋芋—糜谷（旱地）；②小麦—洋芋—油料—经济作物—谷子—小麦（水地）。

2000年以后，古浪县农作物播种面积结构发展较大变化（表4.9）。主要表现为粮食作物面积减少，经济作物面积增加；夏粮减少，秋粮增加；薯类面积增加，杂粮类面积减少。绿洲农业区为粮食作物与蔬菜、瓜类、豆类、薯类作物轮作。山区为麦类、豆类、薯类、青饲料轮作与歇地。这一变化体现了农民的行为目标：增加高价作物种植，增加产值；增加低劳动投入作物和以牧代农，以应对农村劳动力外出造成的劳动力不足问题。

表4.9　古浪县农作物播种面积结构变化表　（单位：%）

年份	农作物总播种中		粮食作物中		夏粮中			秋粮中		
	粮食作物	经济作物	夏粮	秋粮	小麦	大麦	豆类	玉米	薯类	杂粮
2012	66	44	40.11	59.99	61.57	11.65	26.14	38.76	58.85	2.39
2000	79.59	20.44	75.53	24.47	66.62	7.44	25.43	50.77	42.29	6.94

第四节　人地交互作用下的空间边际化分析

一、不同农业地域类型边际化的静态与动态分析

相对于其他三类农业地域类型，绿洲-灌溉农业区耕地投入、产出水平、人均产值、农业生产的稳定性、劳动力文化素质等方面优势明显。以绿洲-灌溉农业区为基准地域单元，其指标值为基准值，依据式（4-2）计算：

$$R_{ij}=(X_{oj}-X_{ij})/X_{oj}\times 100\% \tag{4-2}$$

式中，R_{ij}为农业地域类型i的j指标的边际化率；X_{oj}为基准单元的j指标值；X_{ij}为农业地域类型i的j指标值。

计算2012年和2004年绿洲-旱作农业、旱作-二阴农业、高寒农业各指标的边际化率（表4.10）。

表4.10　不同农业地域类型主要指标的边际化率及其变化表　（单位：%）

年份	边际化指标	绿洲-旱作农业	旱作-二阴农业	高寒农业
2012	耕地投入集约度Ⅱ/（元/亩）	17.59	61.85	79.96
	耕地产出效益Ⅱ/（元/亩）	44.09	73.55	74.45
	人均农业总产值/（元/人）	31.07	39.08	68.81
	人均农业增加值/（元/人）	28.27	44.26	46.47
	人均种植业增加值/（元/人）	50.07	67.95	80.33
	劳动力文化程度指数	14.41	49.96	68.88

续表

年份	边际化指标	绿洲-旱作农业	旱作-二阴农业	高寒农业
2004	耕地投入集约度Ⅱ/（元/亩）	60.29	76.05	85.79
	耕地产出效益Ⅱ/（元/亩）	36.74	73.07	78.77
	人均农业总产值/（元/人）	28.63	54.48	69.57
	人均农业增加值/（元/人）	27.41	50.92	67.93
	人均种植业增加值/（元/人）	9.16	56.62	81.37
	劳动力文化程度指数	0.55	26.07	26.62

对表 4.8 进行分析表明：①从静态上看，不管是 2004 年还是 2012 年，所有边际化指标均表现出从绿洲-旱作农业、到旱作-二阴农业、到高寒农业逐级递增的特点。旱作-二阴农业、高寒农业的整体边际化程度高，反映出自然环境分异下形成的强限制具有一种刚性的难以逆转的特点。②从动态上看，2004～2012 年，耕地产出效益和人均农业总产值两项指标的边际化变动不大；耕地投入边际化程度有所降低；人均种植业增加值的边际化率总体在增加，而人均农业增加值的边际化率却较大幅度降低，说明山区农牧民来自农牧业经营的收益（主要是牧业收益）在相对提高，研究区域的自然环境对种植业的限制性比对牧业的限制性更强，即本区的自然生态环境宜牧性好于宜农性。③值得注意的是，2004～2012 年，劳动力文化程度指数的边际化率增加明显，由原先的轻度边际化因子变成中高度边际化因子，教育文化的空间边际化在增加，这一问题涉及山区农牧民和民族教育文化、社会经济持续发能力等问题，应引起高度关注。

二、社会经济发展变化下人地关系、空间边际化的演进

研究区位于河西走廊最东端，是古丝绸之路要道。俗有“金关银锁”之称的古浪峡，“扼甘肃之咽喉，控走廊之要塞”，显示了该地区在历史上的重要地位。历史上随着流牧民族和农耕民族周期性的进退，平原区的土地利用呈现出牧业与农耕交替的格局。至明清时期，随着人口的增加，山区二阴农业逐步发展起来，在早期人少地多的情况下，采取的是流耕、休闲、弃耕（多年）的粗放耕作方式。随着人口的进一步增加，二阴农业、浅山旱作农业和高寒农业规模不断扩大。

20 世纪 50～80 年代，人口快速增长使山区人口压力急剧加大，浅山干旱农业区人口由 1950 年的 15 897 人增加到 1989 年的 50 419 人，增长 3.2 倍。70 年代“农业学大寨”运动，山区旱地规模达到历史上的顶峰。1983 年古浪县旱地面积为 160.36 万亩、水浇地 55.89 万亩，两者分别占全县耕地面积的 74.50%、23.50%（农业区划调查数据）。到 80 年代中后期，山区耕地的拓展潜力已尽，人口压力增

大导致生态环境破坏和自然灾害加重。食物短缺引起过度开垦，加剧水土流失（侵蚀率为 88.7%）。燃料紧张导致铲草皮、挖草根，在浅山区燃料构成中，草皮、草根和秸秆曾占到 39.6%。山区农户仅能在温饱线上下波动，贫困化程度趋于深重。这一时期人地关系已处于在封闭条件下难以自解的恶性循环中。

1988 年启动的景电二期黄灌工程，导致区域土地利用结构和人口空间结构大的调整。景电二期工程古浪灌区位于区域东北部沙漠边缘，灌区辖 1 镇 8 乡，13.46 万人。山区共向新绿洲移民 9.34 万人（其中一部移民返回了原地，也有少部分移民山区和绿洲的地都耕种），绿洲区人口规模不断扩大，山区人口连续下降（图 4.4），一些立地条件差的旱地出现退耕。

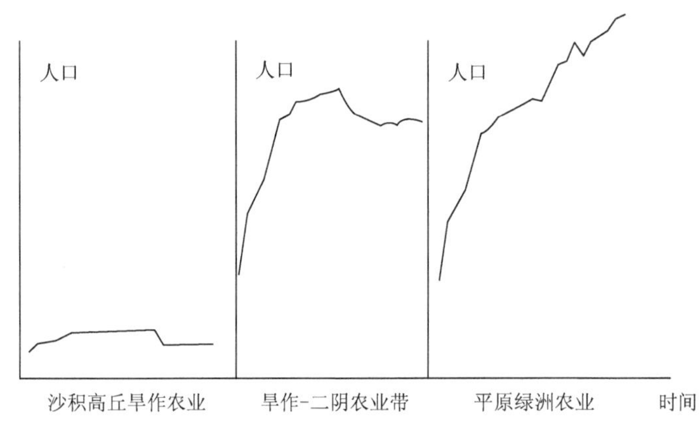

图 4.4 人口分布的空间推进和波动模式（1949～2012 年）

自 20 世纪 90 年代以来，中国工业化城市化开始提速，研究区的农村人口开始进城务工。人口外出流向主要是距离较近的武威市，其次为兰州市、古浪县。2000 年古浪县外出务工人口为 27 319 人，占总人口的 7.09%。截至 2012 年古浪县劳务人口为 9.1 万人，占总人口的 22.85%。2012 年天祝四乡镇务工人数占四乡镇总人口的 20.22%。农民人均纯收入构成中，接近一半的收入来自务工收入。劳动力的外出与农民收入结构的变化，导致山区土地利用结构和方式转变：①山区旱地较大幅度减少。古浪县的旱地从 1983 年的 160.36 万亩减少到 2012 年的 124.57 万亩，同期因景电工程水浇地从 55.89 万亩增加到 87.81 万亩。②耕地休闲、撂荒面积增大。古浪县复种指数仅为 42.79%。从土地利用程度这一角度看，这是农地边际化的表现。但需要强调的是，在干旱少雨条件下，通过耕地休闲恢复地力是这一地区农业持续存在的最有效的耕种方式。③青饲料种植面积增加和牧业经济比重加大。随着劳动力外出和非农产业收入的增加。制约本区农业发展的已不只是自然环境限制，而耕地面积数量已不再是强限制因素，劳动力不足在山区农村也同样表现出来。近年来研究区青饲料种植面积增加较快，牧业经济比重在逐渐加大。由农转牧，这不是农地边际化，而是随着人口压力减少，回归到特定自然环境下土地适宜性最好的利用方式上。

三、不同情景条件下的空间均衡化方案与评价

以上分析表明，二阴-旱作农业区、高寒农业区与绿洲区比较，边际性突出，而绿洲-旱作农业交错区，因近一半左右的低产旱地也使其有了边际性。基于空间内部均衡，设定：①农（牧）民收入只来源于种植业和牧业收入。②人均农业收益（Y_i，按农业增加值计算）只与人口数量（P）、耕地面积（S_l）、牧草地面积（S_g）、耕地生产力（D_l）和草地生产力（D_g）有关，见式（4-3）：

$$Y_i = f\ (P,\ S_l,\ S_g,\ D_l,\ D_g) \tag{4-3}$$

③投入（耕地投入集约度Ⅱ）、产出（土地产出效益Ⅱ）维持 2012 年水平，而气候条件与2012年相同。④不同农业地域类型的外出务工人员工资相同，为2012年研究区平均工资水平，即 10 250 元/a。⑤不考虑农牧耦合效益，牧业产值只与不同地带的草场生产力的有关。在上述条件下，本节的研究聚焦于：在不同情景条件下，研究区不同农业地域的人均收入水平差距如何达到最低值？即如何达到一种理想的人均收入空间边际化为零的均衡状态？对此，基于上述假设和表 4.7 的数据，仍以绿洲-灌溉农业区为基准地域单元、以人均农业增加值为基准值，进行不同情景方案设计与评价（表 4.11），以探讨反边际化的路径与可行性。

表 4.11　不同情景条件下不同农业地域类型的空间均衡化方案评价

方案	情景条件	绿洲-旱作农业	旱作-二阴农业	高寒农业	方案评价
方案 1	其他要素不变，通过增加耕地面积，达到空间均衡	需增加农作物播种面积 1.59 万亩	需增农作物播种面积 18.26 万亩	需增农作物播种面积 49.91 万亩	耕地面积剧增已无可能，山区劳动力人均耕地负担已重
方案 2	其他要素不变，通过增加耕地生产力，达到空间均衡	耕地产值需增加 57 元/亩	耕地产值需增加 764 元/亩	耕地产值需增加 2307 元/亩	通过增加投入、农业技术进步，耕地生产力有一定空间，但大幅度提高无可能
方案 3	其他要素不变，通过增加牧业增加值，达到空间均衡	需增加牧业增加值 1064 万元	需增加牧业增加值 21907 万元	需增加牧业增加值 15284 万元	通过增加人工牧草地和农牧耦合效益，牧业收入会有所提高，增量超过现有总量无可能
方案 4	其他要素不变，通过人口迁移，达到人均收益空间均衡	需要迁出人口 2.34 万人	需要迁出人口 2.31 万人	需要迁出人口 1.80 万人	人口迁移是本区最有效的反边际路径，人口迁出会导致土地产值有所减少

续表

方案	情景条件	绿洲-旱作农业	旱作-二阴农业	高寒农业	方案评价
方案 5	其他要素不变，通过增加劳务输出和劳务收入，达到空间均衡	需新增加外出务工人员 0.10 万人	需新增加外出务工人员 1.18 人万人	需新增加外出务工人员 1.49 万人	这是本区目前反边际化的最重要的一种途径，劳动力大量外出必然造成农牧业的整体下滑
方案 6	人口不变，按现有的草场生产力，播种农作物的耕地全部转为牧草地的情景	土地产出效益由耕地的 666.81 元/亩减少为牧草地的 138.33 元/亩	土地产出效益由耕地的 316.34 元/亩减少为牧草地的 171.80 元/亩	土地产出效益由耕地的 305.54 元/亩减少为牧草地的 58.67 元/亩	由农转牧将出现土地产出效益现大幅度减少情况。这种用地转换有助于生态恢复和劳动力的释放。其转换强度取决于人地压力和经济压力大小，越小其转换量越大，反之亦然

总体上看，绿洲-旱作农业区，因绿洲农业的发展能力和潜力，使其这种类型的乡镇在缩小与绿洲农业之间的差距上具有相对优势。而旱作农业区、二阴农业区和高寒农业区要使其差距尽量不要拉大已实属不易，要进一步缩小边际化举步维艰。多年来，村民和地方政府在减少贫困、缩小收入差距进行了艰苦的努力。表 4.10 的不同情景方案中，有成效的反边际化路径是方案 4 和方案 5。在古浪县的社会经济发展战略规划中，计划将海拔 3000m 以上的村民全部搬迁到绿洲区。这一方案的实施，有望进一步缓解山区贫困化和边际化问题。

第五节 小　　结

边际地区边际化是空间极化与空间边际化、空间水平关联作用与地方垂直作用（人地交互作用）的结果。受山区自然环境和干旱、干热风、低温、霜冻、冰雹、雪灾等自然灾害强限制性影响，研究区域的土地利用、农业经济和人地关系表现出鲜明的边际化特征。自然环境的分异是边际地区内部空间差异化的根本原因。在全球化、城市化、工业化和西北地区整体经济落后的背景下，与经济发达地区的差距日益拉大。其发展深受一系列相互关联的边际化因子所困扰：生态环境的脆弱性与不稳定性；边际土地利用的强限制性和低而不稳的土地生产力；退化的资源环境基础；山区农业基础设施薄弱；相对低下的教育水平和劳动力文化素养；山区不利的区位和通达性；劳动力大量外出加重了农地边际化；县城和镇经济实力弱小，对乡镇经济辐射带动作用小；在现行的户籍制度和城镇自身的就业压力下，人口非农化受阻，历史上长期积累形成的人口压力尚未真正减缓。如何在多重边际因素约束下，增强区域反边际化能力、缩小生活质量和收入差距，就显得非常重要和紧迫。

在不同的空间均衡方案中：方案 1 属于传统的粗放农业拓展路径，这一路径既受后备耕地资源潜力和生态环境压力制约，也受到劳动力不足的刚性约束。古浪县劳务人数占劳动力人数的 45.9%，在山区以人力畜力为主的农业条件下，老人为主的人力结构已经呈现出超重的耕地负担系数；方案 2 和方案 3 属于集约农业发展方式，这一方式在自然环境条件差的边际土地利用区其潜力有限、风险成本增大；方案 4 和方案 5 属于人口流动迁移的反边际化模式，这是所有方案中最有成效的做法，这主要取决于易地扶贫工程的大小、力度和宏观经济环境下的非农产业就业和工资水平；方案 6 属于由农转牧结构性变化类型，从长远目标看，随着历史上积累的人口压力的缓解，以及中国工业化、城市化和整体经济发展水平的提高，那些极限宜农或勉强宜农地区的农业会逐步转变成牧业或林业。

第五章

人口空间边际化研究

人口空间边际化既是自然、社会、经济、政治、文化、教育边际化作用的结果，又是社会边际化的载体和推动力。国内外有关人口构成、人口分布、流动迁移和人口问题研究的成果十分丰硕，但基于人口边际化理论和视角的系统化研究不多。本章建立了人口边际化分析的框架和评价指标体系，基于第四、第五和第六次全国人口普查数据，以青藏高原东北边缘和黄土高原西缘交汇地带的兰州市、临夏回族自治州、甘南藏族自治州为例，对人口空间边际化的状态、特征、成因进行了研究。

第一节　研究区域的自然、社会、经济基本情况

一、自然环境基本特征

本区位于我国东部季风区、西北干旱区与青藏高原高寒区三大自然区的交汇地带。既兼具三大自然环境区的特点，又具有边缘地带的特殊性——对气候变化的敏感性和自然生态环境的不稳定性。在水平地带变化基础上叠加强烈的垂直地带变化，自然环境同时又呈现出复杂的多样性和显著的过渡性特征。

研究区域大地构造属于巨型纬向构造体系的秦岭-昆仑构造带，它们由秦祁昆地槽区的祁连山、昆仑山地槽回返形成的系列褶皱山系组成。祁连山、昆仑山东延余脉与秦岭山地西端山脉在区域内交汇，自南而北形成了一系列北西－南东走向的山脉：积石山、西倾山、岷山-迭山、太子山、马衔山-八楞山、松山，山体脊线的海拔高度逐级呈波状递减。由此决定了本区地形由西南向东北倾斜呈逐级降低之势。区内海拔高度最低点在东部为长江水系的白龙江河谷为 1172m，北部在青城盆地的黄河谷地为 1480m，迭山主峰错美海拔为 4920m。巨大的海拔高度差，使得本区垂直地带变化强烈，不同的地理环境提供了各种类型的人类活动的舞台和发展空间。

该区域地貌主体属陇西高土高原西缘和青藏高原东北缘的组成部分，两

大地貌类型构成区域大尺度的一级地域分异。同时，区域地貌类型又表现出过渡性特征：由黄土高原向北与阿拉善高原、腾格里沙漠相连，向西则与祁连山东段余脉交错；由甘南山原向西南往青藏高原面上发展，向东南则与西秦岭西缘交汇，向北通过一系列东西走向山脉逐步完成由青藏高原向黄土高原的逐级过渡。

中等尺度的地貌形态分异从南到北依次为：①积石山、西倾山山原区。地势高亢、平坦、开阔。水流平缓，河流切割微弱，河曲发育。海拔为3000～4000m。牧草和灌木生长良好，是优质的天然草场，碌曲（甘肃省唯一纯牧区）成为甘南经济发展状态最好的县。②岷迭高山峡谷区。属西秦岭陇南山地西缘部分。白龙江及其支流贯穿其中，山地崎岖陡缓，切割侵蚀强烈，相对高差在2000m以上。崩塌、滑坡、泥石流地质灾害严重。山体阴坡森林茂盛，阳坡有草场，兼有少许耕地。这一地区为甘南重度贫困区。③高原型山地丘陵区。介于岷山、大里加山、太子山之间，海拔为2500～3500m。山岭被盆地、河谷及古夷平面错割分离，呈侵蚀构造的高原丘陵景观。洮河、大夏河横穿太子山系，两岸山高坡陡，形成中高山地貌，其阴坡有森林分布，大部分山体为黄土覆盖，为临夏旱作农业分布区域和贫困区。④太子山、奖俊埠岭-马衔山两列石质山地，为区域性河流产水区和发源地。其南坡多为旱生型山地草场和旱作农业；北坡阴湿，当地群众俗称二阴山地，山地草场森林发育，为二阴农业区。⑤黄土低山丘陵区。属陇中黄土高原丘陵的组成部分。海拔高度为1500～2500m。本区黄土厚积，梁、峁、沟、涧和河谷滩地、阶地发育。梁峁地与河谷相间排列，连绵交错，梁盖地、缓坡地、陡坡地依序排列，形成了黄土丘陵区复杂的地貌类型组合。

根据地貌类型组合特点，可将本区地貌分成三大地貌区：兰州盆地及其南部、西北部山地；临夏盆地及其南部山地；甘肃高原及其周边山地。三大地貌区与三大行政区在地域上形成了很好的吻合。东西向的中高山地即构成三大地域行政界线和地貌界线，同时又构成区域之间南北沟通的交通障碍如图 5.1 所示（文后附彩图）。

受青藏高原抬升作用的影响，区域内河流地貌发育，河谷盆地与峡谷作串珠状分布。除白龙江进入嘉陵江外，众多河流（黄河干流、大夏河、洮河、湟水干流、大通河、庄浪河）由青藏高原及其边缘地带山地进入黄土高原，在兰州汇集成向心水系。地处青藏高原的东北部出水口的有利位置，使川、坝和局部山地得到灌溉，从根本上克服了干旱少雨的自然限制。黄河及其支流形成的地下潜水和地表径流，提供了沿途的农业、工业、城镇、生活用水。地形、热量、水资源条件及其和交通条件的组合，形成了区域内一个重要的一个特点，有水源和灌溉条件面积较小的河谷滩地、川台地、盆地与广大的丘陵山地呈现明显的经济发展水平差距。

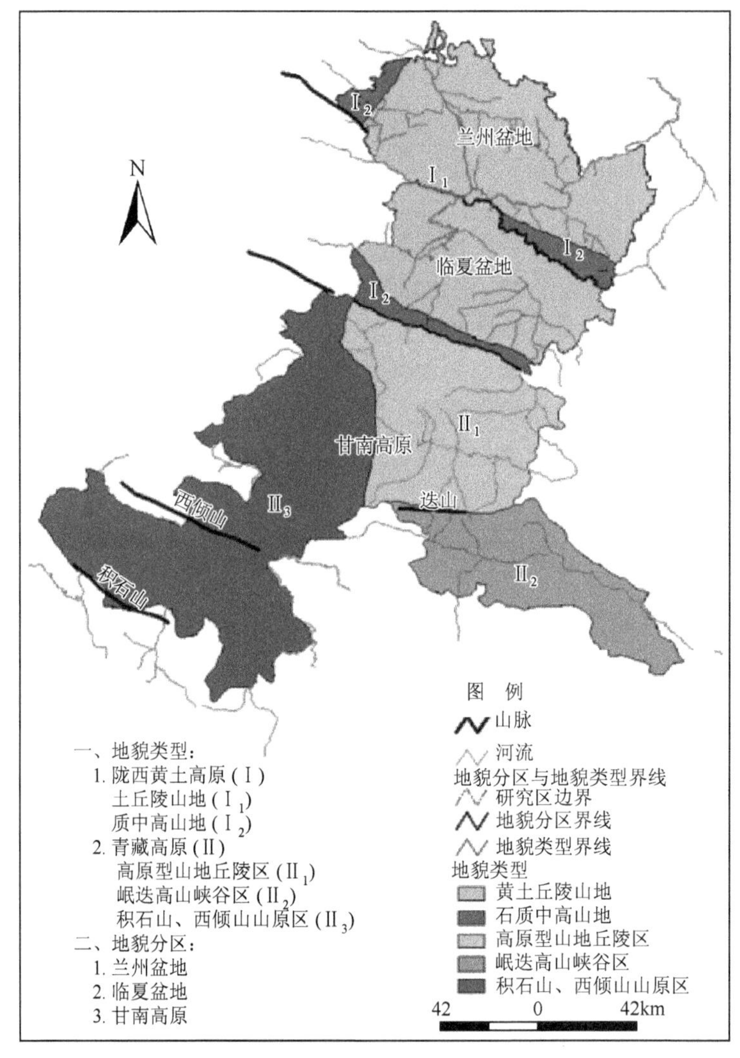

图 5.1 研究区地貌类型与地貌分区图

受大气环流和特定的地貌格局控制，区域气候具有多样性、过渡性和波动性特点。大气环流形势不但受到西风环流、东南季风、西南季风及青藏高原季风的影响，而且直接与青藏高原热动力作用相关。夏季近地面主要被夏季风控制，东南气流带来较为充沛的水汽，降水量约占全年降水的 80%以上，并且主要集中在七～九月。在低空对流层中，西南季风也不可忽视，它由印度绕过青藏高原东部边缘到达研究区的黄土高原部分，一部分爬上青藏高原达到青藏高原东北地带。本区的秋雨主要是东南季风南撤，强大的西南季风爬上形成的。冬季西北风盛行，气候寒冷干燥，同时，由于高原对流层冷高压的建立，高原冷空气也沿着高原边缘向外扩散，进一步加强了寒冷干燥程度。在上述大气环流格局下，本区降水总量少，季节分配不均，冬季寒冷干燥，春季干旱多风，夏秋降水稍多。

与南高北低的地势大势一致，气温从黄河谷地向南递减，由黄河谷地年均温6～9℃，≥0℃积温 3500℃，分别下降到甘南山原区的年均温 1℃，≥0℃积温1000℃左右，形成越往北气温越高这一“热量倒置”现象。与气温的地域变化趋势相反，来自东南、西南季风的水汽向北逐渐减少，降水量自北向南迅速递增。在这里，逐级抬升的地形对降水又起到了增强作用。区域地貌分异与降水分异形成的水热地域组合和“水热倒置”现象，对区域农牧业活动产生深刻影响。

李吉均（1988）的研究表明，我国存在一个天气与气候变化极大的区域——“季风三角区”。不同的历史时期因大气环流形势不同，形成冰期与间冰期的交替，与之对应的季风三角形呈周期的收缩和扩张。研究区恰好处于季风三角顶点的枢纽位置，随历史时期的气候微弱变化，本区都有敏感的表现。同时，受多个环流系统交互影响的季风三角区在短时期内也表现出剧烈的不稳定性，处于季风区尾闾的位置，对季风的不稳定性具有一种放大作用，成为旱、涝、雹、低温、冷害、大风等自然灾害频繁发生的区域。

二、社会经济基本特点

研究区域行政区划包括 24 个区县（图 5.2），其中：甘南地区八个市县（合作市、夏河县、玛曲县、舟曲县、碌曲县、迭部县、临潭县、卓尼县）；临夏地区八个市县［临夏市、临夏县、康乐县、永靖县、广河县、和政县、东乡县、积石山保安族东乡撒拉族自治县（简称积石山县）］；兰州市三县五区（城关区、七里河区、西固区、安宁区、红古区，永登县、皋兰县、榆中县）。

本区历史上为东部农耕民族、西北干旱游牧民族、青藏高寒游牧民族交汇之地，是我国多民族集聚区。研究区域地处兰州都市经济圈南部地带，形成了以兰州城区为一级中心、临夏市为二级中心、合作市为三级中心、县城为四级中心的城市等级体系和城市空间辐射场。三个地区既具有社会经济上的密切联系，又具有各自发展的历史和特点。

兰州自古以来就是西北地区的交通要冲和军事重镇。汉唐时期，兰州市作为“丝绸之路”的重要渡口曾一度繁荣。自宋以后，全国政治经济中心从关中移向东南和华北，城市处于兴衰更替和缓慢发展之中。直到 1949 年，兰州市区面积仅有 $16km^2$，城市街道狭窄，建筑简陋，功能单一。20 世纪 50 年代以来，兰州市作为国家“一五”到“三五”重点建设城市，随着大量的资金、技术、人才的投入，一批石油、化工、机械、钢铁、纺织工业相继在兰州布局，以及大专院校和科研单位在兰州设立，兰州市五区逐步发展到 1995 年人口数量达 165 万，建成市区面

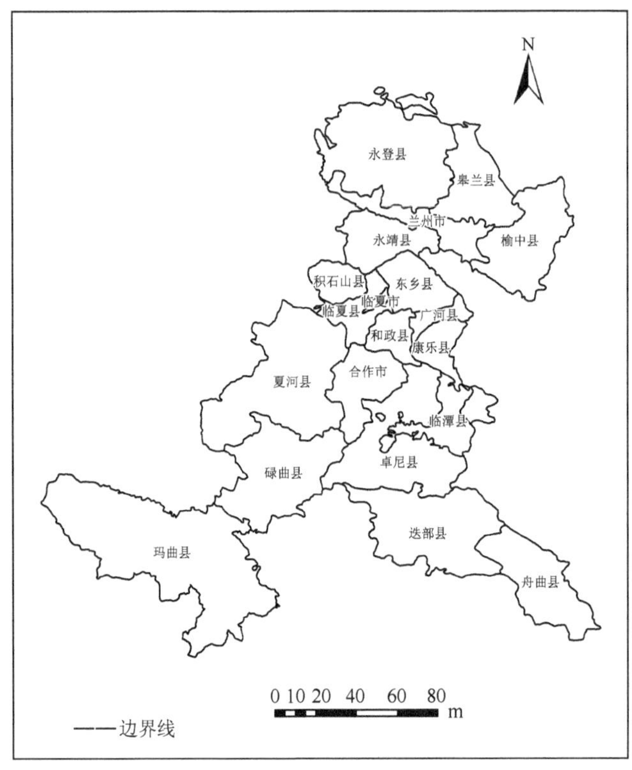

图 5.2 研究区行政分区图

积达 80km^2 的城市。90 年代中期以来，兰州进入到旧城改造、房地产大规模开发和城市空间快速拓展阶段，2012 年市区总人口数达 206 万，建成区面积增加到 220 多 km^2。兰州地处我国版图的几何中心，是沿海地区、中原地区、西南地区联系大西北通向中亚和欧洲的纽带，是甘肃省、黄河上游多民族经济协作区和陇海兰新经济带上的重要经济中心。兰州市独特的宏观区位优势，将具有长期的积极影响，并使兰州继续肩负带动远西部地区（甘、宁、青、新、藏）资源深度开发和经济腾飞的重任。然而，由于特定的自然环境和社会经济环境，兰州市的发展也面临诸多问题和挑战：高度集聚的工业经济、城市经济与整体落后的区域经济、农业经济并存；历史上形成的重化工业体系在路径依赖下继续集聚［如酒泉钢铁（集团）有限公司在榆中投产］，这种产业结构与布局与城市经济高端化和城市高品质化相对冲突，同时对周边地区的关联带动作用小；受“两山夹一川”的盆地地形制约，城市后备发展用地有限，“大城市”、“小郊区”的矛盾突出；建城区面积的拓展远超过人口的增量，反映了房地产开发城市发展驱动力、实体经济驱动力和人口聚集力不足的特点。

临夏回族自治州从自然地域上和行政上形成一个相对独立的自然-经济地域

系统，是一个由回、汉、东乡、保安、撒拉、土等多民族聚居区。回族等少数民族素有经商的传统，历史上就有很大一部分人靠务工经商生活。在民族优惠政策扶持下，集市繁荣、贸易活跃，全州集贸市场有 100 多个，在甘肃省属于除兰州外商贸经济最活跃的地区。临夏市作为一个拥有 28 万常住人口的城市，首先是所辖七县一区的社会经济文化中心，同时，临夏市作为兰州经济圈南部地区的二级中心城市，其辐射范围遍及整个甘南地区。调查表明，合作与临夏经济联系程度要高于与兰州经济联系程度。这里既有空间距离因素，更重要的是城市经济功能结构类型及腹地对城市功能的分辨、吸收程度。甘南地区以牧农为主，人口相对较少，经济发展水平较低，牧民、农民需要的是日常生活用品，生产资料相对简单。历史上甘南一直是临夏的畜产品来源地和茶叶、粮油等生产生活资料的销售地。与兰州市颇为相似，北部为旱作农业区，中部为河谷地带城镇，工业、灌溉农业区，南部为石质中高山地二阴高寒农牧林区。临夏回族自治州的各项人均经济指标均位列甘肃省 14 个地州的末位。人口自然增长率长期居于高位，2010 年人口出生率为 11.54‰，死亡率为 5.22‰，自然增长率为 6.32‰。社会经济发展存在的主要问题是人口多、耕地少且质量差，人口-耕地-粮食-收入之间的矛盾突出。全州人口从 1950 年的 71 万人猛增到 2012 年的 215 万人（其中乡村人口 173 万人）。农业人口密度为 211 人/km^2，远远高于联合国粮食及农业组织所规定的干旱半干旱地区 20～70 人/km^2 的土地承载力标准。

研究区位于小积石山和太子山以南的甘南地区，是一个以藏族为主体的多民族集聚区域。1956 年州政府从夏河迁至合作导致区域行政、经济、文化中心与传统经济文化中心的分离。合作从新中国成立前的几户居民发展成甘南藏族自治州的政治、经济、交通中心（2012 年合作市人口数量达到 9 万），合作市成为甘肃仅次于兰州市、临夏市的第三级中心城市。在文化宗教上则以夏河为中心，拉卜楞寺是藏传佛教格鲁派的六大著名寺院之一，因其规模宏大、佛事兴旺、高僧济济，而在整个藏区享有盛誉，有“第二拉萨”之称。受宗教文化的影响，历史上的夏河就形成了一定规模的集镇、市场，民族用品、手工业、商业贸易远比周围其他藏区发达，成为当时安多藏区重要的商品集散地和经济贸易中心。甘南藏族自治州的经济水平和地理位置表现出双重特点：一方面处于兰州经济圈的外围边缘区，地广人稀，经济发展水平相对落后，处于区域自然-经济发展的“第三级”。另一方面，又是兰州经济圈向东南、西南方向扩散和进行经济交流的前缘地带。从整个青藏高原社会经济文化大体系看，甘南藏族自治州是青藏高原东部、东北部藏族地区（云南、甘肃、青海）的组成部分。这一地区处于西北经济相对发达区与发展缓慢区（以西藏为代表的边远山区和广大的高原牧区）过渡地带，汉族和少数民族接壤交错，汉藏两种不同类型的文化经济在此交融、相互吸引，从而把这种双向影响扩散到更远的地区。与兰州、临夏地区相比，甘南地区地广人稀，从 1949 年的总人口 50 万、人口密度 12.6 人/km^2，到 2012 年的总人口 69 万、人口密度 17.5 人/km^2。耕地、林地沿着白龙江、洮河、大夏河各地向高原面延伸。由此形成甘南地域类型的空间差异：西南部山原牧业区（占全州面积的 55.53%，属农牧民收入水平最好的区域），东南部岷迭高山深谷农牧林区，北部高原型山地丘陵农牧林业交错区。本区发展主要的问题是山区和高寒农业产量低而不稳，草场超载严重，畜草矛盾突出；由于牲畜对牧民既是生产资料，又是生活必需品，牲畜数量几乎成为家庭贫富唯一的标准，小而全、数量型的畜牧业生产经营模式，很难跳出传统畜牧业草畜矛盾的缠绕；受偏远的位置和藏传佛教文化的影响（认为一切事物在它的终极意义上是空的，强调遏制欲望，知足常乐），藏族群众外出务工经商者相对较少。

由于相对较差的自然环境和历史上积累的人口压力，本区为中国贫困县集中连片区。24 个区县中有 13 个贫困县，包括兰州市的榆中县，临夏回族自治州除临夏市以外的 7 县，甘南藏族自治州除迭部、玛曲、绿曲 3 县外的其他 5 县。复杂的自然-人文环境，悠久的发展历史，多民族的文化构成，形成了本区在土地利用、经济发展水平、人口构成、人地关系特征上的多元化格局和悬殊的地域差异。这一地理环境特征，无论是在国内还是在国际上都具有独特性和典型性。

第二节 研究框架、数据来源和分析方法

一、人口空间边际化的分析框架

人口属性是人口-社会-空间边际分析的基本面。人口构成可分成自然构成（性别、年龄、种族）、社会构成（政治、文化、宗教、民族、阶层、党派等）、经济构成（收入、消费、职业）、地域构成（城市与乡村、平原与山区、不同行政区）。人口社会边际性是人口属性、空间位移（流动、迁移）、住房状态等与“参照系”对比中所表现出的差距，人口空间边际化则是人口社会边际性在不同地域上的差异化表现。

人口空间位移包括人口流动和人口迁移两种基本类型。人口学、社会学等从目的动机、迁出地与迁入地、距离、迁移规模、迁移路径和流向、文化和社会整合等进行了多视角的研究。影响人口流动和迁移的原因有很多，如军事、政治、政策、文化、经济等。而经济因素是常态的、持续的、广域的作用因子，即为寻求更高的收入和更好的生活质量而流动、迁移。严格的意义上，住房状况不属于人口本身的范畴。但住房状况（建筑结构、建筑年代、住房面积、住房设施等）直接关系到居民生活质量，因此可以从人口的物质化延伸去理解。第六次和第五次全国人口普查提供的各地区住房状况系统化数据，为不同地区住房状况的边际性研究提供了良好的资料基础。基于上述的解析，构成如图 5.3 所示的人口-社会-空间边际化分析框架。

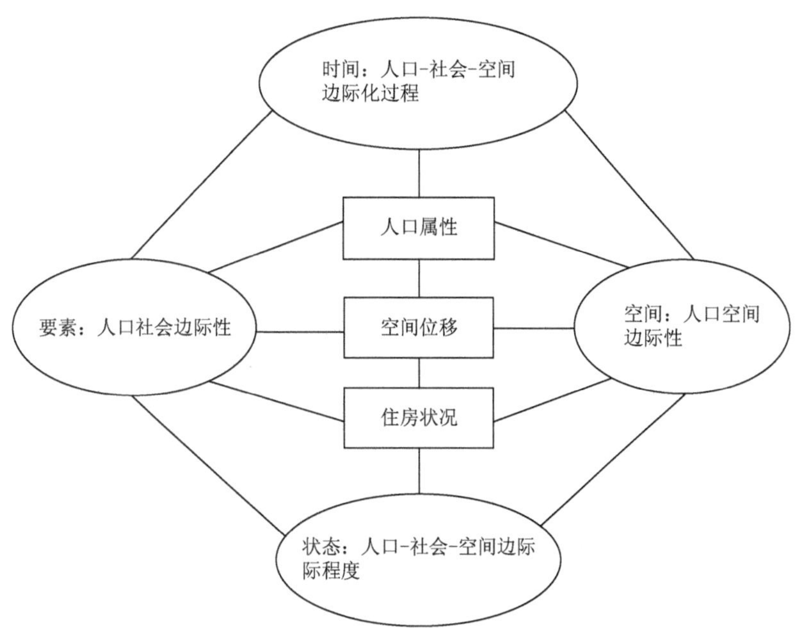

图 5.3　人口-社会-空间边际分析框架

二、数据来源和研究方法

本章的主要资料来源于甘南藏族自治州、临夏回族自治州、兰州市的第四、第五、第六次人口普查（分别为 1990 年、2000 年、2010 年）数据、国民经济统计年鉴数据、第二次土地现状调查数据、实地调查获得的资料和数据。基于所构建的人口-社会-空间边际化分析框架，建立人口边际化分析与评价指标体系，从静态与动态两个方面对研究区域的人口空间边际化特征、状态、过程、趋势、动因进行评价与分析。研究方法上，注重实地考察与统计分析的结合，定性研究与定量研究的结合，静态分析与动态考察的结合，典例剖析与整体分析的统一。在具体方法手段上，则采取了回归分析、多因素加权法等数学分析手段，并借助地理信息系统技术，进行人口空间边际化分析。

三、指标体系构建与权重的确定

基于第四、第五、第六次全国人口普查数据和相应年份的国民经济统计数据，构建人口空间边际化评价指标体系，采用如下方法步骤进行空间边际化测度：①测度总目标是不同区域人口空间边际化程度，将这一总目标分解为人口经济边际化、人口迁移边际化、人口去乡土化程度、人口城镇边际化、人口教育边际化、住房状况边际化、人口社会边际化 7 个子目标，并按其影响程度赋予了不同的权重值。

②子目标下共选取对人口空间边际化具有指示性和揭示性的 17 个指标，并根据其重要性赋予不同权重值。③总目标下的各子目标权重值之和、同一子目标下的各指标权重值之和为 1（表 5.1）。④对不同的量纲数据进行无纲量化处理，正向与负向指标标准化处理公式化分别如下：

$$X=\frac{x_{ij}-x_{\min}}{x_{\max}-x_{\min}} \tag{5-1}$$

$$X=1-\frac{x_{ij}-x_{\min}}{x_{\max}-x_{\min}} \tag{5-2}$$

表 5.1　人口空间边际化评价指标体系

目标	子目标	权重	指标	权重	指标属性	测度指标说明
人口空间边际化指数（P_m）	人口经济边际化系数（X_1）	0.30	人均生产总值（X_{11}）	0.40	负向相关	人均生产总值/（元/人）
			农民人均纯收入（X_{12}）	0.30	负向相关	农民人均纯收入/（元/人）
			城镇居民人均存款总额（X_{13}）	0.30	负向相关	城镇居民人均存款额/（元/人）
	人口流动边际化系数（X_2）	0.12	人口流出率（X_{21}）	0.50	正向相关	外出半年以上人口占户籍人口比重
			人口流入率（X_{22}）	0.50	负向相关	居住本乡镇街道半年以上，户口在外乡镇街道人口占总人口比重
	人口去乡土化系数（X_3）	0.10	外地人口率（X_{31}）	0.60	负向相关	外省户籍人口数占人户分离总人口数的比重
			人口外地出生率（X_{32}）	0.40	负向相关	出生地在省外的人口占按现住地出生地口径统计总人口的比重
	人口城镇边际化系数（X_4）	0.16	城镇化水平（X_{41}）	0.60	负向相关	非农人口占农业人口和非农人口总人口的比重
			人口职业非农化率（X_{42}）	0.40	负向相关	第二、第三产业从业人员占比
	人口教育边际化系数（X_5）	0.08	文盲率（X_{51}）	0.35	正向相关	文盲人口占 15 岁以上人口比重
			受教育程度（X_{52}）	0.65	负向相关	高中以上学历人口占总人口的比重/人
	住房状况边际化系数（X_6）	0.18	厨房设施指数（X_{61}）	0.15	负向相关	使用独立厨房的户数占总家庭户数的比重
			炊事燃料指数（X_{62}）	0.25	负向相关	拥有燃气、电炊事燃料的户数占总家庭户数的比重
			自来水设施指数（X_{63}）	0.25	负向相关	拥有自来水的住户占总家庭户数的比重
			热水设施指数（X_{64}）	0.15	负向相关	拥有统一供热水和家庭自装热水器户数之和占总家庭户数的比重
			厕所设施指数（X_{65}）	0.20	负向相关	使用独立抽水式厕所的家庭户数占总家庭户数的比重
	人口社会边际化系数（X_7）	0.06	人口无业率（X_{71}）	1.00	正向相关	未工作人口或失业人口占劳动适龄人口比重

利用公式：

$$P_{\mathrm{m}}=\sum_{i=1}^{n} X_i W_i \tag{5-3}$$

$$P_{\mathrm{im}}=\sum_{i,\ j=1}^{n} X_{ij} W_{ij} \tag{5-4}$$

计算子目标分值 P_{im} 和目标值 P_{m}。需要说明的是，人口边际化指数（P_{m}）或系数（P_{im}）与人口反边际化指数（P_{um}）或系数（P_{ium}）是此增彼减的关系，反边际化指数低，边际化指数则高，用式（5-5）表达：

$$P_{\mathrm{um}}=1-P_{\mathrm{m}}，P_{\mathrm{ium}}=1-P_{\mathrm{im}} \tag{5-5}$$

由于第四次全国人口普查统计口径与第五次全国人口普查和第六次全国人口普查不一致，没有住房状况数据。为了进行人口边际化长时段的分析和比较，在保持评价指标一致的基础上，在总目标“人口空间边际化”下，选取人口经济边际化、人口迁移边际化、人口去乡土化程度、人口城镇边际化、人口教育边际化、人口社会边际化 6 个子目标，按上述方法步骤进行人口边际化的测度。

第三节 人口空间边际化评价与分析

以兰州市社会经济发展程度最好的城关区作为“人口空间极化”中心，按各县市城关区的距离由近到远进行县市排序（兰州市四区排序位置优先），对收集的数据资料进行整理，建立各区县（市）的基础数据表。以这一技术方法处理，各区县的位序就具有了“空间距离”的函数关系。

一、2010 年子目标及指标人口空间边际化分析

（一）子因子（指标层面）空间边际化分析

对 17 个子因子指标数据（无纲量数据）进行分析，表明所有的负相关指标值（即反边际化程度指标）的空间变化具有如下特点：①以兰州市“五区”为“极化中心”向临夏回族自治州、甘南藏族自治州波动递增。②峰值区位于宁夏盆地，而甘南南部人多地少的牧区如碌曲县、玛曲县指标值有所降低。③临夏市、合作市作为区域性中心城市，在集聚作用下，指标值表现出低谷的特点，表明地区性中心具有一定的反边际化能力。④兰州市“五区”与三个“郊县”

指标值落差很大，二元结构性差异明显（图 5.4）。正相关指标空间变化趋势与上述变化相反。

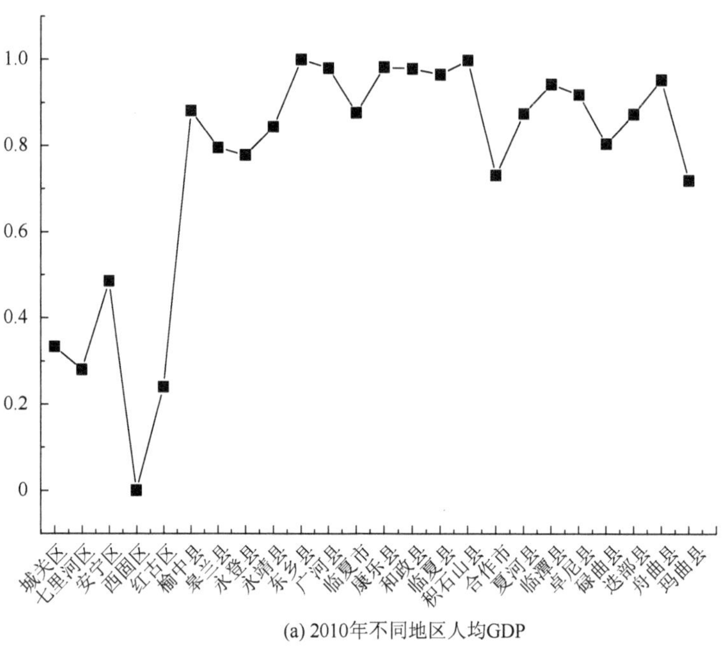

(a) 2010年不同地区人均GDP

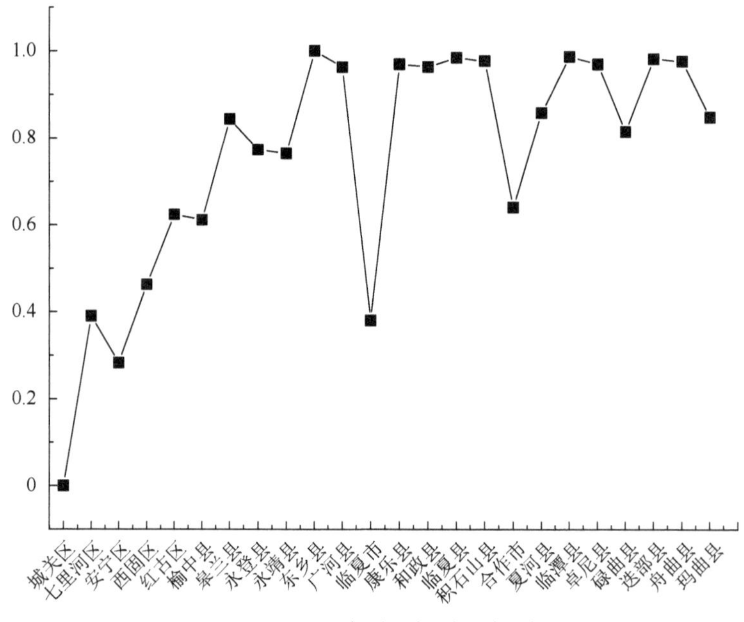

(b) 2010年不同地区人口流入率

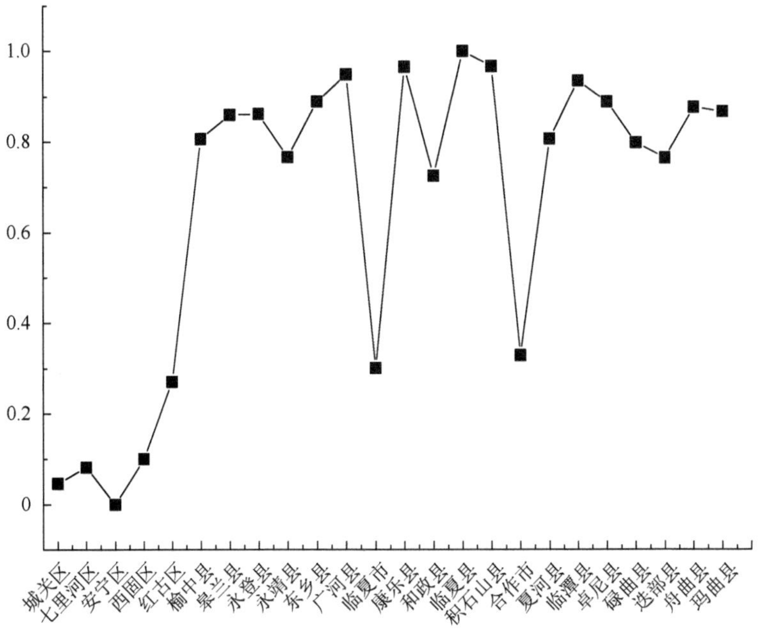

(c) 2010年不同地区城镇化水平

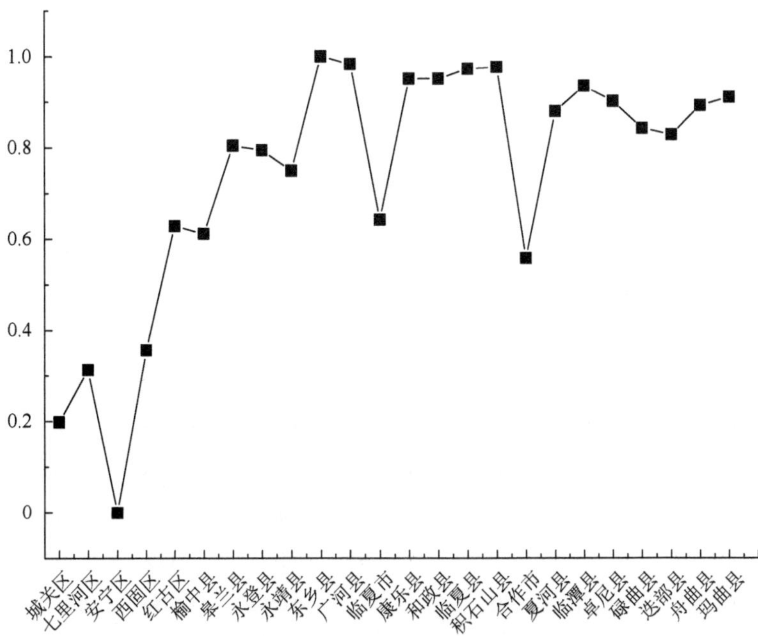

(d) 2010年不同地区受教育程度

图 5.4　2010 年主要指标空间变化曲线

（二）因子层面（子目标层）空间边际化分析

结合中间工作图（各边际化系数曲线图和空间分布图）对表 5.2 进行分析，表明：①人口经济边际化、人口城镇边际化和人口教育边际化三个系数表现出相似的空间边际化变化特点：以兰州市“五区”为“极化地区”，边际化曲线在临夏回族自治州康乐、积石山等县达到峰值后在甘南藏族自治州有所下降、边际化程度减缓；并在临夏市、合作市和永靖县形成小低谷。②人口迁移边际化和人口去乡土化程度两系数的空间变化有相似点：以兰州市“五区”为“极化地区”，在兰州市邻县、临夏回族自治州和甘南藏族自治州的贫困程度高的县形成边际化峰值后下降。个别县也存在两个系统一高一低的组合，如迭部县。③住房状况边际化系数的空间分异的特点是，仍以“五区”为“极化地区”，经临夏回族自治州到甘南藏族自治州边际化程度加重，并在临夏市和合作市形成两个明显低谷。这表明牧区或以牧为主的区域住房状态要滞后于农耕地区和城市地区。④人口社会边际化的空间变化比较特殊，兰州市“五区”最高，经临夏回族自治州向甘南藏族自治州递减，并在临夏市、合作市形成两个峰值。产生这一状态的主要原因是人口普查统计口径。一方面，城镇人口中兰州市“五区”、临夏市、合作市的无工作人口客观上高于县区；另一方面，农牧民并没有考虑到“隐性失业”问题。

表 5.2　2010 年各县市总目标与子目标边际化程度表

地区	人口经济边际化系数	人口迁移边际化系数	人口去乡土化程度系数	人口城镇边际化系数	人口教育边际化系数	住房状况边际化系数	人口社会边际化系数	综合边际化指数
临夏市	0.7624	0.4588	0.5038	0.2901	0.4507	0.2579	0.3514	0.5298
城关区	0.1335	0.3936	0.116	0.0277	0.1361	0.0317	0.5121	0.1583
七里河区	0.3686	0.354	0.2498	0.1165	0.2335	0.108	0.9783	0.3131
安宁区	0.4712	0.2891	0.2438	0.0063	0	0.0463	0.6578	0.2682
西固区	0.2133	0.4736	0.221	0.0992	0.2487	0.0472	1	0.2631
红古区	0.3954	0.6136	0.1941	0.3119	0.4795	0.2588	0.8925	0.4171
榆中县	0.8637	0.5689	0.2837	0.8227	0.4672	0.7247	0.2182	0.7003
皋兰县	0.7627	0.9221	0.495	0.8379	0.5915	0.649	0.2553	0.7481
永登县	0.8104	0.8114	0.4851	0.796	0.6463	0.6196	0.2318	0.7379
永靖县	0.8574	0.6993	0.3831	0.7692	0.5361	0.5406	0.1104	0.6853
东乡县	1	0.6472	0.52	0.9335	0.8562	0.6953	0.0077	0.8211
广河县	0.96	0.586	0.3627	0.9242	0.9253	0.7049	0.0984	0.7866

续表

地区	人口经济边际化系数	人口迁移边际化系数	人口去乡土化程度系数	人口城镇边际化系数	人口教育边际化系数	住房状况边际化系数	人口社会边际化系数	综合边际化指数
康乐县	0.9658	0.6687	0.4925	0.9365	0.949	0.6391	0.0429	0.8088
和政县	0.965	0.6356	0.4447	0.7675	0.7993	0.6201	0.1219	0.7589
临夏县	0.9609	0.7192	0.4955	0.9501	0.7886	0.6487	0.057	0.8055
积石山县	0.9873	0.6161	0.4266	0.9461	0.8025	0.6588	0.1488	0.7973
合作市	0.7766	0.5817	0.4406	0.3943	0.5616	0.5155	0.4935	0.6177
夏河县	0.8987	0.5187	0.4655	0.7976	0.7437	0.8503	0.2157	0.7751
临潭县	0.9366	0.6635	0.4608	0.9193	0.7661	0.7826	0.1138	0.8066
卓尼县	0.9294	0.591	0.5015	0.9047	0.7521	0.7904	0.0842	0.7985
碌曲县	0.8522	0.4899	0.2524	0.7815	0.8352	0.8058	0.0806	0.7106
迭部县	0.8732	0.7042	0.1225	0.8178	0.8833	0.8374	0.154	0.7386
舟曲县	0.9121	0.5735	0.4193	0.8689	0.9298	0.8231	0.1046	0.7931
玛曲县	0.8066	0.4242	0.3973	0.8429	0.8425	0.9698	0	0.7478

（三）空间边际化指数（目标层面）空间边际化分析

从图5.5可以看出，2010年研究区域的人口空间边际结构具有鲜明的层次与结构：①兰州市“五区”属于人口空间“极化地区”，整个区域都受到兰州市区的“强极化”和“弱扩散”作用，从而对区域人口边际化的空间分异产生重要影响。②临夏市与合作市为“人口轻度边际化地区”，作为地区性政治、经济、文化中心，具有一定强度的极化-扩散作用和反边际化的能力。③兰州市的三邻县、临夏回族自治州的永靖县（具有兰州市邻县的区位）与和政县、甘南南部以牧为主的三个县（碌曲县、迭部县、玛曲县，甘南八市县中三个非贫困县）为“人口中度边际化地区”。这一现象值得特别关注，大都市邻县与位置最偏远的牧区的人口空间边际化在同一级别。相对较多的人口与半干旱黄土低山丘陵环境，以及大都市对周边地区产生“虹吸”或“雨影区”现象，使其邻县呈现出较强的边际化特点。而甘南三县人口相对较少、优质草场面积较大，人口与资源的这一配置弥补了区位条件的不足，从而使其表现出相对较高的“反边际化”特点。④临夏回族自治州其他县为“重度边际化地区”，均为国家级贫困县。造成这一地区重度边际化两大基本原因：①干旱缺水、自然灾害频繁、黄土低山沟壑地貌；②人口密度太大，远超过半干旱地区的土地承载力。

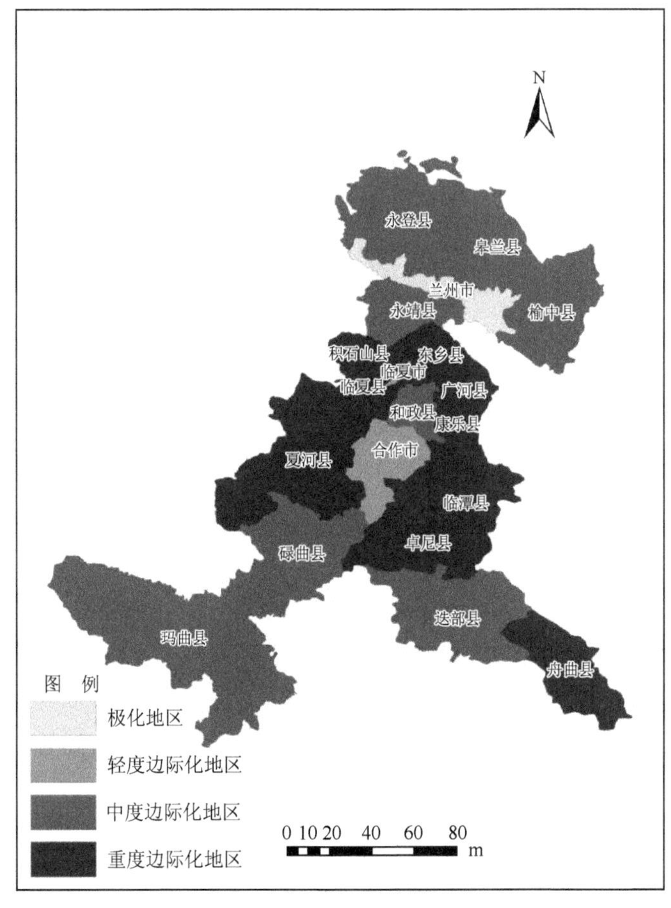

图 5.5 2010 年空间边际化分区图

二、1990 年和 2000 年的人口空间边际化分析

（一）基于“第五次全国人口普查”数据的人口空间边际化分析

除人口社会边际化系数外，其余 6 个边际系数均表现出与 2010 年相同的空间变化趋势与特点，说明影响区域人口空间边际化的力量、因素与格局在基本层面上没大的变化（表 5.3）。

从图 5.6 可以看出：2000 年仍以兰州市五区为极核中心；永靖县、临夏市、合作市和迭部县为轻度边际化地区；兰州市三县、甘南西南部三县和舟曲为中度边际化地区；甘南的临潭县、卓尼县和临夏回族自治州其他县为重度边际化地区。与 1990 年比较，空间边际化程度明显加重。

表 5.3　2000 年各县市总目标与子目标边际化程度表

地区	人口经济边际化系数	人口迁移边际化系数	人口去乡土化程度系数	人口城镇化边际化系数	人口教育边际化系数	住房状况边际化系数	人口社会边际化系数	综合边际化指数
城关区	0.0765	0.0000	0.2379	0	0.0584	0.0056	0.0127	0.1109
七里河区	0.1784	0.1985	0.2467	0.0889	0.1666	0.0622	0.0268	0.3264
安宁区	0.1865	0.2702	0.3024	0.0587	0	0.039	0.0822	0.3015
西固区	0.0666	0.4637	0.2864	0.0658	0.153	0.0458	0	0.2533
红古区	0.1904	0.5553	0.1648	0.1623	0.2853	0.0908	0.0141	0.4297
榆中县	0.309	0.8967	0.4737	0.4833	0.3804	0.1437	0.4803	0.8125
皋兰县	0.2994	0.9842	0.5052	0.4542	0.3604	0.1303	0.3662	0.7907
永登县	0.2872	0.8973	0.4997	0.4451	0.3668	0.1328	0.268	0.7636
永靖县	0.3054	0.9885	0.1249	0.4292	0.384	0.117	0.1497	0.7045
东乡县	0.34	0.9998	0.4591	0.52	0.545	0.1319	0.7441	0.9005
广河县	0.3292	0.9785	0.3861	0.5061	0.5084	0.1414	0.9255	0.8808
临夏市	0.2652	0.9734	0.5049	0.2125	0.305	0.0725	0.0145	0.6084
康乐县	0.3316	0.9871	0.4851	0.5063	0.4957	0.138	0.5904	0.8766
和政县	0.331	0.9929	0.5014	0.4985	0.5113	0.1372	0.5369	0.8759
临夏县	0.3299	1.0000	0.49	0.5019	0.4963	0.1339	1	0.8961
积石山县	0.3366	0.9745	0.4037	0.5113	0.5207	0.1431	0.831	0.8900
合作市	0.3015	0.4109	0.4424	0.236	0.3322	0.1172	0.0312	0.6207
夏河县	0.3131	0.9759	0.3585	0.428	0.4388	0.1447	0.2886	0.7898
临潭县	0.3264	0.9629	0.5022	0.4917	0.4708	0.1427	0.3809	0.8545
卓尼县	0.3291	0.9462	0.5158	0.4736	0.4765	0.1585	0.2698	0.8634
碌曲县	0.3094	0.9755	0.4311	0.4396	0.439	0.159	0.2387	0.8144
迭部县	0.2764	0.7444	0.3166	0.3953	0.4144	0.1313	0.1005	0.6848
舟曲县	0.3225	0.9943	0.4275	0.4763	0.476	0.1387	0.2535	0.8262
玛曲县	0.2716	0.9748	0.4744	0.4177	0.4517	0.1541	0.0941	0.7750

（二）基于“第四次全国人口普查”数据的人口空间边际化分析

1990 年空间变化趋势状态与 2000 年、2010 年基本相同（表 5.4、图 5.7）。由图 5.7 可以看出：兰州市五区和临夏市为极化地区；兰州市三县、临夏回族自治州永靖乐县、甘南南部四县为轻度边际化地区；甘南其他县市和临夏回族自治州的积石山县为中度边际化地区；重度边际化地区面积较少，集中分布于临夏回族自治州。这说明 1990 年研究区域的空间边际化程度相对较低，牧区和牧农区好于农牧区和农区。重度边际化地区和中度边际化县明显要少于 2000 年，表明随着时间变化边际化程度在“相对”加重。

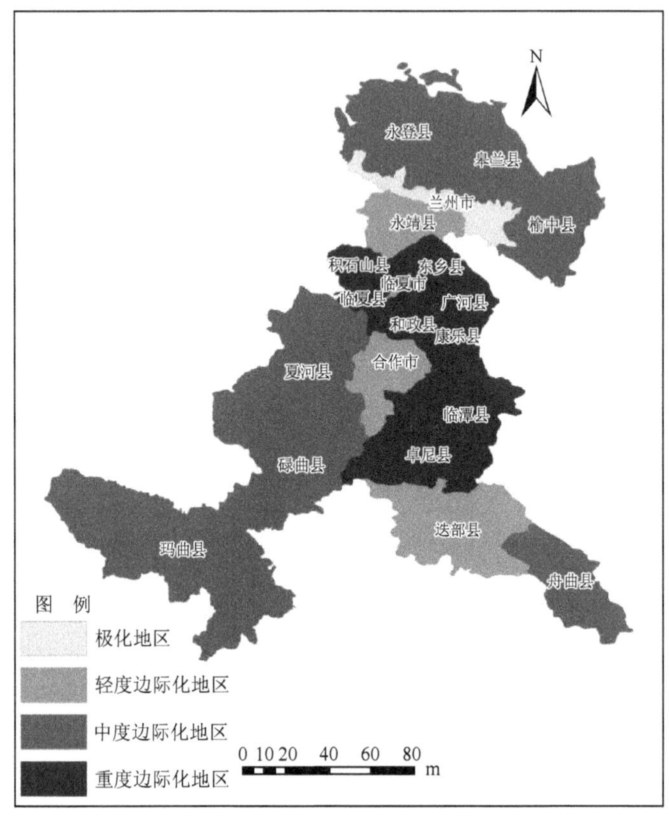

图 5.6 2000 年空间边际化分区图

表 5.4 1990 年各县市总目标与子目标边际化程度表

地区	人口经济边际化系数	人口迁移边际化系数	人口去乡土化程度系数	人口城镇化边际化系数	人口教育边际化系数	人口社会边际化系数	综合边际化指数
城关区	0.0164	0.3406	0.3215	0	0.017	0.9681	0.2295
七里河区	0.1054	0.4396	0.556	0.0994	0.1443	1	0.4054
安宁区	0.097	0.4567	0.5834	0.0996	0	0.6207	0.3089
西固区	0.0383	0.4690	0.385	0.0949	0.1165	0.4312	0.2492
红古区	0.1049	0.0000	0.6214	0.2125	0.2941	0.4824	0.3686
榆中县	0.2521	0.9697	0.7816	0.485	0.3811	0.0606	0.6844
皋兰县	0.265	0.9647	0.9318	0.4849	0.3671	0.0754	0.7131
永登县	0.2838	0.8481	0.4785	0.4513	0.3685	0.1135	0.6679
永靖县	0.3031	0.8048	0.1449	0.4534	0.4137	0.0693	0.6555
东乡县	0.3376	0.9911	0.9492	0.5187	0.545	0	0.8512
广河县	0.3182	0.9591	1	0.5115	0.5393	0.0121	0.8317
临夏市	0.2196	0.7779	0.9422	0.2443	0.3385	0.6047	0.6340
康乐县	0.3214	1.0000	0.7252	0.5134	0.4908	0.0149	0.7949

续表

地区	人口经济边际化系数	人口迁移边际化系数	人口去乡土化程度系数	人口城镇化边际化系数	人口教育边际化系数	人口社会边际化系数	综合边际化指数
和政县	0.3254	0.9772	0.9908	0.5093	0.5027	0.0311	0.8286
临夏县	0.323	0.9739	0.9753	0.5144	0.4859	0.0048	0.8164
积石山县	0.3398	0.9960	0.3645	0.5182	0.5219	0.0008	0.7864
合作市	0.2998	0.9883	0.9712	0.495	0.4924	0.0468	0.7959
夏河县	0.2946	0.7589	0.8292	0.3468	0.4268	0.4336	0.7349
临潭县	0.2998	0.9883	0.9712	0.495	0.4924	0.0468	0.7959
卓尼县	0.2893	0.9693	0.9389	0.4759	0.499	0.1206	0.7904
碌曲县	0.2327	0.7727	0.8279	0.4283	0.4684	0.1148	0.6729
迭部县	0.2191	0.4717	0.3592	0.3631	0.4438	0.2727	0.5755
舟曲县	0.3172	0.9757	0	0.4783	0.497	0.1043	0.7192
玛曲县	0.227	0.7410	0.8148	0.4431	0.4953	0.224	0.6959

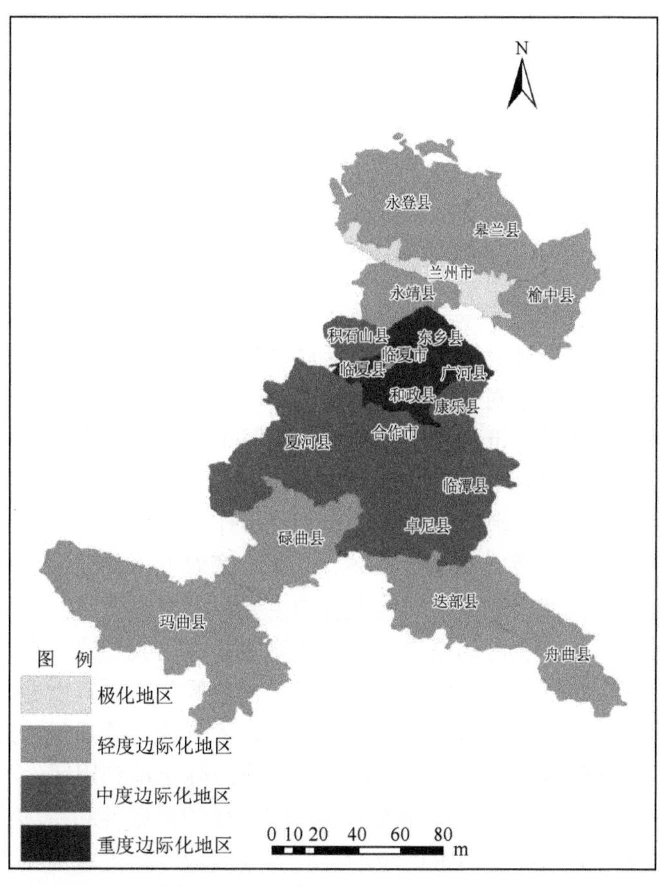

图 5.7 1990 年空间边际化分区图

为检验和回答“随着时间变化空间边际化程度是减弱还是加重”这一问题，求算出2010年、2000年和1990年各县区因子（子因子）边际化率平均值（表5.5）。为便于对比分析，考虑到三个年份的指标的一致性，人口流动边际系数取“人口流入率”这一指标，人口去乡村化系数选取“外地人口出生率”这一指标。从表5.5可以看出：1990～2010年，研究区域边际化程度在持续加重；人口经济空间边际化属于强边际化因子，在区域边际化过程中成为主导性的驱动力量；而人口城镇化边际化、人口教育边际化、住房状态边际化（第四次全国人口普查无统计）系数在2010年同样较高，属于随着时间变化边际化程度加重较快的一类因子；其他因子或子因子边际化率相对较低，且随时间变化变动不大。

表5.5 不同年份各县区因子（子因子）边际化率平均值变化表 （单位：%）

年份	人口经济边际化率均值	人口流入率边际化率均值	外地人口边际化率均值	人口城镇化边际化率均值	人口教育边际化率均值	住房状态边际化率均值	人口社会边际化率均值
2010	80.27	39.28	43.54	68.97	66.19	59.24	30.13
2000	28.75	21.10	44.86	38.27	39.29	12.23	33.47
1990	25.35	30.53	38.47	40.16	38.14	—	25.44

第四节 人口空间边际化的影响因素分析

一、自然环境对人口空间边际化的影响

如前所述，本区地处青藏高原、黄土高原和西秦岭山系的交汇区域，以山地丘陵和高寒性高原为主体的地貌对经济活动及其多样化选择产生强烈的制约。“季风三角区顶点”的位置，对气候的不稳定具有一种放大作用，导致自然灾害频繁发生。根据旱年的划分标准，黄土低山丘陵地区干旱的发生率达60%～80%，降水年际变化大，连旱年概率大，冬季雨量少，春末夏初旱情重，出现频率高达42%～83%，作物需水关键区降水严重不足成为制约旱作农业发展的首要问题。农业产量低而稳，产量变差系数在0.30～0.45。二阴高寒农业区的低温、冷害、雹灾、秋季的连绵阴雨等自然灾害成为农业发展的主要限制性因素。波动不稳定的气候，严重的自然灾害，使得本区的旱作农业、高寒农业成为我国农业自然灾害风险最大的地带之一。本区的旱作农业、高寒作业，从气候生态适宜度看，处于低度适宜、勉强适宜到极限值域；从土地潜力等级看，大多为土地质量等级差，限制性因素多、限制性强的低等级土地，属典型的农业边际土地利用区。

自然环境及其空间分异，成为人口空间边际化的基础性和持续性作用力量。相对较差的自然环境决定了研究区域的重度和中度边际化地区面积大。同时，在工业化、城市化和开放的市场经济环境下，边际地区边际化呈现出日益加重的变

化特点。研究区中的康乐县、东乡县、积石山县、临潭县、舟曲县等地处岷迭高山峡谷区、中山二阴高寒农业区、黄土高原西缘山地丘陵旱作农业区，对县域经济发展形成了一种刚性的难以改变的制约。

二、中心城市等级、县区经济实力与区位对人口空间边际化的影响

人口空间边际化与距不同等级中心城市的距离远近和交通运输的通达性和便捷性密切相关。与发达地区相比，研究区域的交通运输明显落后。就临夏回族自治州来说，境内不通铁路，只有 213、309 两条国道横穿其境内。甘南藏族自治州道路交通落后更为明显，目前交通运输仅靠公路，而且技术等级和网络化程度低。有 1764 个自然村不通村道，农村公路缺桥少涵的现象突出。相比之下，兰州作为西北地区的枢纽地带，交通状况良好，是西陇海兰新经济带支点，新亚欧大陆桥中国段五大中心城市之一，陇海线、兰新线、兰青线、包兰线等铁路干线交汇于此，是西北地区第二大的货运站和新亚欧大陆桥上重要的集配箱转运中心。

城市区位指数是一个反映城市中心等级（以 GDP 总量来确定）、县区经济实力、距中心城市的距离的综合性指标，它反映了城市空间辐射作用场、极化和扩散的强度变化。利用引力公式，计算兰州区位指数、地级市区位指数和综合区位指数（表 5.6）

表 5.6　研究区域各县市的区位指数表

地区	兰州市区位指数	地级市区位指数	综合区位指数	边际化指数
城关区	335 325 831.7	335 325 831.7	670 651 663.4	0.219 7
七里河区	48 282 333.54	48 282 333.54	96 564 667.08	0.323 9
安宁区	610 596.82	610 596.82	1 221 193.64	0.281 5
西固区	438 883.84	438 883.84	877 767.68	0.287 1
红古区	33 123.26	33 123.26	66 246.52	0.444 2
榆中县	62 727.9	62 727.9	125 455.79	0.679 6
皋兰县	40 243.54	40 243.54	80 487.08	0.657 8
永登县	14 766.95	14 766.95	29 533.89	0.652
永靖县	7 221.88	3 941.03	11 162.9	0.636 8
东乡县	7 876.1	34 590.15	42 466.25	0.721 1
广河县	5 370.09	7 597.28	12 967.37	0.739 4
临夏市	8 732.69	1 988 171.72	1 996 904.41	0.437 7
康乐县	4 618.91	3 781.78	8 400.69	0.717 9
和政县	3 205.73	15 806.35	19 012.08	0.684 1
临夏县	4 529.52	32 503.65	37 033.17	0.714 2

续表

地区	兰州市区位指数	地级市区位指数	综合区位指数	边际化指数
积石山县	2 608.92	8 367.05	10 975.97	0.729 1
合作市	999.27	3 995 674.07	3 996 673.33	0.548 8
夏河县	681.18	1 752.81	2 433.99	0.694 9
临潭县	353.8	612.16	965.96	0.726 7
卓尼县	519.99	541.51	1 061.51	0.705 4
碌曲县	172.48	418.5	590.98	0.701 8
迭部县	175.36	133.9	309.26	0.777 3
舟曲县	253.22	84.23	337.45	0.727 5
玛曲县	164.25	132.54	296.79	0.691 6

为验证区位指数对边际化指数的影响，利用 SPSS 统计软件进行回归模拟，两者符合方程：

$$y=0.625-0.529x \tag{5-6}$$

系数检验结果显著（sig=0.008），说明区位指数是影响边际化指数的主要变量因子。

三、人地关系状况对人口空间边际化的影响

对经济相对落后的农村地区而言，人地关系主要表现在人口数量与耕地、草场的数量/质量和土地生产力的关系。利用第二次土地利用现状调查数据和对应年份的统计数据，完成表 5.7。研究区 2010 年耕地总面积为 1200.31 万亩，人均耕地面积为 3.33 亩。仅从人均耕地数量上看，远高于全国平均水平。然而，在耕地面积中，水浇地面积为 236.20 万亩，旱地面积为 964.11 万亩，水浇地与旱地面积比为 1∶4.08。受降水、热量、地貌等自然条件的强烈限制，农业活动处于极限适宜、勉强适宜或低度适宜状态，致使旱作农业和二阴高寒农业区的亩产低而不稳，表现出典型的边际土地利用下的“环境型贫困”特征。依据区位条件、自然环境、土地利用结构、人地关系的不同，研究区域分成六种农业地域类型：①黄河谷盆地-低山丘陵都市农业区。这一区域地处兰州市都市中心区，区位优势突出，农民收入构成中非农收入比重大，都市农业较为发育，但人均耕地面积少，限制了人均农业收益的提高。②黄土高原低山丘陵城郊农业区。地处兰州市都市中心区外围，具有城郊农业区和农区农业双重结构，人均耕地面积较多，水浇地面积占耕地比重相对较大。降水波动不稳的半干旱气候、黄土低山丘陵环境抑制了农业和非农业的发展，使得本区处于中度边际化区。③黄土高原中山-低山旱作农业区。本区的主体为临夏盆地的低山丘陵和周边的中山区，耕地构成中水浇地面积小而旱地面积大，水旱地面

积比为 1∶5.53，农业人口多，人均耕地面积小，人地关系紧张，属于重度贫困化和人口边际化地区。④峡谷–高原高寒农牧业交错区。在土地利用和农牧经济结构上，本区属于以农为主的农牧交错区，有良好的农牧耦合互补，高寒农业的产量低而不稳、较多的人口数量制约了土地承载力的提高，从而加重了本区的贫困化与边际化。⑤甘南高原高寒牧业–牧农交错区。人均牧草地面积大，补偿了高寒农业支撑的不足，人均农业增加值较高。但远离兰州核心区，工业化城市化程度低下，农牧民收入结构中非农产业收入比重低，人地关系状态好于上述的第三类和第四类。但其发展水平与第一类或其他发达地区相比较仍然有较大差距。

表 5.7　研究区域人地关系基本状况表

地区	乡村人口/万人	耕地面积/万亩	其中		牧草地/万亩	人均耕地/（亩/人）	人均牧草地/（亩/人）	人均农业增加值/（元/人）	农业地域类型
			水浇地/万亩	旱地/万亩					
城关区	4.34	2.63	1.49	1.14	0	0.61	0	2279.72	黄河谷盆地–低山丘陵都市农业区
七里河区	12.18	24.84	3.35	21.49	0	2.04	0	2480.38	
安宁区	3.99	0.47	0.47	0	0	0.12	0	5034.23	
西固区	7.78	8.13	3.25	4.88	0	1.05	0	3162.47	
红古区	5.93	10.75	9.33	1.42	0	1.81	0	9509.46	
榆中县	38.11	190.23	39.66	150.57	16.10	4.99	0.42	2462.14	黄土高原低山丘陵城郊农业区
皋兰县	15.26	67.79	28.58	39.21	0	4.44	0	2775.23	
永登县	44.81	189.17	69.48	119.69	39.42	4.22	0.88	1866.17	
永靖县	16.07	73.21	15.29	57.92	5.28	4.56	0.33	2464.7	
东乡县	27.34	91.85	8.53	83.32	1.26	3.36	0.05	1400.0	黄土高原中山–低山旱作农业区
广河县	20.56	44.96	9.17	35.79	0.73	2.19	0.04	1039.74	
临夏市	10.22	6.99	6.40	0.59	0	0.68	0	2412.82	
康乐县	24.12	72.99	6.87	66.12	10.66	3.03	0.44	1354.93	
和政县	15.32	48.96	3.92	45.04	0.87	3.20	0.06	1697.78	
临夏县	36.23	71.75	19.52	52.23	14.89	1.98	0.41	1272.37	
积石山县	23.11	58.71	6.26	52.45	13.15	2.54	0.57	970.32	
合作市	3.44	27.05	0	27.05	237.85	7.86	69.14	3478.78	峡谷–高原高寒农牧业交错区
临潭县	13.38	67.71	0.09	67.62	74.93	5.06	5.42	1413.68	
舟曲县	12.23	46.33	1.61	44.72	61.05	3.79	4.99	1755.14	
卓尼县	8.86	43.16	0.19	42.97	380.59	4.87	42.96	2566.59	
迭部县	4.07	21.09	1.71	19.38	142.42	5.18	34.99	3323.34	甘南高原高寒牧业–牧农交错区
夏河县	6.73	26.42	1.03	25.39	684.36	3.93	101.69	3908.92	
碌曲县	2.77	5.12	0	5.12	568.21	1.85	205.13	5570.40	
玛曲县	3.07	0	0	0	1354.32	0	441.15	7304.65	

第五节 小　结

人口空间边际化既是自然、社会、经济、政治、文化、教育边际化作用的结果，又是社会-空间边际化的动因。本章基于边际化理论对人口空间边际化进行定量测度和系统性分析，提供了对人口、经济、资源与环境研究的新视角，展现出其理论价值与实践价值。研究表明：①研究区域的人口空间边际化明显，1990～2010年边际化因子边际化程度在加重，重度边际化地区范围在扩大，空间边际化程度在持续加大。②兰州市“五区”始终是研究区域的“人口极化中心”。然而，受自身的实力、重化工业为主的产业结构和区域经济整体落后的影响，兰州市区对周边地区的辐射带动作用偏弱。与中国发达地区的城市比较，兰州市具有经济落后省区的“边际化省府”特点。③受不利的自然环境和紧张的人地关系影响，临夏回族自治州呈现出重度边际化态势。人口数量超过土地承载力，农村贫困问题突出，三个时段的教育边际化程度最高，浓烈的民族文化传统与民族现代文化素质形成反差。④甘南藏族自治州整体上表现为中度边际化，存在经济发展的限制性因素和自身的发展不足：距兰州市区最远，区位上处于不利地区；高山峡谷和中高山制约了山地农牧业和二阴高寒农业的发展；文化教育水平低、住房状态总体较差、基础设施建设落后。而甘南高原人少地多的优势弥补了发展条件的不足，边际化程度有所降低，并与兰州市邻县处同级水平。⑤在诸多影响人口边际化的因素中，最重要的为自然环境、城市区位、县区经济实力和人地关系状态。

第六章

农地边际化问题研究

伴随着工业化、城镇化的快速推进和农民大规模的外出务工经商，农地经营粗放、农地撂荒、农地收益低下已成为普遍性问题，不少地区已表现出相当严重的状态。过度的农地边际化严重影响到农民的家庭经营收入、农业的发展和农村的稳定。农业投入不足和大面积撂荒导致农村土地资源的巨大浪费，敲响了粮食安全的警钟。本章首先构建了农地边际化理论分析框架，然后基于案例进行了简要分析，最后对农地边际化问题进行了探讨。

第一节　农地边际化研究框架

迄今，“农地边际化”仍缺乏一个公认的统一的定义，不同学者对边际化有不同的理解。基于研究视角的不同，大致可以分成三类：第一类是基于产出效益的农地边际化。这类因土地产出效益低下表现出的边际化，可称为农地产出边际化或农地经济边际化；第二类是基于投入强度的农地边际化，这类因土地投入不足表现出的边际化，可称为农地投入边际化或农地粗放化（与农地集约化对应）；第三类是基于边际分析（与特定参考系比较），因农地“经营状态”（包括作物结构和用地结构、农地利用程度、农地投入强度、农地产出水平等）低下而表现出的边际化，这类边际化整合了第一类和第二类边际化，具有综合-比较分析的特点，可称为农地投入-产出边际化或农地综合边际化（简称农地边际化）。

一、农地经济边际化

对农地经济边际化的理解，笔者不赞同把经济学意义上的边际土地（边际成本 C 等于边际效用 P 的土地）作为农地边际化的看法，这只是土地收益从高到低系列变化中的一种“状态”（尽管这是一个值得特别关注的值域）。同样，笔者也不认可农地边际化是“农地不再具有经济生产能力的过程”这一说法（尽管这是一个很有价值的表述）。这是因为农地仍具有经济生产力甚至在提高的情况下，农地仍然可以表现出边际化。笔者赞同 Bethe 和 Bolisius（1995）的观点，即农地经济边际化是土地收益从多到少的变化，这一表述反映出农地边际性分析的特质。

基于这一理解，把农地经济边际化定义为“在特定的社会经济条件和土地利用状态下，特定区域内（同一时间不同地域单元，或同一地域单元不同时间）土地收益从高到低的变化过程”。构建如图 6.1 所示的农地经济边际化分析框架。

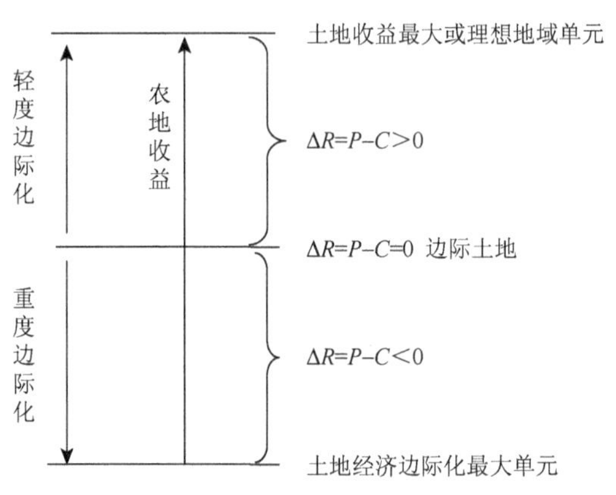

图 6.1 农地经济边际化静态分析框架

二、农地投入边际化

如果说，农地经济边际化分析的理论基础是经济学的边际理论。那么，农地投入边际化分析的理论基础则来自于农业经营学派的土地集约经营理论，这方面德国学者做了开拓性和集大成的工作。德国学者指出，在形形色色的农业中，存在集约与粗放两种农业土地经营形态；集约与粗放是一对相对的、比较的概念，可以由单位土地面积上的投入（劳动、资本）强度的差异进行测度；集约不等于合理，既存在合理的土地集约经营，也存在合理的土地粗放经营；在土地报酬递减律作用下，存在“适度经济集约”（在这里，土地集约经营理论与边际理论的关联形成了次生理论——适度经济集约理论）；土地是集约经营还是粗放经营，是农场主根据农业经营环境和自身条件做出的一种行为决策。基于土地集约经营与土地粗放经营这一组概念和关系，构建如图 6.2 所示的农地投入边际化分析框架。

有些学者为构建一个理想完美的“集约”概念，力求把“合理性”注入集约内涵中。实际上这样做没任何价值，反而造成“集约就是合理”的误区。对此，特奥多尔·布林克曼在其 1922 年所著的《农业经营经济学》一书中早就提出：“集约和合理这两种概念，不应混为一谈。所谓合理，即如何取得最大的持久收益，那是随着具体情况之不同而可以具有各种不同的集约度的。”寻求适度的合理的集约度是集约研究的基本内容，根据边际效用理论，经济学对适度

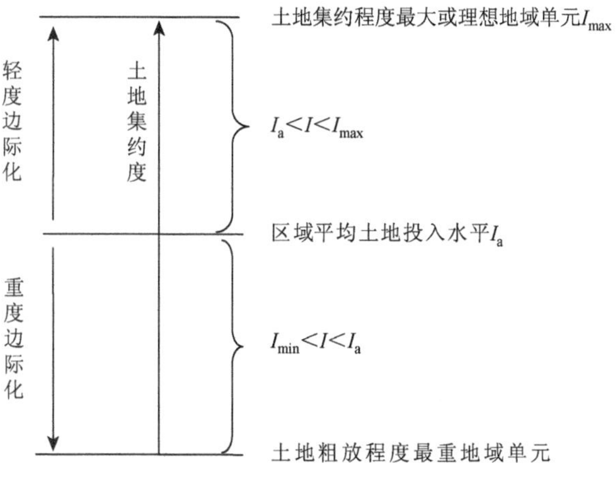

图 6.2　农地投入边际化静态分析框架

经济集约已有明确的理论解释。土地报酬递减率表明，在其他投入要素不变化条件下，连续投入某一生产要素，会出现报酬递增、报酬递减、报酬为负的变化。在现实的农地经营中，存在土地投入（集约度）、土地产出（产量）、土地收益（净产值）三者从高到低的复杂组合。图 6.3 为土地集约度和土地收益组成的简化二元矩阵，表明既存在合理的集约农业和粗放农业，也存在无效的集约农业和粗放农业。

土地收益（纵轴）

高土地收益 低土地集约度 （高效益农业）	高土地收益 高土地集约度 （合理集约农业）
低土地收益 低土地集约度 （合理粗放农业）	低土地收益 高土地集约度 （低效集约农业）
负土地收益 低土地集约度 （无效粗放农业）	负土地收益 高土地集约度 （无效集约农业）

土地集约度（横轴）

图 6.3　土地收益与土地集约度的二元矩阵图

影响土地投入强度的因素众多，主要有自然环境、城市交通区位条件、生产资料成本与农产品价格、经济发展程度、农业设施与技术水平、经营者和劳动力状况等（表 6.1）。合理的土地集约经营，因不同的区位（自然、城市、交通）、不同经济发展阶段水平、不同的产业部门和不同的集约经营目标，而呈现出复杂化的具体差异，这为集约的合理界定或回答什么样的集约度是合理的增加了困难。在实际操作层面上，适度的合理的集约研究，可考虑在集约目标设定下，依据特定的支撑-保障条件、限制-约束条件进行研究。

表 6.1 土地集约主要影响因素一览表

集约影响因素	主要表征
区位位置	城市区位、交通区位
自然环境条件	地质、地貌、土壤、水文、气候、生态环境
农田基础设施	机耕道路、灌溉系统、防灾减灾设施等
技术水平高度	农业机械化，装备、设施的技术水平，生产工艺的技术水平、产品的技术含量
经济因素	经济发展水平，产品价格及比例；生产资料价格及比例；地租地价、劳动工资，以及这些价格互相的比例；产品产值和投入成本之间的差距程度
人地关系	人口与耕地或农地的比例关系
经营者和劳动者情况	劳动力保障程度；经营者和管理者的知识、才能、魄力与效能，生产者知识、才能、勤勉等素质，经营领导人自由支配的程度，占有人或租佃人的资本力量
政策法规制度	土地政策、法规、规划、土地产权关系、土地使用期限等

从静态上看，集约因素的不同组合决定了不同集约经营程度，表现出两种相反的作用方向——“支撑-保障作用”支撑着集约化，“限制-约束作用”驱动着粗放化。土地集约利用既需要特定的“支撑-保障条件”，又由于“限制-约束条件”而只能达到一定的集约高度而表现为粗放化。不同地区“支撑条件”和“限制条件”的差异造成土地集约经营与土地粗放经营的差异。合理的土地集约或粗放经营因地而异，土地的集约或粗放经营形态是一种对不同地区环境适应性表现。这一特点，必须为土地集约政策所考虑，同时也增加了政策操作上的难度。

从动态上看，集约因素的组合变化，不断地增强或削弱了集约化程度。在纯市场经济、“经济人”和完全竞争假设前提下，土地经营者究竟是采取集约经营还是粗放经营，取决于哪一种方式获利更多。例如，当农产品价格持续上涨时就会促使土地经营者选择集约利用土地的方式，当价格持续下降时会导致粗放经营。现实条件下，土地政策也会对土地集约利用产生驱动或约束的作用。土地经营形态与人地关系密切相关，一般而言，在人多地少的情况下，经济发展水平高的地区集约度高，反之亦然。

三、农地投入-产出边际化

农地产出边际化和投入边际化分析，各有其价值、特点和侧重面。前者关注于土地收益的减少，有人把“农地低效化”视为农地边际化的主要动因，“当农地利用的纯收益逐年降低，且其后出现农地利用集约度降低和相应农作物播种面积减少甚至农地的弃耕撂荒现象时，就出现了农地的边际化现象”（黄利民等，2008）。后者关注土地投入强度的减少，尽管土地收益与土地投入有关（投入-产出分析），但并不是土地集约或粗放的内在表现，将土地收益高低作为土地集约化指标，这在逻辑上是有问题的。农地边际性分析，是对农地经营“状态”低下化（农地投入粗放化、农地产出低效化等）的一种描述与测度。这一分析视角的价值在于：其是一种将农地产出边际化和投入边际化整合起来的研究框架，也是一种基于空间差异对比、时间变化对比的分析视角。

具体而言，农地边际化可以从四个方面进行诊断：①农地组织边际化，指农作物结构、农业用地类型、农业生产方式等出现低下化的状态与趋势。例如，农作物结构由优化的、高效的、生态的、多样化的类型变成低效的、单一的作物类型，由规模化、专业化、特色化商品性农业退化成小规模、分散的、生计型农业；农业内部用地类型从经济作物转向粮食作物、从菜地转成园地；农业生产方式由复种、间作、套作、轮作变成连作、单作。伴随这些现象会出现农地劳动和资本投入的减少、土地生产力的降低等农地边际化问题。有人将农用地转为城市建设用地也视为农地边际化，这种提法也是有问题的。除闲置和低效建设用地外，从土地效益增值上看农地转成建设用地是土地高效化。②农业土地利用程度边际化，由两个主要指标来测度：一是耕地全年撂荒率（全年撂荒面积/耕地面积）；二是季节性撂荒率（可用在现时复种指数与特定熟制下的理想复种指数之比求算）。③农地投入边际化（土地粗放化），即单位土地面积上投入的劳动、资本等数量减少的情况。④农地产出边际化，指土地生产力（产量、产值、净产值等）出现的减少现象。基于农地边际化诊断的四个方面，建立农地边际化分析框架（图 6.4）。

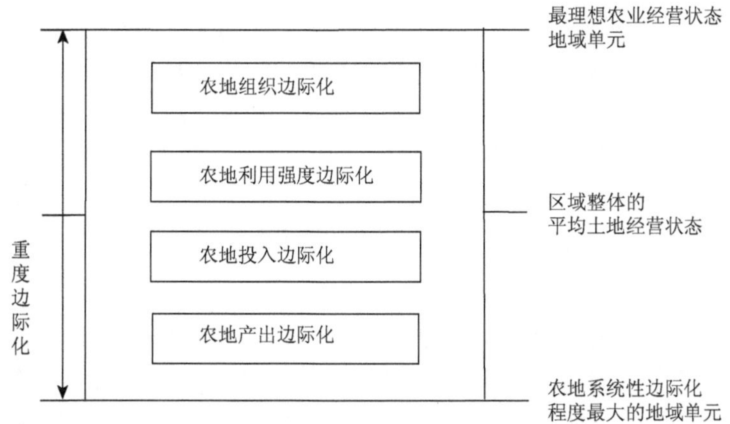

图 6.4　综合农地边际化静态分析框架

农地边际化是自然、社会、政治、政策、经济、技术、人口等多种因素作用的结果。这些因素对农地“经营状态”既可表现出正向-反边际化作用，也可表现出负向-边际化作用，这取决于农业生产、经营状况和特定时期的社会经济环境（图 6.5）。

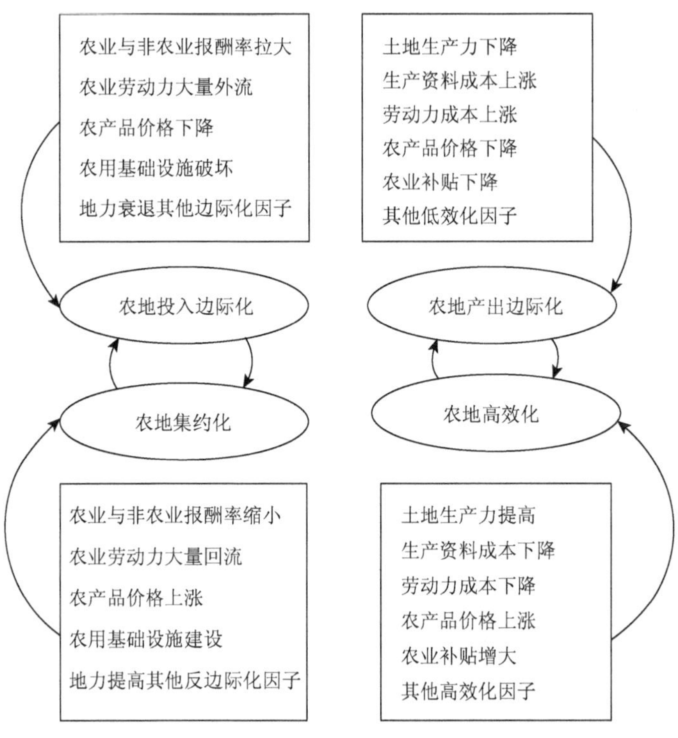

图 6.5　农地边际化与反边际化动态变化模式

农地边际化既可能是某一要素的或是某一方面的（上述四个方面的某一个），又可能是系统的边际化。从轻度边际化到重度边际化，呈现出多级的变化。依据作物结构、用地类型、生产方式、耕地撂荒率、土地集约度、土地生产力等可以进行农地边际化定性与定量分析与测度。

第二节　农地撂荒调查分析

农地撂荒是农地边际化的主要表现之一。本节选取重庆永川区三教镇石岭村（农地撂荒调查案例一）和四川长宁县老翁镇（农地撂荒调查案例二）作为案例区，基于两地的实地调查和问卷数据分析，了解两地农地撂荒状况、近几年变化情况、农地撂荒原因。

一、农地撂荒调查案例一

永川区三教镇面积为 108km^2，总人口数量为 6.46 万，先后获得全国重点镇、重庆市百强镇、重庆市中心镇、重庆市商贸流通镇等荣誉称号，是重庆市首批启动建设的中心镇和永川区规划建设的永川北部副中心，有良好的区位条件和一定的经济实力。石岭村属浅丘地区，距永川城 20 多千米，土地总面积为 6.2km^2。总人口为 4310 人，其中农业人口为 4270 人。农业劳动力为 2586 人，外出务工人员达 1520 人，举家外出务工 60 户。耕地面积为 2458 亩，其中水田面积达 1427 亩。全村流转土地近 300 亩。

通过实地调查走访与村社交流，获得石岭村人口和土地利用基本数据。由表 6.2 可知：石岭村外出务工人数较多，占该村劳动力人数的 58.78%；季节性抛荒土地占耕地面积的 18.55%，常年抛荒耕地占总耕地面积的 6.22%，季节性抛荒耕地高于常年抛荒耕地。近年来随着土地流转推进，通过引进种植大户，大片种植树苗，并在该村雇佣当地的农民进行管理，既解决了部分农民的就业问题，又减少了耕地的撂荒。

表 6.2　石岭村基本情况表（2014 年）

指标名称	单位	数量
一、农村基本情况		
1. 农户数	户	1180
其中：缺劳动力农户	户	220
举家外出农户	户	60
2. 农业人口	人	4270
3. 农村劳动力	人	2586
其中：常年外出务工劳动力	人	1520
4. 耕地面积	亩	2458
其中：（1）水田	亩	1427
（2）旱地	亩	1031
二、季节性撂荒面积	亩	456
1. 田	亩	336
2. 土	亩	120
三、常年撂荒面积	亩	153
其中：征而未用	亩	0
1. 水田	亩	57
2. 旱地	亩	96

由于青壮年劳动力大量外出，留守的大多是一些老、小、弱、病、残人员，种田心有余而力不足，造成种植作物单一，无法精耕细作，农田水利设施和田间道路维修难以实施。在与村民的交流中，村民认为造成耕地撂荒的原因如下：①种粮效益差，难以维持家庭生活；②青壮年大多外出务工，留守老人无力种田；③农田基础设施大多是 20 世纪 80 年代以前修建，不少已无法使用；④种田太辛苦，挣钱少，不愿种田；⑤大多数年轻人，向往城市生活，摆脱“农民”身份的愿望非常强烈。

二、农地撂荒调查案例二

老翁镇位于四川盆地南缘，地形以低山、丘陵为主，距长宁县城 12km。全镇面积为 64.45km^2，耕地面积为 29 197 亩，其中水田面积为 27 389 亩、旱地面积为 1808 亩。林地面积为 4.3 万亩，森林覆盖率达 44.5%。2013 年全镇人口总数为 28 583，其中农业人口 26 286 人，非农业人口 2297 人，农民人均纯收入为 5954 元。调查时了解到，老翁镇的大部分林地是 20 世纪 90 年代以后形成的，随着劳动力的大量外出和非农产业收入的增加，农民逐步放弃收益不高、耕种不便的坡旱地，表明中国的城市化进程对中国农村尤其是山区和丘陵地区的生态环境恢复具有重要作用。

依据不同的地形地貌条件，课题组选取 50 户农户进行实地调查和问卷调查。老翁镇 2008 年以前撂荒情况相对较严重，2008 年以后撂荒情况有所好转。因此，在问卷调查表设计时进行了 2008 年和 2013 年的调查，以了解老翁镇农地撂荒状况及原因。50 户农户分布在该镇 16 个村，合计人口总数为 255，含 60 岁以上老人 60 人，劳动力有 145 人，有 105 人常年在外务工。耕地总面积为 304 亩，人均耕地面积为 1.19 亩，林地面积为 2298 亩，人均林地面积为 9 亩。

2008 年 50 户农户全年性耕地撂荒面积为 150 亩，占耕地总面积的 49.34%。季节性耕地撂荒 262.5 亩。对问卷调查表中的耕地撂荒面积与撂荒原因进行汇总整理，得出农地撂荒的主要原因如下：①劳动力外出务工，家中极度缺乏劳动力。这一原因下的季节性撂荒 172.84 亩，全年性撂荒 62.75 亩。质量良好的田地，农户不愿完全放弃，用来种植季节性蔬菜和水稻，耕种条件差的旱坡地，弃耕面积大。②种粮效益低，甚至入不敷出。这一原因下的季节性撂荒 35.76 亩、全年性撂荒 38.75 亩。③地处偏远，耕地质量差。有 10 户农户居住在较偏远的山区，农地分布零散，农户选择离家近的农田进行耕种或季节性耕种，造成季节性撂荒 22.86 亩，造成全年性撂荒 19.25 亩。④土地流转未能有效进行，政府宣传力度不够，农民对土地流转了解存在误区，不愿进行流转。质量好、离家近的就完全耕种，质量好、离家远和质量差、离家近的就季节性耕种，质量差、离家远的就常年不耕种。造成全年性撂荒 15.48 亩、季节性撂荒 15.72 亩。⑤农村教学质量差，为了孩子受到更好教育而举家外出，部分土地全年性撂荒。调查的农户中有 16 户农户因孩子教育问题举家迁至县城，有 15.75 亩农地全年性撂荒，剩余农地转送他人耕种。⑥农田基础设施坏损。不少农田水利设施是 20 年前建设的，已不能发挥正常作用，导致 15.32 亩农地耕季节性撂荒。⑦征地后撂荒。有 10.02 亩土地征用后未被利用，征用后农民对其没有使用权，成为全年性撂荒土地。

2008 年以后，老翁镇的农地撂荒势头得到抑制，撂荒面积较大幅度减少。2013 年上述 50 户农户全年性撂荒耕地减少到 54 亩，季节性撂荒耕地减少到 82.5 亩。耕地撂荒减少的主要途径有：①自己种植。在农作基本设施得到改良和政府出台相关优惠政策后，有 27.52 亩季节性撂荒耕地全年性种植。②承租给个人或集体反租。2008～2013 年，有 36.58 亩全年性撂荒地和 85.42 亩季节性撂荒地被承租。③土地入股。对农民来说，撂荒地反正也没什么收益，还不如土地入股发展规模化、集约化、特色农业，坐等年底分成，这一举措解决季节性撂荒土地 61.76 亩、全年性撂荒土地 39.75 亩。

上述两个地方的案例表明：农地撂荒的主要原因是种地收益低、劳动力大量外出、农田基础设施差、文化（年轻人）教育（小孩）问题、耕地质量低等。近年来农地撂荒有所减少，主要原因是取消农业税和农业补贴政策的效果逐步显现。土地流转和入股形成集约化规模化经营，农田基础设施的建设和改善。

第三节　不同情景条件下的农地边际化

如果说，20 世纪 80 年代以前，被禁锢在土地上的农民以高农业税费（相对于农业生产力而言）、低农产品价格（相对于工业产品而言）、细粮上交国家（自己吃粗粮）支撑了中国重工业的发展和城市的存在。那么，80 年代以后的中国农民则以劳动力这一生产要素参与到工业化和城市化的进程中。在这一背景之下，农业生产力和土地收益的相对低下、农业与非农业的劳动（也包括资本）报酬率的差距、农村劳动力大量外出三者交互作用、彼此强化，使中国农地不同程度出现边际化。从农民角度看，这是对现实环境的理性选择。从国家层面上看，13.68 亿人口（国家统计局 2014 年年末数据）决定了粮食安全是立国之本，人多地少这一国情决定了土地集约经营成为中国农业发展战略的必然选择。一方面，中国实行了世界上最严格的耕地保护政策。另一方面，农地撂荒和粗放化现象在不少地区相当普遍，造成土地资源的巨大浪费。在这里，农民的行为决策与国家的行为决策、乡村发展与城市化推进出现错位。总体上看，中国农地边际化程度山区-丘陵地区重于平原、南方农地边际化程度明显高于北方。这与经济发达程度、劳动力外出人数、耕地连片程度和机耕程度有关。

一、自然环境-城市区位分异下的农地边际化

借鉴杜能农业区位理论模型，设定：①农用地经营形态只与自然环境、城市区位和农田基础设施有关；②三者的状态从地处平原的中心城市向丘陵地区、低山、中高山同向变差；③影响农用地经营形态的其他因素不变。由此构建自然环境-城市区位-农田设施分异下的农地边际化模式（图 6.6），这一模式可以看成是杜能“三圈四带”农业区位环的广义表现。从城乡结合部向偏远山区，农业地域类型在空间上形成圈层分异：都市园艺农业、近中郊城郊集约农业、平原农区规模化-商品化集约农业、丘陵地区半集约-半商品农业、低山中山地区粗放农业或特色农业、高寒牧业。随着土地宜农性由高到低的变化，土地利用集约度也出现由高到低的变化。一般而言，集约农业是对自然环境好、地形平坦、土壤肥沃、有灌溉条件、交通方便地区的土地经营策略；粗放农业则是对自然环境较差、宜农性低、位置偏远地区的适应性策略。若以都市园艺农业作为参照系（基准地域单元），则农地边际化程度从城郊农业向山区农业加重。这是农地的空间分异因子作用下，农地投入强度和产出效益的空间差异难以改变。

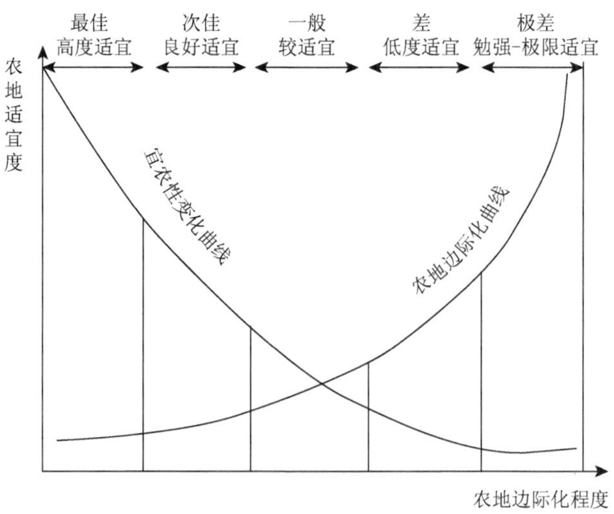

图 6.6　自然环境分异下的农地边际化

二、政策影响下的农地边际化

在诸多农业政策中，有三类农业政策对农地经营形态影响最为明显：一是耕地保护政策；二是退耕还林政策；三是农业税费减免和农业补贴政策。

（一）耕地保护政策与城市化地域的耕地问题

中国人多地少这一国情决定了“严格保护耕地”这一国策，从国家粮食安全战略角度，采取严格的强制的耕地保护措施是迫切的也是必要的。可以肯定，耕地保护政策对抑制耕地数量减少起了重大作用。然而，耕地保护政策解决不了“农地撂荒、农地投入不足，农地收益低、农业与非农业劳动报酬率差距大”这些更高层面上的问题。这既需要系统化的政策推进，也有待农业劳动生产率的大幅度提高。

需要特别关注一个现象是，中国经济发达地区城市化地域残存着不少散空耕地，这是在刚性的耕地保护政策作用下的一种“土地政策景观”，其中存在的问题值得学术上的讨论与思考。

1）农业用地与建设用地收益问题。以深圳为例，2009 年深圳市的地区生产值为 8201.23 亿元，其中第一、第二、第三产业增加值分别为 6.47 亿元、3831.64 亿元、4363.12 亿元，三次产业比为 0.08∶46.72∶53.20。根据第二次土地利用现状调查数据，2009 年深圳市有生产性农地（耕地、园地、坑塘水面）31 490hm^2，建设用地 89 385hm^2。由此计算出，农业用地产值为 2.06 万元/hm^2（这一数值低于同期广东省的农业用地产值 4.39 万元/hm^2），建设用地产值为 917.07 万元/hm^2，两者悬殊的差距是造成都市化地域农地边际化的主要原因。

2）不同农业用地类型的经济效益、生态效益与政策保护力度问题。从单位面积的经济产出看，耕地＞养殖用地＞园地＞林地。然而，受高密度的建设用地分割，城市化地域耕地零散狭小，原有的农田水利设施破坏严重，难于形成基地化规模化经营，同时土壤污染也造成食物链的污染。从生态效用分级看，林地＞园地＞养殖用地＞耕地。基于生态与景观功能优先原则，高度城市化地区首先要重点保护的应是林地，其次是园地。从城市建设适宜性分级看，耕地和养殖用地大多位于滨海、河谷阶台地平坦地带，具有紧靠城市和交通的区位优势，为城市建设最适宜区域；园地位于丘陵区，为次适宜类型；林地分布于丘陵山地，大多为城市建设不适宜类型。从现有政策保护强度分级看，耕地＞养殖用地＞园地＞林地。土地政策对非建设用地保护强度分级与生态效用分级、城市建设适宜性分级形成了“倒置”错位（表 6.3），构成了城市化地区建设用地、生态用地、农业用地三者在开发、利用、保护上的“多难”局面。

3）中国自然生态环境和社会经济发展水平差异显著。然而，多年来土地政策在全国宏观层面“一刀切”，而未能充分考虑“因地制宜”这一基本原则，如何处理好国家层面土地政策的“统合化”和地方层面土地政策实施的“差异化”，本身是一件两难问题。经过 30 多年的快速工业化和城市化，在中国东南沿海地区已经形成了建设用地高密度的城市化地域，传统上的以农用地为中心的管理思路与模式在这一地区已显现出失效与不适应。

表 6.3 不同类型农用地的效益、适宜性与政策保护强度分级

农用地类型	经济效益分级	生态效益分级	城市建设适宜性分级	政策保护强度分级
耕地	●●●●●	●●●	●●●●●	●●●●●
养殖用地	●●●●	●●●	●●●●	●●●●
园地	●●●	●●●●	●●●	●●●
林地	●	●●●●●	●	●●

●越多代表强度越高

4）高度城市化地域非建设用地的功能在本质上已发生重要变化。农业种养用地和林业用地的传统生产性功能减弱，而生态效用和旅游休闲功能日益凸现。由此决定了对传统的非建设用地利用政策和策略应做出重大调整：将城市化地域内土壤严重污染的耕地转为绿地、林地、园艺用地；将林地在用地类型上改为城市生态林地或开敞空间用地，形成以城市为中心为城市服务的一体化管理；要扭转“城市建设用地为保耕地而占用林地、园地，耕地保护重于林地”这一得不偿失的做法。

（二）退耕还林政策与适度规模问题

鼓励生育的人口政策（1970 年以前）和限制人口从农村向城市迁移的户籍政策（1980 年以前），使中国农村人地关系压力长期得不到减缓，农民迫于生计不得不开垦那些农业适宜性差和极限适宜的土地，这成为中国乡村生态环境恶化的主要原因。1980 年以后，随着外出务工人数和非农收入的增加，人地压力得到缓解，农民主动放弃宜耕性差的土地。在 1999 年的试点工作基础上，退耕还林还草政策逐步在全国范围内实施，这与农民的意愿形成了一种难得的合力，恶化的农村生态环境得到逆转和改善。2007 年 9 月国务院发出通知，要求完善退耕还林政策。为确保守住 18 亿亩耕地红线，暂停 1600 万亩的退耕还林计划。同时，由于退耕农户持续生计问题未能解决，部分退耕农户生计出现困难，这些需要对退耕规模和政策进行检讨。

中国的自然环境特点使得低度或一般性宜农地面积大。这些区域包括中国南方中山低山区，黄土高原降水量小于 400mm 的旱作农业区、青藏高原高寒农业区。这些地区是中国农村贫困集中区，涉及的耕地面积和人口数量极其巨大。一方面，人口空间迁移是减少“环境贫困”的最有效路径，即需要通过人口的减少来提高边际地区的收入水平和生活质量。另一方面，在较长时期内，大规模的人口转移又不现实，中国这些地区的农业还需要维系与发展。从长远看，当中国的总人口数量降低到一定规模，农业劳动生产力达到相当的高度时，这些地区才有可能退出农耕土地利用方式。

（三）农业税费减免和农业补贴政策

改革开放以来，中国农民最受益的政策有三项：一是土地承包制的建立，使农民能在自己承包的土地上耕种，极大地调动了农民种田的积极性，到20世纪80年代中后期，这一政策效用开始降低。二是允许和鼓励农民进城务工，非农收入成为中国相当多的农民家庭收入最大的部分。但“真正意义上完全城市化”的农民所占比重不高。三是农业税费减免和农业补贴政策，农民得到可见的实惠。毫无疑问，农业税费减免和农业补贴政策对农地反边际化起了作用。但总体上看，农业税费减免启动太迟，农业补贴政策实施力度有限。在中国现时的条件下——农业生产效益低、农业劳动报酬低，靠农业补贴政策仍无法解决农地边际化问题。

三、不同人地关系状况下的农地边际化问题

农地边际化分析应采取一种多维视角。从耕地恢复到林地、草地，从纯经济收益看，是土地经济边际化过程。但从生态效益和绿色GDP看，则是生态的反边际化演进。农地边际化分析应采取一种关联视角。一些农业生产环境较好的地区，土地集约度和土地收益均较高，但仍然出现劳动力大量外出、季节性撂荒或全年性撂荒现象。有两种因素对这一现象的起了主要作用：一是农业与非农业产业的劳动报酬率的差异；二是人与耕地或农地的数量和质量匹配关系，这涉及“土地人口承载力”这一概念，即在特定的投入水平下，特定土地面积的产出，能够维系特定生活水平（温饱、小康、富裕等）的人口数量。

将人地关系与农地经营状态关联起来的分析框架，可以对农地边际和农村经济边际化形成一种新的理解。为便于研究，特设定前提：农民的家庭收入只来自于耕地种植业收入；在特定时期内各地的土地产值不变；人口能够在乡村完全自由流动和迁移。在收益的驱动下，土地产值与人均耕地最终会形成一条均衡曲线，即图 6.7 中的曲线Ⅰ。当达到这一均衡状态时，各地的人均土地收益相等。即当土地产值减少一个增量时，人均耕地会增加一个增量补偿土地产值减少值。在曲线Ⅱ状态下，人均土地产值收益高于人均耕地增加的收益，出现高土地生产力地区，其人均收入水平高于粗放农业地区。在曲线Ⅲ状态下，人均耕地的增加所导致的收入增加超过土地生产力的提高产生的收益，其人均收入水平高于人口稠密和土地集约利用地区的收入水平。

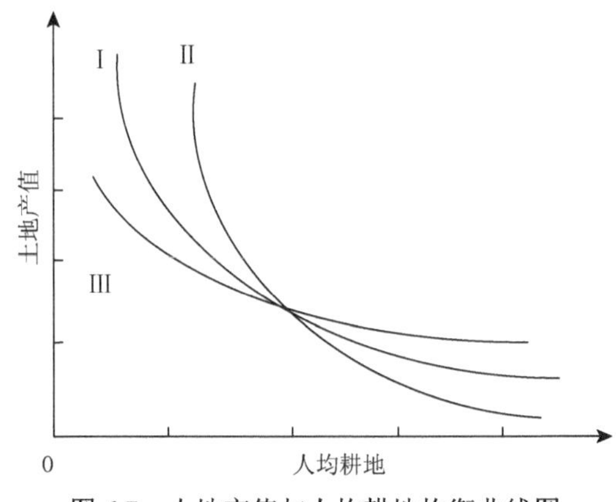

图 6.7　土地产值与人均耕地均衡曲线图

现实中，土地投入、土地收益、人均收益三者从高到低的变化中形成了多样化的组合。其中，有四类组合类型富有揭示意义（表 6.4）。在自然环境和宜农适宜性较差、人均耕地较多的地区，存在两种典型类型：一类是土地投入、产出和人均收益都低，土地投入、产出和农户经济均表现很强的边际化，这在中国山区和北方降水不足的地区相当普遍；另一类是人均耕地多的地区。随着人口的外出或迁移、特色高值农业的发展，尽管土地投入低，因种植百合等经济作物和小米等杂粮作物有相对不错的收益，出现人均收益高于一些人口稠密的平原地区的情况。在自然环境和宜农适宜性良好、人均耕地少的地区，也存在两种典型类型：一类是高土地投入、高土地产出、高人均收益的地区。这是一种将集约农业和效益农业良好结合的一种农业经营形态；另一类是高土地投入、高土地产出、低人均土地收益的地区。这类地区因人均耕地太少，即使达到相当高的土地集约和收益水平，农户仍然无法过上小康生活。正是这一原因，造成不少农业发展条件好的地区也包括城郊地区，劳动力大量外出，村上留守人口所剩无几的情况，这在中国乡村的人口稠密区已相当普遍。

表 6.4　土地投入、土地产出、人均产值的不同组合与特征

类型组合	土地投入低、土地产出低、人均收益低	土地投入低、土地产出较低、人均收益高	土地投入高、土地产出高、人均收益高	土地投入高、土地产出高、人均收益低
特征说明	农地粗放化、农地产出边际化、农户经济边际化	农地粗放化、农地产出边际化、农户经济弱边际化	农地投入集约化、农地产出高效化、农户经济弱边际化	农地投入集约化、农地产出高效化、农户经济边际化

第四节　小　　结

农民以土地为生，农地边际化一方面是“三农”问题的具体表现，另一方面又强化了“三农”问题。农地边际化是在中国社会转型和快速工业化城市化背景下，农地收益低下、农业与非农业收入差距悬殊、劳动力大量外出等因素作用下的结果。在深层次上，农地边际化是现行制度（尤其是土地制度、城乡户籍制度）结构下城市化进程与乡村农业发展不同步、错位的产物。农地边际化、农业经济萎缩对中国粮食安全和食品供给构成重大挑战和隐忧。在对农地边际化，有三个问题需要特别重视：一是如何缩小农业与非农产业的劳动报酬差距？二是如何通过土地制度变革使农村土地高效合理利用？三是如何使城市的资金、人才、技术注入农村，使农村成为文化-创业-生活的家园？

第七章

乡村聚落的空间分异与空间边际化

乡村聚落既是社会经济发展的载体，又是社会经济发展的缩影。乡村聚落的空间差异揭示了乡村社会经济分层和空间边际化状况。本章以广州作为案例研究区域，旨在探讨特定自然生态环境和大都市化背景下乡村聚落空间边际化的状态、特征、成因，以及相伴出现的社会、经济、人口、土地利用的空间边际化。广州作为珠江三角洲的中心城市和具有强大影响力的大都市，在快速的工业化和城市化进程中，城乡空间结构和乡村聚落发生巨大变化和空间梯度差异，北部衰落、“空心化”的乡村聚落景观与市区大都市、新村“别墅式”景观形成鲜明差异。乡村聚落的空间边际化和边际问题，严重制约了边际化乡村的社会经济发展、居民生活质量的提高和城乡协调发展。

本章数据来源于三部分：一是乡镇、村社的各类统计年报、村镇规划等资料；二是 2012 年的土地利用详查更新数据、遥感影像数据，并利用详查和遥感数据，进行村庄内部用地结构实地调查与填图；三是实地调研和问卷调查获取的第一手资料。采取点、线、面相结合的调查方法，在面上调研的基础上，选取 36 个村庄作为案例研究样点。对样点村庄的地形地貌类型、交通道路、城市区位、土地利用、人口结构、经济状况、村庄景观、聚落景观进行实地调查，并与各镇各村社、村民、外来打工者进行座谈交流，开展问卷调查和深度访谈。利用 GIS 的空间信息查询、空间叠加分析和缓冲区分析等功能，进行数据处理和空间分析。计算不同区位乡村聚落地形、社会经济和土地利用等方面的各类指标，并进行空间分析。综合考虑地形地貌、城市区位、农业生产经营类型、土地利用结构、建筑结构、人口构成、经济发展阶段等因素，对研究范围内的乡村聚落进行类型划分和空间边际化分析。

第一节　乡村聚落空间分异的影响因素

广州市北接南岭山地，南临南海，地处珠江三角洲的腹地，是广东省的政治、经济、文化中心，与上海、北京同列为中国最具经济活力和影响力的大都市。2012 年地区生产总值达 13 551.21 亿元，第一、第二、第三产业增加值分别为 220.72 亿元、4713.16 亿元、8617.33 亿元，农民人均纯收入为 16 788 元。全市辖十区和两个县级市，现有农村居民点 1160 多个，主要分布在北部的白云区、花都区、增城和从化两市，以及南部的番禺区、南沙区和中部的萝岗区。南沙区自沙湾水道以南至鱼窝头镇土地以农用为主，在土地利用景观和产业结构等方面保留了乡村特征，这部分地区不是南沙近期重点发展地区，在行政管理方面实际上仍归属番禺区（图 7.1）。

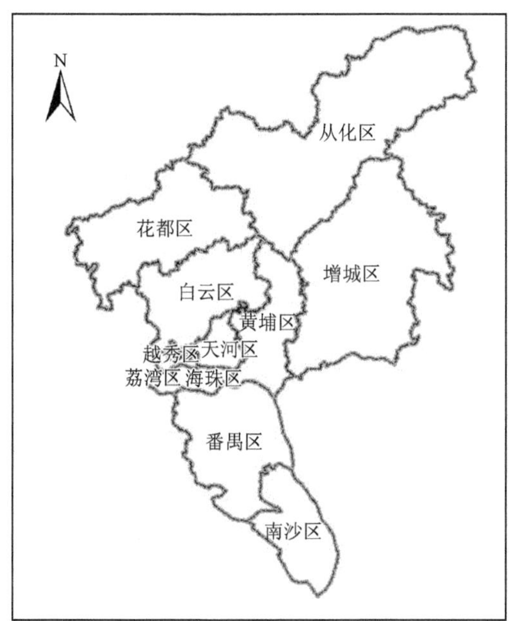

图 7.1　研究区范围图

一、自然环境因素

广州市地处南亚热带，属南亚热带典型的季风海洋气候。地势自东北向西南和南部倾斜，自北向南大致可分成五种地貌类型（图 7.2）：①中低山地。分布于市域东北部海拔 400～1200m 的山区。成土母质以花岗岩、变质岩和砂页岩为主，土壤为山地红壤和山地黄壤。生态环境良好，植被覆盖度高，是重要的水源涵养区。②丘陵盆地。存在两种类型：一是丘陵地连片分布区，位于低山前麓海拔 400～500m 地带，成土母质主要由砂页岩、花岗岩和变质砂岩构成，土壤为赤红壤，目前为用材林和水果生产基地。二是丘陵谷盆地，分布于河流两岸，呈现出丘陵林地和园地与盆谷地平原种植业用地和各类建设用地镶嵌分布的格局。③岗台地。主要为海拔不足 200m，相对高程 80m 以下，坡度小于 15°的缓坡地或低平坡地。成土母质以堆积红土、红色岩系和砂页岩为主。主要分布在增城东南部、广州市区、番禺北部。④冲积平原和冲积、海积平原。主要有流溪河冲积而成的广花平原，以及番禺区的冲积、海积平原。本区地势低平、河网密集。土壤主要由河流冲积物组成，土层深厚，土壤肥沃，多为潴育型水稻土，是广州市主要的蔬菜、水果、花卉、水产养殖、甘蔗产地和城镇建设用地区。⑤新沙田区和滩涂。沙田是珠江三角洲地区沿海、沿江由泥沙淤积而成的田地。水网密集，河涌纵横。海拔高围田为 0.6～0.9m，中围田为–0.2～0.6m，低沙围田为–0.9～–0.2m。

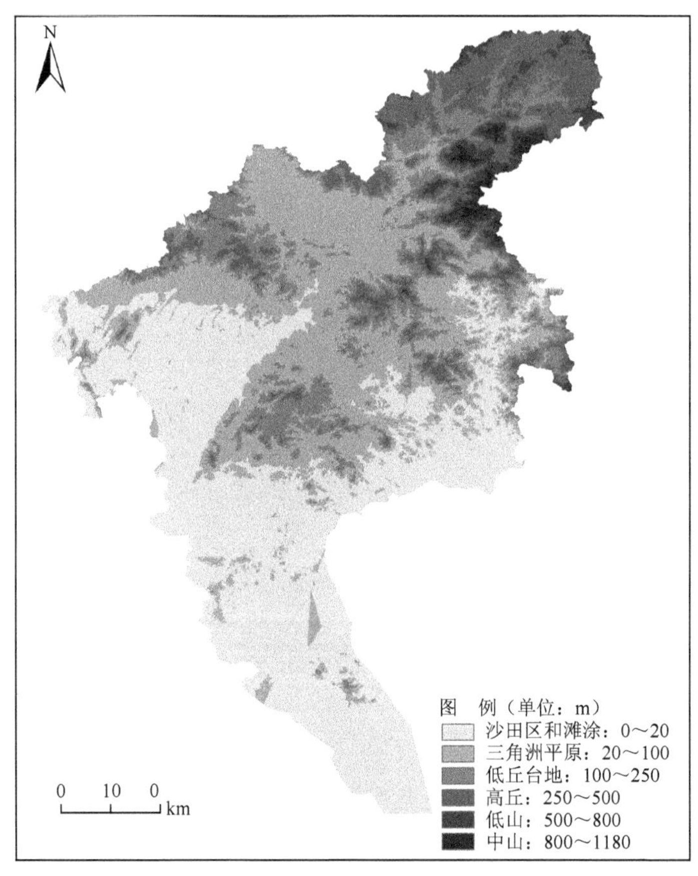

图 7.2　广州市地形分区图

自然环境对乡村聚落的选址、布局、规模、密度等作用明显。北部中低山和丘陵区，海拔高、坡度大、平坦面积少，地形条件对村落的选址和拓展限制性较强，村落密度低、规模小、布局分散，村落密度为 2.0～3.4 个/km^2，平均规模为 2500～3000m^2，聚落选址一般“依山傍水”。中部台地平原区为聚落工矿等建设用地适宜度最高区域，村落密度高、规模大、布局集中，村落密度为 7.0～9.5 个/km^2，平均规模达 7000～9000m^2，聚落多采用“前塘后村”的布局，水塘除了蓄水、养鱼、灌溉、排水之外，还承担防洪、防火等多重功能。南部沙田区海拔低下、水网稠密，工程地质条件对村镇等各类建设用地限制强烈，村落发展采取挖河筑堤，沿堤展布，形成连绵数里的带状村落景观。受地形地质条件和经济发展环境限制，沙田区房屋建筑质量往往不及平原区，高层楼房较少。

二、城市和交通区位因素

城市和交通区位是乡村聚落空间分异和空间边际化的重要影响因素，城市区位通过广州市中心城区和区次中心两级中心产生带动作用，交通区位影响主要体现在聚落的趋路性。

运用引力模式测量广州市主中心和各个区次中心对乡村的辐射影响。引力模式认为，两个城市间的相互作用与两个城市的人口规模或经济规模成正比，与它们之间的距离成反比，其计算公式如下：

$$I_{ij}=(W_iP_i)(W_jP_j)/D_{ij}^{\ b} \tag{7-1}$$

式中，I_{ij}为 i、j 两个城市间的相互作用量；W_i、W_j 为经验确定的权重；P_i、P_j 为 i、j 两个城市的人口规模；$D_{ij}^{\ b}$ 为 i、j 两个城市间的距离，b 为测量距离摩擦作用的指数。考虑到广州市城乡经济发展水平的巨大差异，城市和乡村之间的相互作用主要表现为城市对乡村的辐射带动。这里将引力公式简化为

$$I_{ij1}=（W_{i1}P_{i1}）/D_{ij1}^{\ b} \tag{7-2}$$

$$I_{ij2}=（W_{i2}P_{i2}）/D_{ij2}^{\ b} \tag{7-3}$$

用式（7-2）来测量广州市中心对乡村的辐射影响作用，I_{ij1} 表示广州市中心对第 j 个乡村的 i 等级的辐射作用力的强度；质量 P_{i1} 用广州市中心城区的国内生产总值表示；对于质量权数 W_{i1}，考虑到广州市中心城区对乡村辐射影响空间扩散的距离衰减效应，以广州市解放纪念碑为市中心地（点），利用 GIS 对中心点做缓冲区分析，将研究区域分为距离广州市中心 30 000m 以内、30 000～50 000m、大于 50 000m 三个等级，根据不同等级来定义质量权重，取第一个等级 W_{11}=0.8，第二个等级 W_{21}=0.6，第三个等级 W_{31}=0.4，表示广州市中心对乡村的辐射影响随距离递减；D_{ij1} 表示第 j 个乡村距离广州市中心的距离，距离摩擦作用指数取：b=1。

用式（7-3）来测量各个区中心对乡村的辐射影响作用，I_{ij2} 表示第 i 个区中心对本区内第 j 个乡村的辐射作用力的强度。质量 P_{i2} 用各个区的国民生产总值表示，D_{ij2} 距离表示第 j 个乡村距离各个区中心的距离。距离摩擦作用指数取：b=1。根据经验，经济发展水平较高的区、县级市对其行政范围内的乡村的辐射影响作用力越强。因此，在计算各个区、县级市中心对乡村的辐射影响时，根据各个村不同的经济实力求算模型中的质量加权。

将质量值（各区 GDP）、质量权重值（W_{i1}、W_{i2}）及乡村距离不同等级中心

地的距离（$D_{ij1}{}^{b}D_{ij2}{}^{b}$）值输入式（7-2）和式（7-3），计算出样点村的引力指数（表 7.1）。

表 7.1 两极中心对样点乡村的辐射影响——引力指数

村名	所在区镇	I_{ij1}	I_{ij2}	引力指数
夏茅	白云石井	1 946	298	13 542.92
环窖	白云石井	2 081	262	14 186.60
泉溪	白云江高	1 173	288	8 729.04
塘贝	白云江高	1 151	301	8 661.38
马岭	花都狮岭	1 014	145	7 003.14
益群	花都狮岭	567	192	4 494.96
新和	花都花山	547	682	6 929.56
横坑	花都人和	284	92	2 229.68
小步	花都花山	548	395	5 437.58
明经	番禺化龙	1 036	388	8 407.12
草堂	番禺化龙	1 088	384	8 706.56
沙湾东	番禺沙湾	1 015	769	10 266.58
沙湾北	番禺沙湾	1 025	628	9 592.16
沙涌	番禺石基	973	981	11 114.50
长莫	番禺鱼窝头	474	285	4 407.54
万洲	番禺鱼窝头	472	280	4 369.12
河村	番禺大石	1 766	533	13 660.82
源胡	从化温泉	221	54	1 643.24
良新	从化良口	184	25	1 263.94
上西	从化龙潭	230	22	1 531.64
下西	从化龙潭	224	22	1 494.68
坋椴	从化吕田	82	8	546.88
龙岗	增城朱村	376	102	2 848.60
高滩上塘	增城派潭	214	45	1 553.14
塘美	增城石滩	485	52	3 259.04

城市区位尤其是距中心城区的位置对广州市乡村聚落的作用和空间分异的影响极其强烈：①城市发展边界（UGB）的快速拓展，不断地将邻近乡村纳入城市土地利用和都市经济中，深刻地改变了原有的社会经济格局。②伴随着大都市的近域推进和产业的溢出，城乡结合部、近域和中域在承接中心城区的产

业转移、发展工业的同时，利用近邻城区的区位优势，发展物流、乡村休闲等产业，通过房屋租赁容纳大量外来人口。③广州市在经济全球化进程中，港台企业和外资企业优先选择接近市区、交通便捷、基础设施配套条件好的近域或中域。④大都市强大的极化效应对市域外围地区产生的虹吸现象加剧了其空间边际化。

交通区位是影响乡村聚落形成、发展和空间分异的又一重要因素。交通区位的优劣可通过路网密度、交通便捷度、道路通达度、近路性指数等指标进行诊断。受广州大都市强中心性影响，各村镇到中心城区的便捷性和通达性尤其重要。这一特性，导致城市区位与交通区位两大区位力量叠置强化。形成了以城区为极化中心的城市-交通区位辐射场：距城区越近，路网密度越大、交通便捷度越高、道路通达度越好；南部水网密集区和北部山地丘陵地区城市区位和交通区位同时变差。总体上看，广州市乡村聚落呈现明显的“趋路性”特点，近十多年来农民新居或新建成的农村居民点“趋路性”特性更为突出。

三、土地利用结构

乡村聚落类型、结构、布局既与村落内部的用地结构有关，又受村域的土地利用类型结构影响，同时不动产的开发经营对乡村聚落也具有深度影响。

（一）农业地域类型的空间差异

村域的农业生产结构和农业用地类型，表明了农业生产力对村社经济和村庄建设、发展的支撑能力。特定的历史发展基础、自然环境的适宜性、城市区位条件、基本农田保护、空间管制政策等交互作用，形成了特定的农业地域类型景观格局。农业景观从北到南依次如下。

1）北部和东北部山区——林地景观。包括花都北部，从化北部和增城北部、东部和中部。本区为广州市林地集连片区域，占全市林地面积的 84.5%，主体功能分区上属禁止开发区，是广州市重要的水源涵养林保护区。

2）远郊山区丘陵谷盆地——林地、园地、旱地、稻田农业景观。农业用地分散，山区特色种养业有所发展。主体功能分区限制为开发区，属于流溪河流域饮用水二级以上水源保护区。不利的区位条件和环境政策限制，抑制了城市化工业化进程，人口大量外出，农业经营粗放，是广州市乡村经济最落后、经济边际化程度最高的区域。

3）中郊丘陵谷盆地-冲积平原——园地、粮食作物、经济作物、菜地城郊农业景观。本区主要分布于从化南部、增城中南部和花都区和白云区，是广州市水果（龙眼、荔枝、柑橙等）、蔬菜等集中产区之一。

4）近郊都市——农业景观。分布于环城区一带的近城区域，是广州市水果、蔬菜、花卉、园林主要产区，集农业生产、城市生态景观保护、居民休闲、旅游观光等功能为一体。

5）南部低平原-沙田——农业景观。本区为广州市老沙田（低平原）和新沙田集中分布区，新沙田包括番禺区海傍农场以南及沙湾水道以南的所有围田、沙田区，面积为 85 107hm^2，其中水域面积占该区总面积的 47.0%。盛产水稻、甘蔗、香蕉、莲藕（出口）、马蹄等，水产和水禽养殖发达。本区为广州市主要的基本农田保护区，工程地质、土地政策、区位条件限制了建设用地的拓展。

广州市农业地域类型的空间分异，反映出了乡村农业经济发展水平的梯度差异和空间边际化状况。总体上看，乡村农业经济以近郊都市农业发展水平最高，中郊农业、沙田区农业次之，而以北部远郊边缘区农业经济边际化程度最重。

（二）村域土地利用结构的空间差异

村域的建设用地，尤其是商服业、工业用地和出租住宅用地的多少，反映出第二、第三产业的发达程度，同时在一定程度上也揭示了村镇工业化和城镇化水平。依据村社区位条件和建设用地率的不同，以广州市区为中心，形成具有圈层、结构的五大土地利用区。

1. 城市核心区的“老城中村”

城市核心区的“老城中村”主要是指老八区城市基础设施完善的区域，在海珠区、天河等中心城市区存在不少“老城中村”，尽管这些社区融入城区已 20 多年，但密集低矮的建筑和组织管理还保留有原先“村”的特点。原村民的绝大部分已搬迁到农民新村或公寓，原先的旧住宅区主要作为住宅、铺面、小加工业用地出租（图 7.3）。

(a)

(b)

(c)

图 7.3 海珠区凤凰村“旧宅”与“新居”

2. 城市蔓延拓展区的"新城中村"

城市蔓延拓展区的"新城中村"指在城市扩张力和内部建设用地驱动双重推动下，城市核心区外围近20多年来快速发展的城市区域。其基本特征是基础设施较完善，大部分已纳入城市统一管理。非建设用地中种植业用地极少，而园地和林地已转为城市性功能用地，这一区域存在大量的"新城中村"。受房屋出租获取的巨大利益驱动，当地居民多建有4～8层的独立住房，形成"住-租"混合型特点。楼房拥挤、空间狭窄，有新居而无新貌。

3. 城镇-村庄-工业用地高密集区

城镇-村庄-工业用地高密集区主要分布于番禺北部、花都南部、增城西南部一带。其基本特点是城镇-村庄密度大，城市化和工业化水平高，各类建设用地混杂交错，工业用地率和建设用地率大、都市农业发达。村民住房出租仍有较大比重。

4. 城镇-村庄中密集区

城镇-村庄中密集区分布于城镇-村庄高密集区以北或以南，介于建设用地高密集区与低密度区之间。依托交通干线和距城市相对较近的区位，近年来工业发展较快，多为零星的不连续分布。村庄新旧混杂程度高，有少部分房屋出租，用于满足邻近工业区和村镇工业外来务工人员需求。

5. 低建设用地密度区

低建设用地密度区主要分布于北部中低山丘陵区和南部低平原沙田地区，经济发展动力不足，以农业用地为主，工业用地极少或没有。

四、经济发展状况

乡村经济发展水平与乡村聚落状态密切相关。在村社基层单元尺度上，经济发展状况主要体现在三个方面：一是村整体的经济发展水平及其城市化、工业化程度；二是村上经济实力和财政收入状况，关系到公共基础设施投入运营状况；三是村民收入及其收入来源构成。

受广州大都市极化与扩散作用影响，城市化和工业化对乡村聚落影响强烈。处于不同城市化和工业化发展阶段的乡村聚落，表现出不同的聚落特征。依据城市化和工业化程度的空间差异，可将广州市分成都市化地域、准都市化地域、半都市化地域、低度都市化地域四种基本类型（表7.2）。

表 7.2 广州市不同地域乡村城市化和工业化发展阶段

类型编号	发展阶段	地区分布	发展状况
低度都市化地域	城市化、工业化初期	从化北部和中部，花都北部，增城东北部和中部、番禺（南沙区）南部	人口大量外出，高度异地城市化区域，城市化水平为10%～30%，工业化水平<30%
半都市化地域	城市化、工业化快速发展时期	花都中部，增城南部，从化南部	外来人口快速增加，城市化水平为30%～60%，工业化水平为40%～60%
准都市化地域	城市化、工业化中后期	花都南部，增城西南部，番禺中部	高度工业化，城镇与工厂密集，城市化水平为60%～90%
都市化地域	后工业化时期	城市建成区内的乡村，本章研究区域中的白云区北部，番禺北部	工业基本退出本区，服务业发展和城市化质量提高成为发展的主导力量

广州市各村社经济实力和村集体收入相差悬殊（表 7.3）。村财政收入主要来自于厂房出租、土地出租（工业用途）、农地出租、企业管理费、征地补偿费、农业政策和环保政策补偿，也有少数村社收入来源于电站、建材和村企业收入。村民收入主要来自于房屋铺面出租、股份分红、务工经商、农地租赁“代耕”费和农业种养收入。

表 7.3 样点村社经济基本情况表

村名	所在区镇	村集体收入/（万元/a）	收入主要来源	村民人均收入/［元/（人·a）］	收入主要来源
夏茅	白云石井	1 950	厂房出租、管理费	28 650	房屋铺面出租、股份分红
环窖	白云石井	1 232	厂房出租、管理费	27 640	房屋出租、股份分红
泉溪	白云江高	920	征地补偿、厂房出租	27 580	房屋耕地出租、股份分红
塘贝	白云江高	950	土地和厂房出租	25 100	房屋耕地出租、股份分红
马岭	花都狮岭	80	自营工厂	16 850	农业、打工
益群	花都狮岭	260	物业管理和厂房租金	17 520	房屋出租、股份分红
新和	花都花山	167	土地厂房出租	20 220	房屋出租、股份分红
横坑	花都人和	66	出租土地	16 170	农业，打工
小步	花都花山	550	出租土地厂房、管理费	17 180	房屋出租、农业
明经	番禺化龙	770	发包鱼塘、厂房出租	12 080	房屋农地出租、股份分红
草堂	番禺化龙	800	出租农地、和厂房	16 170	房屋农地出租、股份分红
沙湾东	番禺沙湾	1 070	出租土地和厂房、管理费	19 210	房屋铺面出租、股份分红
沙湾北	番禺沙湾	840	出租土地和厂房	20 220	房屋铺面出租、股份分红
沙涌	番禺石基	1 430	征地补偿厂房和铺面出租	26 280	房屋铺面出租、股份分红
长莫	鱼窝头镇	24	发包鱼塘、自营	12 800	农业、务工
万洲	鱼窝头镇	18	发包鱼塘、自营	12 630	农业、务工

续表

村名	所在区镇	村集体收入/（万元/a）	收入主要来源	村民人均收入/［元/（人·a）］	收入主要来源
河村	番禺大石	890	征地补偿、厂房出租	18 190	房屋土地出租、股份分红
源胡	从化温泉	12	矿泉水厂有关收费	12 300	农业、打工
良新	从化良口	35	电站和其他收入	8 762	农业、打工
上西	从化鳌头	16	出租耕地	11 800	房屋农地出租，务工
下西	从化鳌头	8	铺租、鱼塘、猪肉档租	9 030	农业、务工
坋椴	从化吕田	3	政府补贴	8 425	农业、打工
龙岗	增城朱村	15	房屋出租，鱼塘出租	10 780	农业、打工
高滩	增城派潭	8	生态林保护补贴	8 762	农业、打工
塘美	增城石滩	330	出租土地和厂房、管理费	21 560	房屋土地出租、股份分红

影响村集体收入和村民收入的主要因素有：村上土地征用数量、费用及时期，早期土地征用补偿费较低；村厂房、土地出租的面积和城市区位，距中心城区越近，厂房、商铺、土地（工业用途）、农地租赁费用越高，这强化了村和村民违法用地、建房的利益驱动；村所在的工业企业数量、规模、产值及其管理费用的高低；外来人口数量与村民住房出租面积和价格；农业经济发展水平及其收入差异（表 7.4）。

表 7.4　样点村建设用地率与户籍-外来人口比例表

村名	所在区镇	建设用地率/%	户籍-外来人口比
夏茅	白云石井	65.43	100∶340
环窖	白云石井	33.26	100∶220
泉溪	白云江高	31.63	100∶68
塘贝	白云江高	28.72	100∶80
马岭	花都狮岭	5.37	100∶55
益群	花都狮岭	23.41	100∶112
新和	花都花山	49.36	100∶70
横坑	花都人和	7.05	100∶22
小步	花都花山	24.68	100∶95
明经	番禺化龙	14.94	100∶135
草堂	番禺化龙	39.24	100∶298
沙湾东	番禺沙湾	66.86	100∶93
沙湾北	番禺沙湾	10.36	100∶120

续表

村名	所在区镇	建设用地率/%	户籍-外来人口比
沙涌	番禺石基	49.89	100∶200
长莫	番禺鱼窝头	7.36	100∶10
万洲	番禺鱼窝头	8.78	100∶08
河村	番禺大石	76.78	100∶308
源胡	从化温泉	16.37	100∶2
良新	从化良口	4.87	100∶0
上西	从化龙潭	18.37	100∶16
下西	从化龙潭	12.67	100∶8
坋椴	从化吕田	1.68	100∶0
龙岗	增城朱村	4.79	100∶35
高滩	增城派潭	2.98	100∶6
塘美	增城石滩	4.78	100∶65

五、传统文化因素

在珠江三角洲地区的许多乡村，至今仍保留着浓厚传统宗族和风水文化。“留祖屋”的思想，造成广州市的乡村地区存在大量空置废弃的旧宅。旧宅的主人分三类：一是宅基地审批控制不严的远郊乡村地区，子女成婚后和老人分开居住或者村民出于改善居住环境的需求，沿着道路交通两边建新宅，同时保留“祖屋”，即旧宅；二是由于城市中心的强大“极化”效应，乡村人口大量外出务工或进城读书，一些村民在城市定居，其中一些人还保留着农村户籍，这类人群仍保留着乡村住宅，任其空置；三是对旧宅改造阻力最大的华侨，尤其是在“华侨之乡”多的一些乡村，村庄拥有良好的城市和交通区位，土地价值已经很高，村庄整体经济实力较强，为了实现土地价值增值，村委会提出了旧村改造规划，但终因“留祖屋”的传统观念而未能实施。

新沙田区的乡村聚落大部分是人民公社时期建设的，由于聚落形成历史很短，并且都是“各族杂居”，没有统一的宗族，也见不到祠堂、牌坊之类宗族文化的公共建筑。这种状况使这类村落相对缺乏凝聚力，村庄管理较少依靠宗族的力量，而是依靠现代的行政管理制度，然而单纯村民自治委员会（村委会）的村庄管理制度尚不完善，造成了因办事手续繁杂而阻碍旧房改造的局面。

综上所述，影响乡村聚落空间分异的主要因素有：①地形地貌、水文地质等自然环境的差异，是形成广州市乡村聚落空间分异的基本因素。自然环境直接影响到乡村聚落选址、布局、规模、形态。②区位因素。主要体现在不同区位的乡村受广州市中心城区和各个行政区中心的辐射影响大小，以及交通通达性和便捷性的差异。城市区位的差异是广州市乡村聚落空间分异的主导和支配力量。③非农产业发展水平。由于城市交通区位、城市化和工业化进程的差异，广州市各村社经济发展水平悬殊，由此形成了建筑结构、村庄建设、村落景观的差异。④农业地域类型与农业经济发展水平。在广州市大都市圈和大都市化地域这一背景下，非农收入成为村民的主要收入来源。从都市近域、中域到远域，农业收入比重相对增加。自 20 世纪 90 年代以来，农业收益对乡村房屋和村落建设的贡献率越来越低。⑤政策与规划。土地政策、行政管理、行政区划调整、分级财政制、“村改居”、新农村建设等，对乡村聚落具有正面的、积极的、限制的、不利的复杂影响。北部的水源涵养林和水源保护区、中北部和南部的基本农田，对这一地区的工业发展具有很强的政策限制性作用。⑥传统文化因素。诸如风水、祖屋等传统观念对村落结构、形成和改造具有影响。在上述影响因素综合作用下，形成了广州市乡村聚落鲜明的空间分异和空间边际化。

第二节　乡村聚落的物质-社会空间差异

乡村聚落是自然、社会、经济、政治、政策多因素综合作用的结果，在自然环境、区位条件、历史文化、村镇经济、政策与规划、制度结构等因素影响下，乡村聚落的房屋形态、建筑结构、功能布局、用地结构、社会空间等呈现出鲜明的空间差异。

一、乡村聚落类型及其发展条件

依据乡村聚落属性特征、区位条件和影响要素的差异，可将广州市乡村聚落分成城区“城中村”聚落、城区边缘（城乡结合部或城乡交错带）乡村聚落、都市中域乡村聚落、都市远域乡村聚落四大基本类型（表 7.5）。

表 7.5　乡村聚落类型及其发展条件

聚落类型	城区“城中村”聚落	城区边缘乡村聚落	都市中域乡村聚落	都市远域乡村聚落	
				北部山区乡村聚落	南部沙田水乡聚落
分布范围	中心城区（老八区）	白云区大部、花都南部，增城南部，从化南部	花都中部，增城中部和南部，番禺中部	从化北部和中部，花都北部，增城东北部和中部	番禺沙湾水道以南的水网密集区
样本村社	凤凰村	夏茅、环窖、塘贝、河村、沙湾东、沙湾北、沙涌、塘美	泉溪、塘贝、益群、新和、南村、小步、明经、草堂	坋椴、马岭、良新、高滩村上塘社、原胡、龙岗、下西、横坑、上西村	长莫、万洲
自然环境	平原台地	平原台地	冲各平原、谷盆地、丘陵	中低山、丘陵	低平原、滩涂

续表

聚落类型	城区“城中村”聚落	城区边缘乡村聚落	都市中域乡村聚落	都市远域乡村聚落	
				北部山区乡村聚落	南部沙田水乡聚落
城市区位	中心城区	处于中心城区外缘和城乡交错带	都市近域区外围	地处北部山地丘陵远郊	南部中远水乡
土地利用	城市住宅、商业用地	城镇工矿用地面积大、耕地零星破碎	建设用地率较高，工业和住宅用地快速扩张	农业用地占绝大部分、工业用地极少或缺失，建设用地率低	河流水面和坑塘水面比重较高，建设用地率低
农业景观	都市园艺农业	近郊水果、蔬菜、花卉、园林都市农业景观	园地、粮食作物、经济作物、菜地城郊农业景观	林地、园地、旱地、稻田农业景观	沙田、水乡种养、农业景观
经济状况	服务业发达，经济实强	经济实力强，村民收入高，高度依赖于不动产租赁	不动产租赁经济为主体，农业收入占一定比重	村经济实力弱，无股份分红，村民收入低，依赖于外出打工和传统种养业	农业种养经济较发达、商品率和出口创汇率较高，工业经济弱小
人口结构	外来人口集聚	外来人口比重大，一般为户籍人口的2～3倍	外来人口比重较大	本地居民为主体，有少量外来人口	人口大量外出，人口空心化严重

二、不同乡村聚落类型的物质和社会空间特征

乡村聚落空间是一个广义的概念，包括物质空间和社会空间两个层面，前者是后者形成和发展的基础。物质空间主要表现为建筑结构、内部功能、聚落形态、土地利用等。社会空间则以人为中心，主要表现为乡村人口、职业构成、公共空间、居住空间分异等方面。社会空间分析关注于乡村居民的社会分化与隔离而反映出来的乡村日常社会生活的地域分异格局，即乡村社会成员的群体分化在地域上的反映。

受自然环境、区位条件、社会经济等多因素影响，一方面，乡村聚落在房屋与村庄景观细微特征上各不相同；另一方面，同一类型区的村社则表现出某些相同特点。依据实地考察、座谈走访、问卷调查等资料，将主要的乡村聚落景观与建设情况整理成表（表 7.6）。

表 7.6　乡村聚落景观与建设情况表

聚落类型	村名	所在乡镇	聚落景观
城区边缘乡村聚落	夏茅	江高	“一线天”房屋高达 10 层和现代公寓并存，极少空置，多用于出租，旧房所占比例较少，新房建设缺乏规划，单体漂亮，整体凌乱
	沙湾东	沙湾	旧房占 50%，有一半危房尚未改建，一户多宅现象突出，房屋普遍 3 层高，空置率低
	沙湾北	沙湾	旧房占 80%，砖瓦结构 1 层新房占 20%，一半是马赛克，其余钢筋混凝土，2～3 层，极少空置；房屋自住，很少出租

续表

聚落类型	村名	所在乡镇	聚落景观
城区边缘乡村聚落	沙涌	石基	房屋建设在限高之内，多为3～4层，其中20世纪70年代以前旧宅占22.3%，八九十年代占40.3%，2000年后占38.5%，旧房多用于出租，房屋建设较为规整和协调，新旧相互分离
都市中域乡村聚落	益群	狮岭	新旧混砸，新宅占70%，马赛克外观，4～5层，人均居住面积为25m²，旧宅占30%，多为泥瓦房，有80%用于出租，工厂包围住宅，无统一规划
	新和	花山	房屋建设经过合理规划，间距适中，新旧分离，楼层多为3～4层，新宅自己居住，出租旧宅，存在部分闲置，新房单体漂亮，多为马赛克，旧房独立成片，规整协调
	小步	花山	旧宅占40%，空置率达30%～40%，主要居住老人，20世纪八九十年代住宅占10%，新宅占50%，内部有空心村，新旧分离，新房建设整体上比较规整，环境较好
	明经	化龙	房屋80%为20世纪80年代建，房屋建设较为拥挤，样子老套，但没有拥挤感，旧宅有部分空置，用于出租
	草堂	化龙	旧宅面积达70%，房屋多用于自住和出租，旧宅空置率为1/3，多为4～5层，较为拥挤，但无拥挤感
	河村	大石街	20世纪90年代新宅占85%以上，多为2～3层。也有现代化村民公寓，大部分旧宅闲置，新宅建设受政策引导，较为规整，多为马赛克外观，也有较多处于"烂尾楼"的在建状态
	塘美	派潭	20世纪70年代以前旧房占50%，空置率为60%，多为1层；八九十年代建的房屋占30%，两层；2000年以来新房占20%，多为3层。新房自住，旧房出租。三代房景观迥异，新旧分离，旧房改造已经启动
	万洲	鱼窝头	用地较为粗放，楼层高度控制在3层，危房较多
	马岭	狮岭	新旧混杂，新房仅占10%，5～6层，矗立于废墟之中；泥瓦房占40%，闲置废墟地也不少，零乱、粗放、分散，空心化趋势明显
	良新	良口	旧房占90%，极少空置，多为1层，20世纪90年代以后房屋多为两层，新宅多沿道路呈带状，无统一规划，外表面简单粉刷或者裸墙
	上西	龙潭	无房屋出租，多为自住，20世纪70年代旧房占1/3，砖瓦和泥瓦结构40%空置，新房占2/3，裸墙或简单粉刷
	下西	龙潭	新旧分离，20世纪70年代、八九十年代，以及2000年以后三代房屋相互隔离，各占30%、30%、40%。旧房1层，空置率高达60%，空心化。新房最高3层，多沿道路修建
	龙岗	朱村	三代房屋相互分离，各占40%、30%、30%，旧宅多为1层，砖瓦结构，新宅多为2层，最高3层，混凝土，外墙简单粉刷或者裸墙。空心宅、空心村，旧房90%空置，无危房
	坋椴	吕田	全为20世纪50～70年泥瓦旧房，空置率达80%
	高滩村上塘社	石滩	旧房占50%，主要是老人居住，空置率达70%，1层；新房50%，2层，建筑松散，用地粗放
	原胡	温泉	三代房相互隔离，各占30%、20%、50%；旧房80%空置，村庄建设分散

（一）城区边缘乡村聚落的物质-社会空间

这类乡村聚落地处城乡交错带和城市发展边界快速拓展的地段，有优越的自然地理环境和城市交通区位条件，既承接广州市中心城区外溢的产业和居住人口，同时通过自下而上的村镇工业化和城市化，成为广州市大都市“极化中心”的一部分。在城区边缘地带，形成“城市化地域+村镇化域”复合型的、高建设用地的用地景观，如图 7.4 和图 7.5 所示（文后附彩图）。

与中心城区的“旧城中村”不同，20 世纪 70 年代之前的建筑数量较少，一般不到 30%。第二代住房建于 80 年代，一般为两层或三层，外墙面为水泥砖墙或贴马赛克。90 年代之后的第三代建筑普遍为 6 层或 8 层，不少建筑达 10 层以下。为了最大限度地利用宅基地空间，不再保留院子，建筑结构为钢筋混凝土结构，

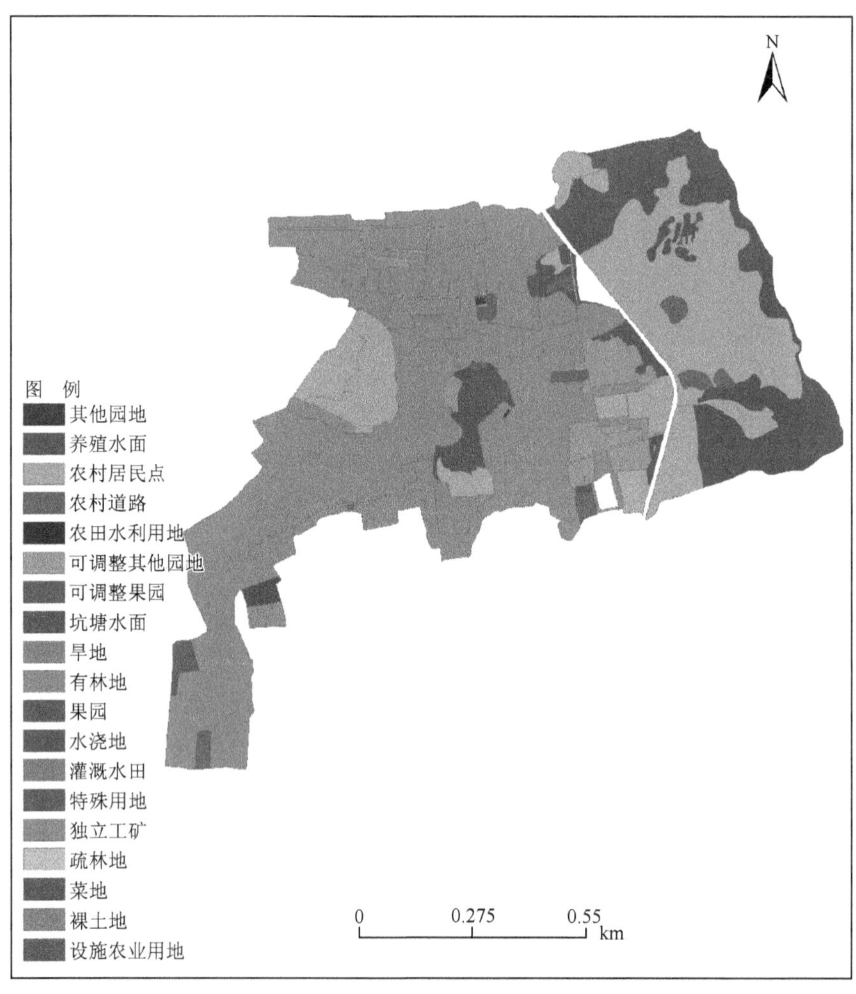

图 7.4 塘美村土地利用现状图

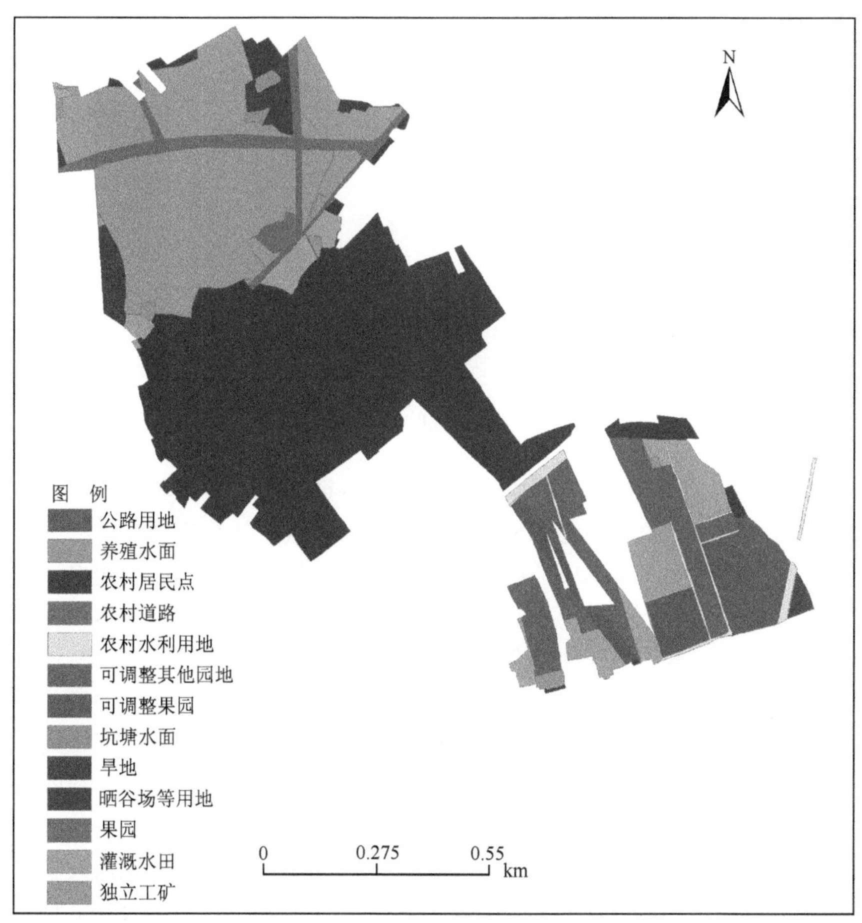

图 7.5　沙湾东村土地利用现状图

外饰面采用釉面砖。此类聚落不再保留传统聚落的肌理，新建住宅基底占地面积较大，沿乡村道路分布，没有统一的朝向，形态也不规整，尽可能地多占地。这此类乡村聚落因政府征地和众多的或集中或分散的工业用地，造成聚落空间的“破碎化”。

边缘区是城市用地和乡村建设用地争夺最激烈的地方。在高额的不动产租赁收益驱动下，村集体经济实力强大，有强烈建厂建房的能力和热情；村民有强烈的愿望和经济实力扩大住宅建设的楼层和规模。这种内力驱动力和政府大规模征地共同作用，使聚落规模不断扩大。一方面，政府对已经或将要纳入城市建成区的内缘区建筑用地指标控制非常严格；另一方面，村社集体和村民不断突破规制，大规模进行违章建设，由于城市边缘区管理的不完善，违章建设已经形成了“法不责众”的局面。由此形成这一地区用地功能上的混乱化、空间上的破碎化、建筑上的过密化，出现了“新城中村”问题的隐患（图 7.6）。

图 7.6 混乱的建筑景观

城区边缘乡村聚落社会空间主要有四方面特征：①“村落单位制”形成了以村籍划分的乡村社会边界。在外来人口大量涌入和城乡社会流动的过程中，血缘和地缘关系变得松散，而形成了以是否拥有村籍来划分的村落社会边界，社会学家将其称为“村落单位制”。②村民职业和收入非农化，集体分红和房屋出租成为主要收入来源。③本地与外地社会差异形成了居住空间的分异。本村村民对外来人员有一种心理上的排斥，认为外来人员的大量涌入破坏了村里的治安，不愿意和外来人员居住在一栋楼上，因此在住房出租方面，或选择将其旧宅租给外来人员，或者村集体统一建宿舍出租给外来企业供工人居住（图 7.7）。本村收入较高的村民一般住条件好的新宅，单身外来务工人员住工厂宿舍，带家眷的外来务工人员和“代耕农”一般租旧宅居住，还有一些“代耕农”住在田块之间临时搭建的“窝棚”。④大多数村仍保留祠堂，但已失去其传统功能。新的公共活动设施或场所（篮球场，村级公园，村民活动中心、“老年之家”等）建设良好。但一些村为了追求村庄形象，将公共活动设施和空间的建在村庄入口处或村委会办公楼前，

图 7.7 大量违章建筑（宿舍出租）

离居住区较远，没有考虑到村民日常活动半径对公共空间使用率的影响，本村村民没有将其作为公共活动或交流的场所。

（二）都市中域乡村聚落的物质-社会空间

该类型乡村聚落处于城区边缘乡村聚落的外围，主要分布于花都中部、增城中部和南部的低丘陵和台地区和番禺中部地区。本区自然环境和区位条件良好，既是广州市蔬菜、花卉、园林、水果、水稻等主要产区，又是广州市产业转移和村镇快速工业化、城市化地域。建设用地面积较大，呈现出“半都市-半乡村”景观，属于城镇-村庄密集区，用地结构上呈现功能混乱和空间破碎化特点，如图 7.8 和图 7.9 所示（文后附彩图）。

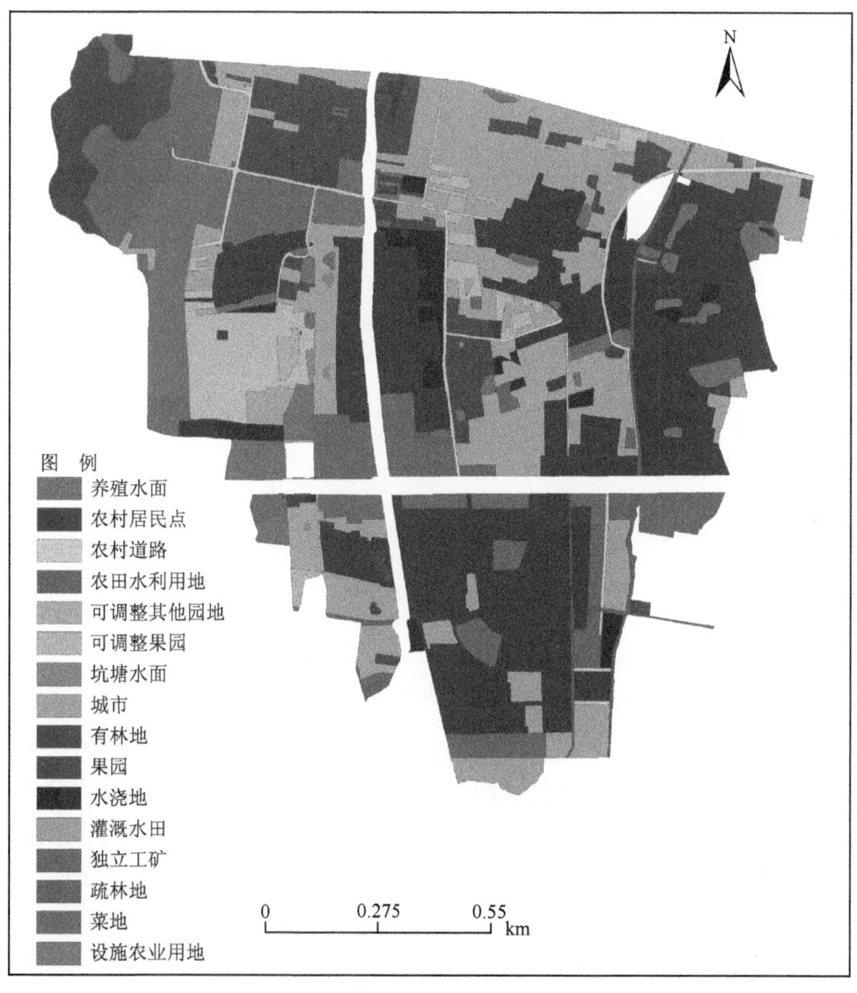

图 7.8　中域乡村聚落用地的破碎化（新和村）

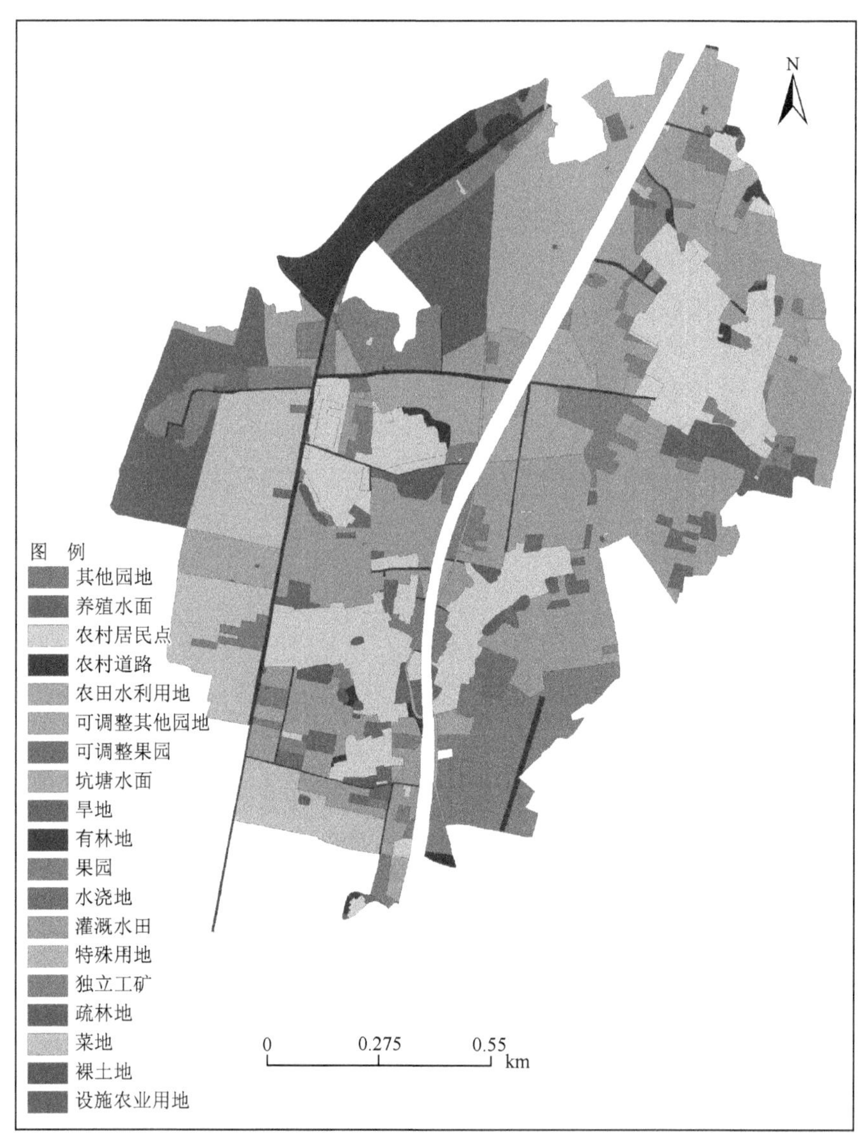

图 7.9 中域乡村聚落用地的破碎化（南村）

在快速工业化推进中，由于农用地转非农化的过程中缺乏规划指引。村庄用地布局混乱，政府各类征地分割了用地空间；住宅新旧混杂，给进一步改造增加了难度；工业用地和居民点用地混杂，对居民生活造成影响；各类建设用地破坏了原有的农田水利基础设施，工业污染了耕地和菜地，形成噪声阵阵的“工业化乡村”景观。

经济实力和非农业化增强，新宅子不断建造，但大多数村尚无实力将旧宅全部改造，不同年代的住宅空间混杂明显（图 7.10）。新旧宅之间的空间关系上，混杂和分离两种模式并存。“第一代”泥瓦或砖瓦民居建筑占总建筑基地面积的30%左右。新旧村分离的聚落，旧村空心化程度较高，占30%～60%，有危房存在，旧村里居住着本村的老人和低收入且带家眷的外来人员或“代耕农”。他通常是在旧宅的第一排住宅或外围，靠近乡村道路，面对着水塘，有较好的位置，改造成“第二代”的两层或三层砖混结构住宅，或推倒重建“第三代”三层以上、砖混或钢混结构的新宅。有建房需求的村民往往任旧宅空置废弃而在村庄对外交通的道路两边新建。随着近年来宅基地审批越来越严格，对违法宅基地的查处也更趋严厉，得不到新宅基地审批的村民就拆除旧宅重建新宅，造成新旧混杂的格局。

图 7.10　“前塘后村”三代民居混杂照片

由于处于快速工业化初中期，外来人口较多，甚至超过本村户籍人口。外来人口在职业上分为两类：一是外来务工人员，在工厂打工或从事建筑业；二是“代耕农”。一般本村村民将耕地以较低的价格出租给来自珠江三角洲以外的“代耕农”，而种植收益相对较高的菜地和果园由村民经营。不同群体存在着居住空间的分异，本村富裕村民住新宅，单身外来务工人员住工厂宿舍，带家眷的外来务工人员和代耕农租旧宅居住。大量村民外出谋生，有的村民完全放弃农业经营，在城市打工；有的保留着耕地，农闲的时候去城里打工，即季节性的“兼业化”，单纯务农的“农民”已经很少，大多是半工半农或半商半农。

此类聚落都保留着祠堂，但祠堂作为宗族精神传承的传统功能已经消失。一些村将祠堂用作村委办公地点或乡村小学，赋予祠堂新的公共服务功能(图 7.11)。近几年新农村建设在这类乡村的成效主要体现政府“五个一”工程的建设上。大部分村都有篮球场和老人活动中心。村民认为篮球场对改善村里文明风气的作用很大，因为篮球场给村里的年轻人提供了活动场所，吸引年轻人在一起进行健康的体育运动，减少了以往闲暇时无处可去而导致一些不法行为的状况。

图 7.11　祠堂成为村委办公地点（番禺沙湾东村）

总之，快速工业化地域的乡村聚落在空间形态呈现出“混乱”和“破碎”特征，整体上保留传统聚落“前塘后村”的梳式布局，外围多为第二代住宅，中心是部分废弃的第一代砖瓦房或泥瓦房，其中又夹杂着零星的第三代住宅建筑，第三代一些新宅多沿道路分布。社会空间方面，出现因户籍（本村和外地）和收入差异而出现的居住空间分异，大多数村民“兼业化”。

（三）都市远域山区乡村聚落的物质-社会空间

这一类型的乡村聚落处于九连山余脉山区，呈现出山地林地、坡地旱地和园地、谷盆地稻田景观。乡村聚落选址，一般坐落在靠近山脚下或河涌之地，整体朝向大体为坐北朝南，村庄呈现“山-水-田”的格局。

边远山区型聚落保留着珠江三角洲传统的“前塘后村”的梳式布局。聚落前面偏东南处有一个水塘，一般呈半圆形或不规则的长条形。水塘与河涌水系相连，除了蓄水、养鱼、灌溉、排水之外，还承担防洪、防火（消防水源）、调解风水等多重功能，与水塘相垂直的方向布置较多的纵向巷道，它们交会于水塘边的横向道路或在晒谷场处。

第一代建筑建于 20 世纪六七十年代。早期的建筑具有岭南传统的建筑形式。祠堂是空间上具有“中心”意义和“场所”功能的点，是传统聚落空间上的核心。70 年代人民公社时期的建筑有着显著的外观特征：整齐分布的连排式房屋、土木结构和石泥墙体（图 7.12）。80 年代和 90 年代第二代建筑，在传统民居平面布置的基础上有所改进，保持了“侧门入户厅朝阳，前廊后室厅连房”的广东地方民居特色的基本格局。房屋为一层半砖混结构的平房，外饰面材料比较简单，多为清水砖墙、水泥抹灰或水刷石。2000 年以后新建的住房归为第三代住房，没有形成成片聚集，只是在第一和第二代建筑的周围或其中零星分布。舍弃了传统民居的形式，一般为两层半或三层楼房，有阳台或外廊，并以独家小院围合，建筑结构为钢混结构，外饰面采用釉面砖。由于缺乏土地开发动力，土地利用以农业景观为主。聚落空心化程度高，一般为60%～80%。

北部边远山区乡村聚落以农业经济为主体。社会结构主要是基于血缘关系的社会网络。居民大量外迁或打工、读书、经商，部分村民在城镇定居，其中一些人的户籍转为城镇户口，另一部分还保留着农村户口。目前村里居住的大部分是老人、妇女和小孩。留守在村落里的村民以农耕为生，主要从事自给型种植业和家畜养殖。村落内部存在老年人和子女在居住空间上的分异。子女结婚后成立新的核心家庭，同老人分开居住。子女一般住在第二代和第三代住宅里。老年人则住旧村，即第一代住宅中，基础设施很差，没有自来水，住在这里的老年人仍使用井水（图7.13）。

图7.12　人民公社时期修建的住房

图7.13　旧村里使用井水的老人（灌村）

第三节　不同类型乡村聚落的基本特点与案例分析

在上述研究基础上，本节对不同类型乡村聚落特点进行了总体评述，选择典型的乡村聚落进行了实证分析。

一、城区边缘乡村聚落

（一）总体情况

这类型聚落地处广州市城区外缘及其城乡结合部地带，主要分布于白云区、海珠区、黄浦区和番禺北部。这一地区20世纪80年代以前是广州市老城区的近郊农业区域和老城区工业重点分布地区。伴随着广州市城市空间拓展，这一地区大部分已进入城区和城市规划控制区范围。土地利用上，建设用地率和工业用地率大，有成遍的集体用地工业区，村落景观呈现出“城市景观”和“城中村”并存的景观格局。与老城区低矮密集、砖混结构的“旧城中村”景观有所不同，原有的农业居民点大多已改造为密集拥挤、8～12 层钢混结构的“新城中村”或城市型公寓。村社集体经济实力强，村民收入高。村集体的收入来源主要是厂房出租、物业管理费用及村集体经营企业收益，村民的收入主要来自农地出租、房屋出租、外出务工及村集体分红等，村社集体和村民形成了对不动产出租高度依赖的租赁型经济。人口构成上外来人口大量集聚，数量远远超过村户籍常住人口，形成了外来人口与本地人口鲜明的二元社会结构、社会隔离及显性和隐性的社会冲突。

（二）夏茅村案例

夏茅村坐落白云区石井街，路网发达，交通方便。村域总面积为 3.4638km^2，户籍人口为 5860 人，外来人口在 2 万左右，村上有劳动密集型中小企业千家。近 30 多年来，夏茅村持续地呈现出农业用地向建设用地快速转换态势，2012 年的土地利用结构表现出很强的城市用地特点（表 7.7）。

表 7.7　夏茅村土地利用结构

项目	农业用地				建设用地						其他用地
	小计	耕地	园地	林地	小计	工业	商业	住宅	公共	道路	
面积/km^2	0.2151	0.1563	0.0186	0.0402	3.2297	1.6838	0.4337	0.5363	0.1522	0.4237	0.019
比重/%	6.21	0.73	0.09	0.19	93.24	0.52	0.13	0.17	0.05	0.13	0.55

受耕地保护指标的刚性约束，密集的建设用地中，还有少部分耕地强制性保留下来，这一地区原有的灌溉渠系已无存，水环境和土壤环境污染较重，耕地更多地内涵了“政策景观”的意义。本地居民对农业生产已失去兴趣，而将精力转向于高收益的第二、第三产业，纷纷将农业用地出租，租金为 2500～4000 元/(亩·a)不等，这成为城市化地域一种普遍现象。“代耕农”是来自粤北山区或其他省市的农民，与在本乡务农相比，收益要高 2～3 倍（图 7.14、图 7.15）。

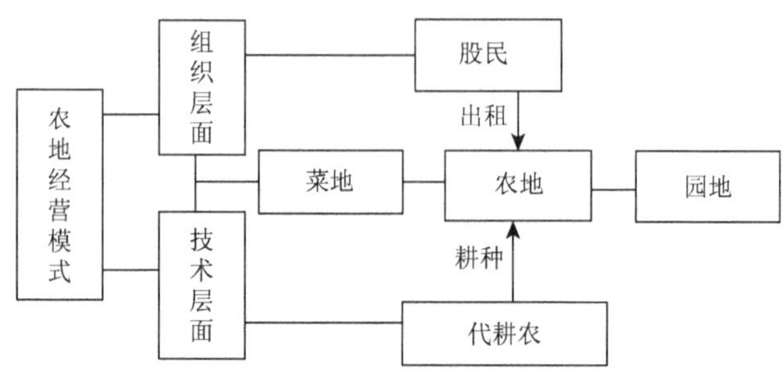

图 7.14　农用地经营模式

(a)

(b)

图 7.15　外来“代耕农”在夏茅村种植草莓

与江浙等省市的“统一征地、统一拆迁、统一安排”的征地操作模式不同，广州市和珠江三角洲地区大多采取避开农村居民点，只征用农地的做法，同时返还征地面积 15%的土地作为村集体的“发展用地”。前者前期投入成本大，而后者能低成本快速地实现城市和工业用地拓展，照顾到村民失去土地后的持续发展能力，极大地调动了村社发展经济的热情，但后期改造投资巨大，因用地权属复杂也增加了改造的难度。

夏茅村地处城区外缘的城乡结合部，承接大量城区拓展、转移的产业，同时也是企业尤其是中小型企业选址优先考量的区域。由村社成经济开发公司，集体开发土地，发展厂房、仓库、商业用地，其收益一是用于村民股份分红，二是用于村公共基础设施建设、运营和土地再开发。同时，兼纳城区和城镇村庄密集区务工人员住房需求，受不动产租赁高额利润的驱动，村集体和村民纷纷建工厂、仓库、商铺并出租住宅，形成高度依赖不动产的租赁型经济。

夏茅村厂房主要经历了三个时期的建设，分别是 20 世纪 80 年代初、90 年代、2000 年之后。80 年代的厂房形态多为一层的单拱造型，屋顶为绿色的石棉瓦屋顶，砖混结构的外墙已经斑驳破旧，这些厂房多数用地手续不完备。90 年代陆续又新建了一批厂房，零散地分布在广花一路和村内新开辟的干道沿线，这一时期修建的厂房形态除部分仍与 80 年代的一样外，出现了一层双拱或多拱的造型，但屋顶和墙壁仍然是用的绿色石棉瓦和砖混结构建造，小部分厂房的墙壁在其外部临路的一面贴上了瓷砖，如广花一路新建的厂房。2000 年以后随着城市对外交通运输的发展和村民自身经济实力的提高，一批厂房、店铺在村东面机场高速路沿线修建起来。这些厂房形态与结构有了较大改变，多为三层砖混结构标准厂房（图 7.16）。

(a)

(b)

(c)

(d)

图 7.16　夏茅村不同时期厂房

村民住房建设一方面受建设用地指标和城市规划的限制，另一方面受房屋出租获利的驱动。对此，村民采取合法或非合法手段最大限度地提高建筑密度和容积率，以最大限度地增加房屋出租面积。

夏茅村建筑空间分异和社会空间分异显著，既存在设施完备、环境优美的住宅小区式的村民集体公寓景观，也存在高密度建设、拥挤无序、环境脏乱、十层以上的"握手楼"和"新城中村"景观（图 7.17）。在住宅模式上，存在"租-住混居型"（村民与租房者同楼）和"全租型"（整楼出租）两种模式，本地居民居住环境更好的新村或商品房。

(a)

(b)

图 7.17　夏茅村城高密度"握手楼"与村民活动广场

夏茅村土地产权结构复杂，其经济形式也表现出多样性和复杂性。从产业结构来看，既有残留的部分农业经济，也有居主导地位且占了绝大部分产值比重的"外来型工业经济"（工业产值算在村上，但村上实际上不参与企业经营，只收取租赁和管理费）和"不动产租赁经济"，还有迅速发展起来的客运、货流、餐饮、批发零售等第三产业经济。其产业组合、布局方式呈现"下厂上住"、"前店后厂"、"下商上住"、"下商上厂"等多种组合形态，表现了城区边缘社会经济、土地利用、聚落形态结构的过渡性特点（图 7.18）。

(a)　　(b)

图 7.18　“上厂下商”与“上住下商”的工业区建筑结构布局

在自上而下都市化（中心城区辐射带动）和自下而上的城市化（村社招商引资）两种力量交织作用下，都市化地域的社会经济、土地利用、聚落形态结构处于快速的转型、重构之中，处于城乡结合部的夏茅村是受两种力量交织作用最强烈的地域（图 7.19）。这一地带与经济落后地区不同，村民在失去农用地的同时，获取了城市化工业化进程中不动产租金带来的巨大收益，大多成为富裕有产阶层（成为珠江三角洲地区特殊的一类高收入群体，一些青年因怕失去分红而不愿意上大学）。与之比较，其他地区的乡村尤其是传统农业区的乡村空间边际化程度强烈而鲜明。

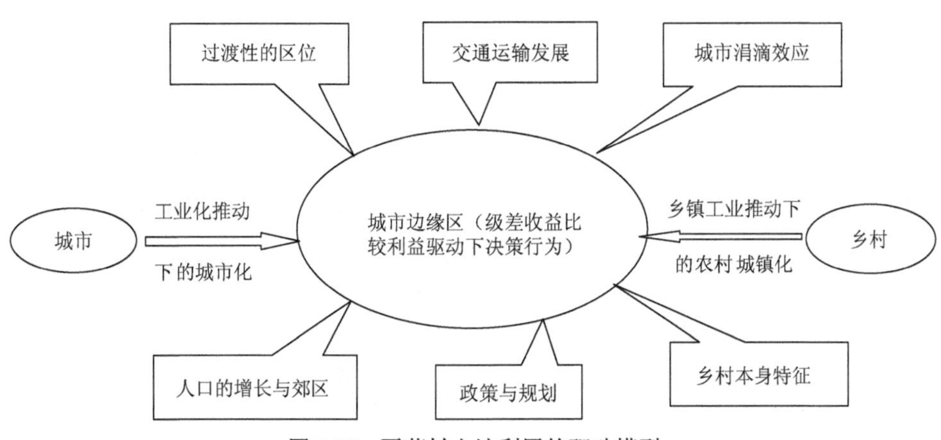

图 7.19　夏茅村土地利用的驱动模型

二、都市中域乡村聚落

（一）总体情况

该类型乡村聚落地处城乡结合部外围的城镇-村庄密集区，主要分布于番禺区中部、花都区中南部和增城西南部。本地区属于快速城市化、工业化和社会济转型地域。乡村景观呈现“半城镇化地域”与“半乡村地域”并存的景观格局。存在差异显著的村落景观：一是原有的已衰落的中低度空心化的旧宅区；二是“单体漂亮，整体混乱”、缺乏合理规划的“新宅区”景观；三是新旧混杂型村落；四是建设合理紧凑、密度适中、布局整齐的住宅小区型景观。

土地利用上存在成片或者分散的村办工业用地、商贸、餐饮等商业用地，以及规模较大的果园和菜地。村社经济实力总体较强，但明显弱于城区外缘村落。村集体的收入主要来源于土地出租费用、厂房出租费用、物业管理费用、农业费用。由于土地资源较市区相对充足，厂房出租成为主体，土地出租时有发生，由于工业企业集中，物业管理费用也占较大成分。村民收入来源于村集体年终分红、房屋出租、农业收入、外出务工及其他自营收入。受区位不同的影响，各类用地租金普遍比城区外缘的租金低 1/3 左右。

（二）小步村案例

小步村位于花都区花山镇，村域面积为 4km^2，户籍人口为 5560 人，外来人口为 5300 多人。原有耕地面积为 2000 亩，林地面积为 4000 多亩，机场建设征地带来发展机会。1995 年至今新建农民住宅 150 多栋，每年 6～8 栋，每栋占地 96m^2，同时建有环境良好的村民活动广场。有近千亩土地出租给外来企业。

村内有 1970 年以前的 300 亩泥瓦房旧宅，其中 30%～40%的旧屋空置，其余旧屋主要居住着本村的老人和少量外来工。旧宅外围区的房屋大多已改造，形成“新屋围旧屋”的格局，旧宅区内部有部分新房穿插其中［图 7.20（a）、图 7.20（b）］。村上曾制定过空心村改造方案，让开发商来投资改造，村民以土地入股。有 10%的村民宁愿不要补偿、不要土地入股带来的预期收益，也要保留祖屋，导

(a) 住宅新区和村民活动中心

(b) 新旧宅混杂

图 7.20　小步村的住宅新区与新旧宅混杂

致改造方案未能实施。土地利用上存在成片或者松散的村办工业用地、商贸、餐饮用地。近年来，随着小步村经济实力的增强，小步村在道路交通、给水排水、医疗卫生、文化教育等方面投资力度大。自来水使用的比例达 100%，排水方式多为暗渠。有清洁工 24 人，垃圾统一拉到镇上定点处理。实行合作医疗，村民医疗费用 100%报销，最高医疗补贴 8000 元，大病可申请重病救助，由全村集资救助。治安队有 18 人。

三、都市远域乡村聚落

（一）总体情况

都市远域乡村聚落分布于从化、增城中部和北部、花都北部山区和番禺（南沙）的新沙田地区。这类农居点受城市化和工业化影响较小，保留有传统岭南乡村聚落特色，社会、经济、人口、文化、建筑等方面均表现出强烈的衰落景象和边际化特征。

本区以 20 世纪 70 年代以前的旧宅为主，既保留有 50 年代以前的砖瓦房，又残存不少倒塌及半倒塌的泥瓦房，空心化严重（图 7.21）。新宅或沿路分布，或新旧混杂、布局混乱、缺乏规划。土地利用结构单一，工业用地少或无，以传统种植业用地为主。村庄发展与建设受基本农田保护区、水源保护区和地形限制强烈。人口流失严重，青壮年劳力外出打工，老人、妇女、小孩留守，属于典型的人口边际化地区。农民的收入主要依靠外出打工，无村集体分红或很少。不少农田和山地果园都处于荒废或者半荒废状态，特色农业发展不足，种植业收益甚微。村集体几乎没有收入来源，也很少得到上级政府的扶持。加上农业税的减免，村集体收入更是微薄。即使是规模较大的村庄（常住人口超过 1000 人），村集体收入很少超过 10 万元，集体开支入不敷出，无力进行公共基础设施建设和投资。

(a) 灌村20世纪70年代规划齐整的“空心宅”

(b) 半倒塌的长满草的空心宅院

图 7.21　空心宅

（二）北部山区乡村聚落：下西村案例

下西村位于从化市鳌头镇的西北角，距鳌头镇中心有 20 多千米。下西村各类用地结构为耕地 18%、林地 25%、园地 21%、农村居民点用地 4%、独立工矿用地 1%，养殖水面和农田水利设施用地 29%、未利用地 3%，如图 7.22 所示（文后附彩图）。村庄有农户 570 户，户籍人口 3500 人，外出务工人口 1860 人。

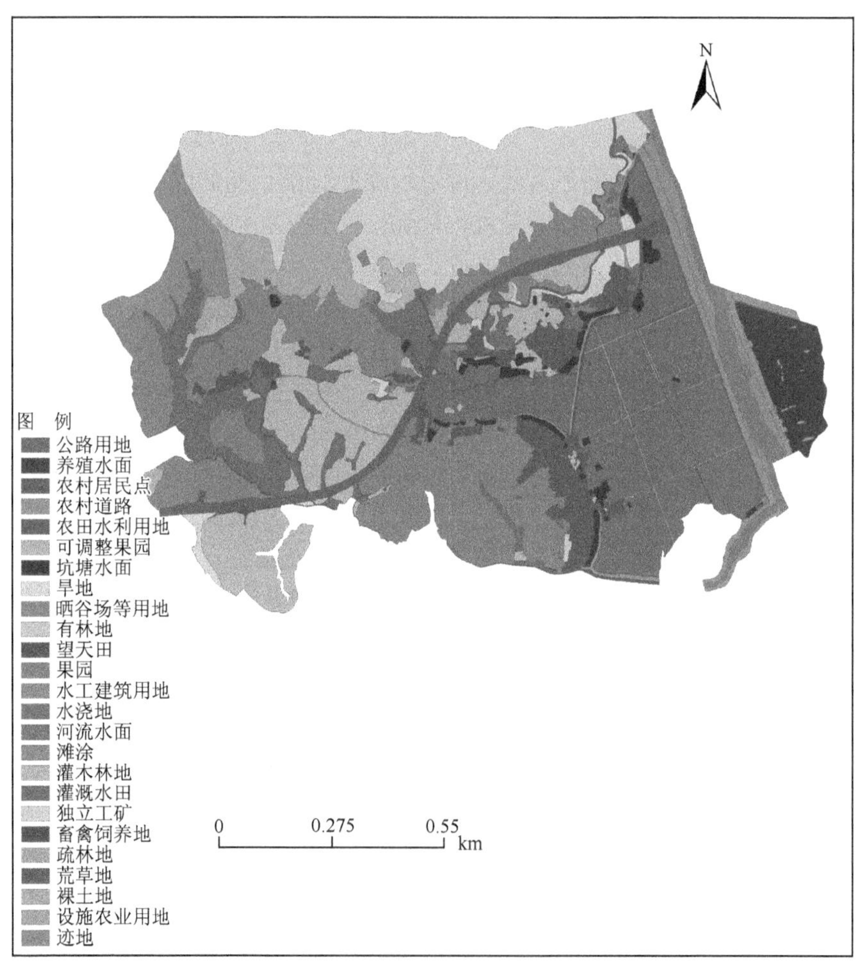

图 7.22 下西村土地利用现状图

村内的道路 50%为水泥路，50%仍为泥土路。村里 80%的家庭使用自来水，住在旧村的一些老人仍使用水井取水。20 世纪 70 年代以前的建筑占住宅用地的 30%，其中大部分是危房，70%已经完全废弃空置，另外 30%仍住着一些老人。80 年代和 90 年代的建筑占 30%，20 世纪 90 年代以后的住宅建设占 40%。

第一代建筑中有上百年历史的泥瓦房，也有建于 20 世纪五六十年代的清水砖瓦房，布局整齐紧凑。第二代住宅一般是 1～2 层的砖混结构的建筑，水泥墙面或是简单刷白粉，有水泥屋顶和瓦屋顶。与第一代建筑之间只有 1～2m 宽的纵向道路。第三代住宅建于 2000 年以后，与前两代建筑之间有农田间隔，大多面向道路，随道路的弯曲而没有统一朝向。也有一些新宅夹杂在旧村聚落之中，基底面积较大，为两层半或三层钢混结构的楼房并带有独家小院，外饰面采用釉面砖（图 7.23）。

(a) 第一代建筑

(b) 第二代住宅建筑

(c) 建于20世纪80年代的第二代建筑

(d) 2000年以后建设的第三代建筑

(e) 祠堂前是老人聚集的公共场所

(f) “新旧混杂”景观

图 7.23　下西村建筑

从 1∶2000 的卫星遥感影像图中可以判读出空间上分离的新村和旧村。旧村的建筑为砖瓦或泥瓦结构，屋顶颜色偏暗；新宅建筑为砖混结构，屋顶是水泥，反射率较高，所以航片中呈现白色，新宅则更倾向于沿道路分布，朝向也较随意。从卫星遥感影像图中可以看出，下西村的旧村完整地保留了珠江三角洲传统聚落的“梳式”布局的特点。聚落分布在农田和果园之间，整体朝向为东南向，聚落前是一个长方形的水塘。水塘和乡村道路将聚落围合起来。旧村里的民居建筑以祠堂为中心，排列较为规整和紧凑。历史上为村落文化中心，现在仍为留守老人坐聊天、发呆的活动场所[图 7.23（e）、图 7.24]。

图 7.24 下西村三代建筑的空间形态

（三）北部山区乡村聚落：坋椴村案例

坋椴村隶属于从化市吕田镇份田村下设的一个经济社，位于从化北部市行政区界的边缘，区位劣势明显。距从化市区约 65km，距吕田镇 5km，通过一条两车道的公路相连，没有公共交通，交通不便，年轻人可以骑自行车或摩托车出行，步行到镇上要一个多小时，老人步行不便，几乎失去了与外界的直接联系。

坋椴村共有户籍人口 420 多人，年轻人已外出打工，现留居人口只有 40 多人，房屋空置率在 90%以上。一部分人会回家过年，村落会热闹一段时间。坋椴村地处狭窄谷地，四周环山（图 7.25、图 7.26）。谷地只种植一季稻谷和少量蔬菜，山地林地茂密，有零星旱地，种植玉米、红薯，种植结构单一，农业经营粗放。

图 7.25　坋椴村全景

图 7.26　坋椴村建筑近景

坋椴村的建筑全为一层泥瓦房，最早建筑已有上百年的历史，最新的建筑建于 20 世纪 70 年代，零星补建在原建筑群边缘，数量很少，全村没有一栋新房。这里给人最大的感受是时间静止在 100 年前。即使在西北或西南的贫困山区，也很少见到这种乡村景观。坋椴村土地面积有限，房屋在新中国成立初期分给各家各户，由于每户的建筑面积小且零散、权属复杂，无法为房屋改建提供足够的面积，加之经济缺乏驱动力、基本农田保护政策等限制，抑制了村民的新宅建设。

从乡土建筑文化上看，坋梕村的建筑无论是单体型态，还是整体布局上都具有很高的传统性。坋梕村落整体方向为南偏东 40°左右，依山而建，村落前端由连排竹林围合成半圆形的开阔地，符合“北有靠山、前有明堂”的布局方式。村落建筑布局的展开严格遵照依照山势的原则，村落轴线与山体轴线重合，建筑错落与山体坡向相一致，形成了与山体轮廓线协调一致的村落天际线景观。随着规模扩大，村落依次由东向西坐落三座围屋，建筑组合呈典型的中庭护布局（图 7.27）。

图 7.27　坋梕村遥感影像图

总体上看，坋梕村区位条件差、交通不便、经济落后、房屋为泥瓦结构，只有单一的居住和农业生产性功能，为广州市北部山区典型的传统的重度边际化乡村聚落。聚落空间呈围屋式格局，整体布局完整、统一、封闭，传统乡土建筑文化特征突出。

（四）南部沙田区乡村聚落：万洲村案例

万洲村位于番禺去沙湾水道以南的水网密集区的鱼窝头镇，鱼窝头镇原为滩涂，只有 100 多年的历史。目前人口有 3800 多人，外来人口较少。村内河涌水系纵横交错，水系和养殖水面面积大，水产养殖业发达。耕地主要为水田，种植水稻和蔬菜，此外还有较为集中的蕉园和蔗园，耕地和园地皆为基本农田保护区。村庄规模较少，占全村总面积的 4%，沿着河堤长条分布。在农业收益不高的情况下，一些村民选择放弃传统种植业，外出谋生。目前，万洲村的耕地中，本村村民自己耕种的占 30%～40%；其余的由老板承包，请本地村民耕种。

受特殊地质条件的限制，沙田区的工程地质差，楼层不超过三层，村民建房时，最下面一层由于地基软，处理地基需要 4 万～8 万元，村危房有 80 户。由于沙田区历史较短，并且是不同姓氏混居，传统宗族观念的影响不强，相对其他类型的乡村来说，改造旧房基本没有传统观念上的阻力，主要是资金问题。

沙田区的道路和垃圾处理等基础建设同样面临特殊地形造成的问题。首先，沙田区由于特殊的地质条件，道路等基础设施的建造成本要高于珠江三角洲平原区。访谈中，村民表示目前村庄建设中最需要改善的是自然村道路情况，希望政府在资金方面给予支持。在排水和垃圾处理方面，近年来，由区、镇、村三级政府共同出资建设了垃圾处理设施，固体垃圾进行统一焚烧处理。但由于村民尚未形成良好的卫生习惯，且管理机制不健全，生活污水、固体垃圾仍直接倒入河涌，造成河涌污染。

第四节　乡村聚落空间边际化分析

20 世纪 50 年代以前，广州市的乡村聚落具有岭南传统建筑文化特色。不同地域村落的差异主要表现为，自然环境不同形成的适应性分异，人口密度不同形成村落规模的差异，社会阶层分层形成的建筑结构（砖瓦房、泥瓦房、泥草房和庭院规模）的差异。总体上看，房屋单体面积较小，房屋布局整齐有序。

1958 年中国实行“户籍登记条例”、“抑农重工”的计划经济形成了城乡分割的城乡二元结构。这一时期农村处于一种“均贫化”状态，村落和住宅建设近于停滞，乡村聚落主体是 50 年代以前的建筑。一些乡村在人民公社时期，依靠集体力量统一建设了一批村民住房。

20 世纪 80 年代以来，快速的工业化和城市化驱动着广州市都市空间的拓展和大都市化地域的形成，乡村社会经济急剧转型，乡村聚落呈现出圈层的空间分异。针对不同乡村聚落类型，这里从建筑结构、新旧程度、空心化率、房屋用途、功能设施、村庄建设、社会空间、存在问题等“聚落元素”进行乡村聚落空间边际化状态、特征和问题分析（表 7.8）。

表 7.8 不同类型乡村聚落的状态、特征和问题

聚落类型	城区"城中村"聚落	城区边缘乡村聚落	都市中域乡村聚落	都市远域乡村聚落
建筑结构	老城中村多为3～4层砖混结构，新城中村6～8层钢混结构	多为4～8层砖混合钢混结构，也存在8～12层楼房	以3～6层砖混结构为主体	多为1层泥瓦房，3层砖混结构房，也有外表为马赛克的砖混房
新旧程度	既存在旧房连片区，又存在新建高密度城中村，也存在公寓型或独房型住宅	20世纪70年代前的旧宅已改造完，以2000年以后的第三代房屋为主	20世纪70年以前、八九十年代、2000年以后三代房屋构成大致为20%、30%、50%，存在新旧混杂和三代住房空间分离现象	20世纪70年代以前、八九十年代、2000年以后三代房屋构成一般为30%，40%，30%，一些村落全为70年代以前旧房，存在新旧混杂和三代住房空间分离现象
空心化率	无空置率	低空置率，一般小于8%	旧宅空置率为30%～40%	住宅空置率高，达40%～80%，旧宅区往往成片空置
房屋用途	住宅用地、商业用地，少量工业和手工业作坊用地	住宅用房、厂房、商业和物流用房	住宅用房、厂房	住房和农业生产经营用房
不动产价格	住宅和铺面出租价格高，钢混结构房屋租价一般在40～60元/（m^2·月）	房屋租金较高，一般在30～40元/（m^2·月），厂房出租14～18元/（m^2·月）	房屋租金相对较低，一般在15～30元/（m^2·月），厂房出租在6～10元/（m^2·月）	南部沙田区有少量房屋出租，北部远郊乡村无不动产租赁
村庄建设	旧城中村基础设施投入少，治安环境和卫生环境差，新宅区公共基础设施投入大	公共服务和设施投资大，暗渠排污，统一回收垃圾，公共基础设施齐全	公共基础设施年投资较大，额度在数十万到百万元，基础设施较齐全，大多暗渠排污，统收垃圾	基础设施年投资小，大多在20万元以下，明渠排污，垃圾统一或自行处理
社会空间	大量外来人口和少数本地人口住旧宅，本地人住新村或商品房	既存在本地与外地合住的"租-居"型，也存在外地与本地分离的居住空间	存在代际、收入、本地外地的居住空间分异。年轻人、本地人住新宅，老人、穷人、打工者住旧宅	代际和收入分异显著，老人穷人住旧宅，中年人及其子女住新村；外出打工收入提高后回村建新宅
存在问题	旧宅密集拥挤，高建筑密度，治安、卫生和室内居住条件设施差	建设密集拥挤，居住环境好于"旧城中村"，但次于城市楼盘小区环境	新旧建筑混杂、住宅区与工业区混杂，农业用地破碎化严重，村落居住环境治理滞后于经济	乡村住宅等建设用地价值低，空心化严重，存在危房，村庄发展建设缺乏动力和资金，同时政策的限制性大

相对发展成熟、功能较完善的城区而言，城区边缘乡村聚落在建筑结构、功能组织、基础设施、经济发展层次和水平等方面无疑具有边际性。然而，与其他类型的乡村聚落比较，则表现出"发达"和"非边际化"特点。城区边缘聚落存在的主要问题是：各类用地混杂、分割，用地功能组织、协调差；工业用地面积大，环境污染问题较突出；房屋拥挤、建筑密度大，未来改造相当困难；居住的人文环境、卫生环境、治安环境相对较差，外来人群的社会边际问题突出。

中域边缘乡村聚落与城区边缘乡村聚落比较，具有轻度边际化的特点。其工业化、城市化和经济发展水平明显次于城市边缘区的聚落。但也存在一些村庄公共活动场所的建设好于边缘区的聚落。这类村落存在的主要问题是：村庄建设缺乏规划或规划制约，用地混乱与破碎化严重；村庄新旧混杂，给进一步改造造成困难；工业环境污染整治急待加强。

远域乡村聚落尤其是北部山区村落，表现出强边际化特点，存在的主要问题是：人口大量迁徙或外出，人口流失严重；经济缺乏动力与活力，农业经济处于萧条状态中；以 20 世纪七八十年代以前的建筑为主，村落破旧、住房空置率高。

第五节　小　　结

乡村聚落既是乡村社会经济发展演变的历史积累，又是乡村社会经济发展水平的现时缩影。20 世纪 80 年代以来，包括广州市在内的珠江三角洲率先进入全球化、市场化、工业化、城市化和地方政府分权化的进程中。在这一进程中，广州市作为珠江三角洲中心城市，城市空间快速拓展、城市经济实力迅速提升，成为中国最富有活力和竞争力的大都市。在这一背景与格局下，形成了以城区为中心的圈层空间分异结构：中心城市核心区、城市边缘区、乡镇-村庄密集区、外围过渡区、远域边际地区。与这一空间分异相对应，在工业化和城市化水平、村社经济实力、村民人均收入水平、农业经济、乡村建筑结构、村落基础设施建设等方面均表现出鲜明的空间差异和边际化特征。

广州市的近域（城市边缘与城乡结合部）和中域地处广州大都市核心腹地区，凭借优越的区位条件和中心城区强大的极化效应和扩散效应，在自上而下（中心和次中心城区的产业外溢）和自下而上（村镇招商引资）两种力量推进下，形成了以村镇建设用地为主体的、面积广大的、高建设用地密度的“村镇化地域”，成为广州市“大都市化地域”的组成部分。都市化地域以其强大的极化效应吸引着本市的、广东省的、中国南方各省市的、海外的劳动力、人才、资本、技术等各种生产要素的聚集，进一步驱动着城市空间的膨胀和蔓延。

与村镇密集区不同，边际地区受中心城市区的产业溢出效应影响极弱，而强大的极化效应将劳动力和本身就不多的资本几乎吸空。与此同时，相对不利的自然环境、基本农田保护政策的约束、水源保护区的限制等，客观上也加重了山区和新沙田区的边际化。北部山区社会、经济、人口、文化、聚落的萧条、衰败、空心化与大都市的繁华、兴盛形成鲜明反差。广州市北部山区乡村经济的落后程度并不亚于内地一些落后地区。从更大的空间尺度看，中国大都市和都市连绵区的生长，是以更大的空间范围的绝对边际化和相对边际化为代价的。

第八章

行政边界地带的边际化问题

国家与国家之间的行政边界地带，一直是国际、国内学术界持续关注的领域。学者们基于不同的学科，形成了边界地带和边界地区的地缘历史学、地缘文化学、地缘人类学、地缘政治学、地缘经济学、地缘资源学、地缘环境学等不同的研究视角。与此同时，近年来有关省市-州-地区、巨型城市、大都市连绵区边界地带的研究成果日渐增多。省际边界地带往往是资源密集区、生态敏感区、民族聚居区和经济欠发达区，既面临着被逐步边缘化的现实困境，又拥有隐而不彰的发展潜力和后发优势，因而成为区域研究的新视点。总体上看，学术界对边界地带的研究主要集中在国家和省市宏观、中观尺度。而对县区、乡镇、地方这一小尺度或微尺度的边界地带问题研究较少。本章基于边际化研究视角、中尺度和小微尺度、三类不同的行政边界地带，对不同的案例区进行实证研究，揭示了边界地带边际化和亚地缘现象的表征、问题与成因，以为跨边界治理提供依据。

第一节　行政边界地带的概念、类型与边界效应

从研究角度看，边界地区与边界地带两者的内涵有所不同。边界地区强调的是相对行政中心区和腹地的外围边界地域；边界地带是以行政边界线为轴线向行政区内部横向延展一定宽度、沿边界纵向延伸的带型区域，是两个或两个以上跨行政区之间的接壤地带。

根据边界地带特性及其边际问题的差异，可将边界地带分成三种类型：一是因远离极化中心和较发达的腹地，因区位、交通和不利的自然环境（山区）等限制，或因管理错位、力度低弱等原因，边界地带经济持续滞后，这类边界地带被称为“经济边际化边界地带”；二是边界地带因争夺资源（土地、矿产、水源等）引发边界冲突，将这类边界地带称为“资源冲突型边界地带”；三是在边界地带尤其是经济发达的城市化地域或城镇密集区的边界地带，因跨界协调整合不到位，而在边界线两边出现土地利用、产业结构、环境保护、基础设施等矛盾、冲突，将这种类型的边界地带称为“错位型边界地带”。

边际效应可看成是一种特殊的“空间/区位外部性”，正如外部经济学理论所揭示的那样，边界效应同样存在“边界正效应”和“边界负效应”两种效应。前

者是在差异互补、门户或口岸区位、空间毗邻、政策扶持等作用下，边界地带从边界区位上获得的额外好处。如同自然界不同生态系统之间的过渡带（如海河交界带）物种具有多样性一样，行政边界地带内含了经济、文化的多元性和创新潜力。边界毕竟是一条人为的界限，其地理邻近性是相互作用的依据，从地理位置上看，地理空间的连续性还往往使两侧边界具有同言同语的文化背景，可以降低双方的交易成本。后者则是边界地带因中断、阻隔、摩擦等作用产生的滞后、错位、冲突、对立等"边界问题"，给边界地带造成的不利与损害。受地方保护主义和行政区利益最大化的驱使，边界地区的跨界联系往往形成一种中断、阻碍作用，这种边界阻碍主要表现在基础设施的跨界建设、经济要素的跨界流动、产业经济的跨界整合、市场的跨界共享、生态环境的跨界保育等方面。

第二节　经济边际化边界地带案例分析

本节选择甘肃省与四川省两省之间的省级边界地带，进行经济边际化边界地带的案例研究。选择六个主要的社会经济指标，定量地测度核心区-腹地区-外围区-边际区的空间经济差异和边际化程度，分析影响空间结构和边际化的主要影响因素。

一、"经济边际化边界带"的空间结构特征

在特定的历史和现行的行政等级体系下，省会通常是省市的经济、文化、政治、交通的中心，处于自然环境和发展环境最好的中心区位，而山区的山脊线往往成为行政边界的自然分界线。在城市交通区位和自然环境双重叠加作用下，形成特有的多级梯度化的空间结构模式，即从省级极化中心区向山区边界地带，依次出现核心区、腹地区、外围区和边界地区的空间结构（图 8.1）。

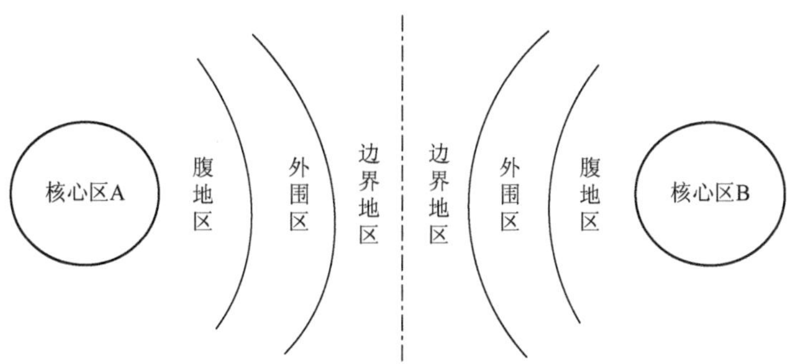

图 8.1　经济边际化边界地区空间结构模式

"经济边际化边界地带"是一种特殊类型区，其特殊性如下：①经济落后和边际化特征突出。这类地区地理位置上处于两个省份交界处，经济格局上处于省会

中心城市辐射的末端，劳动力、资源、资金等要素流向核心区，而核心区的技术资金却很难流向边际区。②多级空间梯度结构。与弗里德曼的“核心-边缘”二元空间结构不同，它是“核心-腹地-外围-边缘”四元或多元的空间梯度结构，在商品流通、物资运输、人才流动等方面，呈现出核心-外围-边际的等级分异和空间差异。③跨界联系既可以表现出经济上的关联互补，也可表现出在生态环境保护、自然资源开发、旅游资源整合等方面的跨界合作。

二、甘肃与四川“核心-腹地-外围-边际”空间结构

在《连片特困区蓝皮书：中国连片特困区发展报告（2014～2015）》中确定的14个连片贫困区680个贫困县中，地处西秦岭的甘肃与四川交界地区集中了较多的贫困县：甘肃陇南市武都区、成县、文县、宕昌县、康县、西和县、礼县、徽县、两当县；四川广元市元坝区、朝天区、旺苍县、青川县、剑阁县、苍溪县。这一连片贫困区属于典型的经济边际化边界地带（图8.2）。

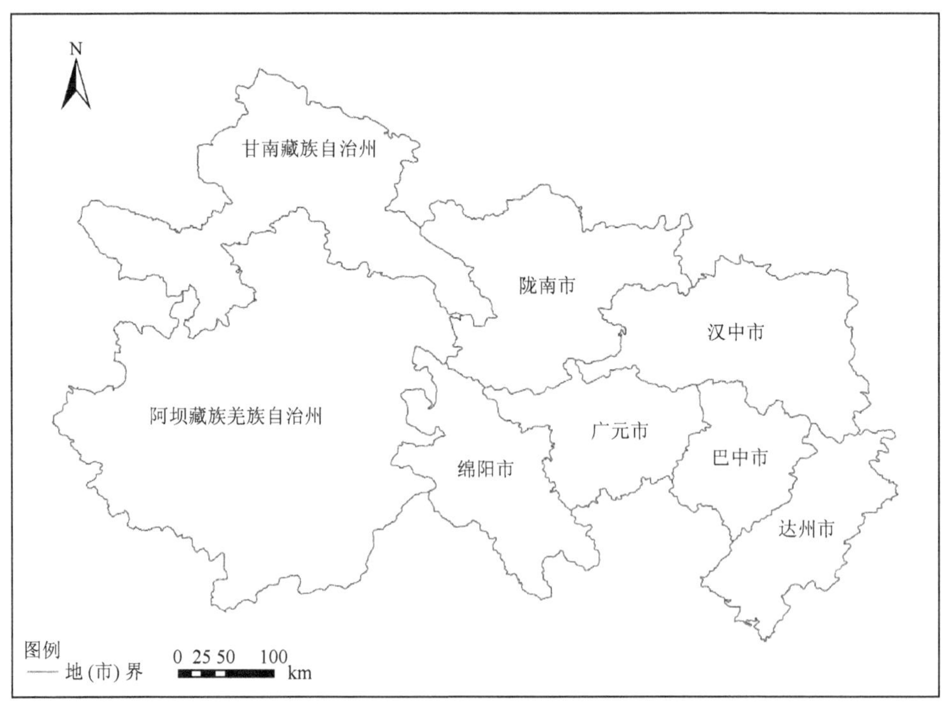

图8.2　甘肃与四川经济边际化边界区

从各自的核心区到边际区，沿剖面线进行横切，以市为分析评价的段面单元，形成具体化的甘肃与四川“核心-腹地-外围-边际”的空间结构示意图（图8.3）。

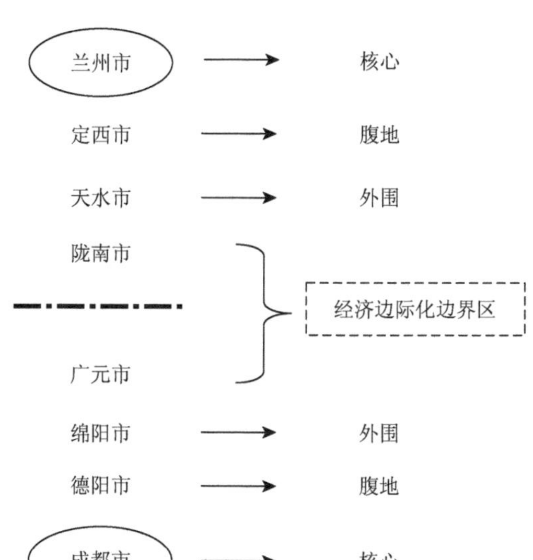

图 8.3　案例区“核心-腹地-外围-边际”空间结构示意图

三、案例区空间经济梯度与经济边际化分析

基于《四川统计年鉴 2013》和《甘肃统计年鉴 2013》中的数据，选取对地区经济整体实力和人均收入水平有代表性的两个层面六大指标：①经济实力指标。由人口、地方财政收入、国民生产总值（GDP）三个指标组成，用以判断段面区域总体的经济实力。②人均水平指标。由人均国民生产总值、城镇居民人均可支配收入、农村人均纯收入三个指标构成，以测度和评判段面区域的人均收入水平和边际化程度（表 8.1）。

表 8.1　甘肃与四川“核心区-腹地区-外围区-边界区”六大指标比较表

省份	类型	市域	人口/万人	地方财政收入/亿元	GDP/亿元	人均 GDP/元	城镇居民人均可支配收入/元	农村居民人均纯收入/元
甘肃省	核心区	兰州市	363	406	1 564	43 074	18 443	6 224
	腹地区	定西市	277	13	224	8 086	14 281	3 612
	外围区	天水市	328	35	413	12 579	15 177	3 864
	边际区	陇南市	257	14	226	8 795	14 077	1 890
四川省	核心区	成都市	1418	781	8 139	57 624	26 590	11 301
	腹地区	德阳市	353	76	1 280	35 945	22 374	8 953
	外围区	绵阳市	464	80	1 346	29 009	20 755	8 213
	边际区	广元市	253	27	469	18 672	17 012	5 649

分析表明：①总体上看，四川和甘肃两省六个指标表现出明显的空间经济梯度特征，从各自的核心区→腹地区→外围区→边际区，经济实力和人均水平逐次递减，边际化程度逐级加重。②受自然环境（黄土高原沟壑地貌与干旱缺水、西秦岭山区）的强烈制约，在空间上处在兰州经济圈腹地范围的定西市，是中国贫困县集中的地区之一，其整体经济实力和人均水平均低于天水市（经济实力仅次于兰州，地处渭河流域上游，气候较暖湿），形成不发达省区较为普遍的一个现象——“大都市弱腹地”，由此形成了甘肃省的“双峰双谷”波状降低的空间经济格局。③两省形成的空间经济结构具有明显的非对称性特点。由于存在极化中心经济实力大小不同、距核心区距离远近不同、自然环境条件差异（黄土高原和西秦岭山区，成都平原和秦岭北缘），两省的空间梯度变化趋势亦各不相同。四川省核心区成都市的经济实力和人均水平远高于甘肃省核心区兰州市；四川的腹地区、外围区、边际区也明显强于甘肃省的相应类型区；四川的边际区三个人均指标均高于甘肃的腹地区和外围区；地处西秦岭山区的陇南市（包括部分定西市的县）表现出重度边际化特点。④成都市的极化效应和扩散效应均强于兰州市，区域一体化程度高；兰州市则具有强极化弱扩散的特点，同时，不利自然环境强烈地限制了吸纳扩散的能力，使得本身就较弱的扩散效应进一步消减。

中国31个省（自治市、直辖市）（不含港澳台地区）中，与此类似的多元空间经济结构普遍存在，即使在平原地区这一空间结构仍然存在。由于存在城市区位差异与自然环境条件差异两大作用因素的叠加和强化，这种空间经济梯度差和空间边际化具有一种持恒性的难以改变的特点。经济发展水平和发展实力的非均衡状态是必然的不可避免的。问题的关键在于，与经济发展水平差距伴生出现的人均收入水平和生活质量的差异，导致的社会-空间边际化和不公平。从理想化的角度看，只有当人口能够自由迁移、人口与地区社会生产力和社会财富达到均衡时，社会-空间边际化才能降到最低。

第三节　资源冲突型边界地带案例分析

行政边界地带的矛盾和冲突主要表现为土地、矿藏、森林、草场、水域等自然资源的归属与开发权益分配之争，此外由对各种经济资源、社会文化资源的争夺所引起的边界冲突也不在少数。资源冲突形成的边界纠纷，是边界地带的普遍性问题。边界纠纷作为一种特殊的地缘社会矛盾和冲突表现，是地理、历史、资源和社会等因素彼此交织、互为激化的结果。本节选取甘青农牧交错带作为案例区，对这一主题进行剖析。青藏高原东北缘的甘肃与青海农牧交错带，是我国少数民族聚居地区，也是行政边界纠纷多发地段，并一直被民政部列为边界问题重点区域。

一、行政边界纠纷的地理因素

甘肃省天祝藏族自治县、肃南裕固族自治县位于河西走廊与青藏高原之间的祁连山北坡地带，分别与青海省乐都县、互助土族自治县、门源回族自治县、祁连县交界，省际边界长约 600km（图 8.4）。天祝县、肃南县又分属武威、张掖地区，因此两县的行政边界也是两地区的行政区域边界的一部分，长约 34km。天祝县位于甘肃省中部，祁连山东端，南北长为 158.4km，东西宽为 142.6km，总面积为 7149.8km^2，全县辖 5 镇 22 乡，其中有省际边界的 9 个乡。肃南县位于祁连山中部，行政区分为三块：东端皇城区，中间由山丹县相隔；中部以马蹄、康乐、大河、祁丰区连成一片；北部是明花区，由酒泉市清水镇和高台县新坝乡相隔，境内东西长 650km，南北宽 120～200km，总面积为 24 055km^2，全县辖 6 区、24 个乡（镇），其中有省际边界的 11 个乡。两县周边地区有争议的地段约有 400km。地形地貌复杂，边界漫长且犬牙交错，飞地型政区多，成为行政边界纠纷的基本原因。

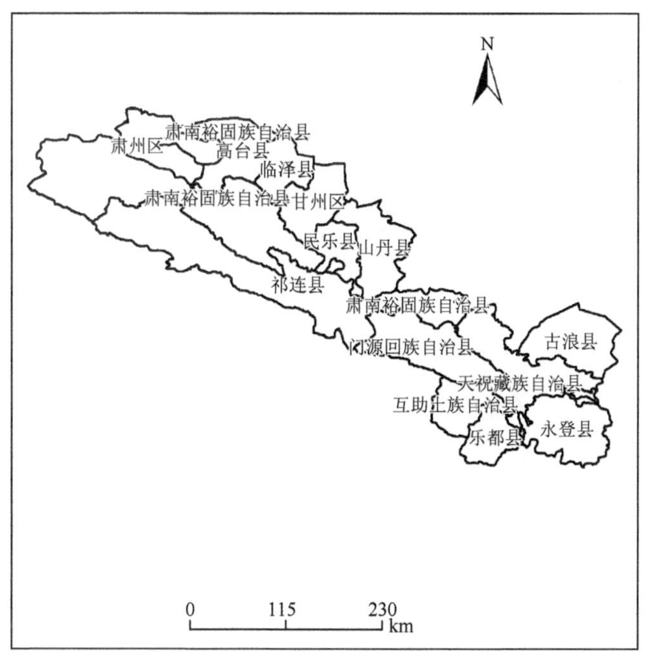

图 8.4　研究区范围图

二、行政边界纠纷的历史原因

天祝历史上以乌鞘岭为界，岭南岭北分别隶属于不同的郡县，其地原为清乾隆十八年（1753 年）所设庄浪茶马理番同知管辖的洪池岭（今乌鞘岭）南北藏族地区，1914 年裁庄浪茶马理番同知，设庄浪茶马理番委员会，由平番县（1928 年改为永登县）县长兼任主任委员，1936 年改为天祝乡，隶属永登县，1944 年撤销庄浪茶马理番委员会，1950 年成立天祝自治区（县级），将古浪的安远驿划入天祝，1955 年改为天祝藏族自治县，1956 年先后将永登县的镇武乡、赛什斯乡、古城乡，武威县的华尖乡、南山乡，永登县的泱翔乡划入天祝，1958 年古浪县并入天祝，1961 年划出，1971 年祁连乡、旦马乡和旦马牧场划给武威县，1982 年又划归天祝，至此，形成今日天祝县境。

裕固族，史称“撒里畏兀儿”。1953 年在裕固族聚居的高台县第六区（今肃南大河区）、酒泉县祁明区、张掖县的康乐区基础上建立肃南裕固族自治区（县级），1955 年改为肃南裕固族自治县，1957 年又将民乐县属的马蹄藏族自治区划归肃南裕固族自治县，之后对行政区划又进行过一些调整，形成县境现状。

边界纠纷既是历史沉淀的结果，又随社会环境变化而变动。从区域边界纠纷的演化过程看，大致可分成三个阶段。历史上，天祝和肃南是羌、月氏、匈奴、鲜卑、吐蕃、党项、蒙古族等少数民族游牧之地，领地纠纷表现为随水草而居的游牧民族间的争斗。边界地区大多属于季节性游牧的边际地区，也就缺乏一条精确的界线标定边界［图 8.5（a)］。

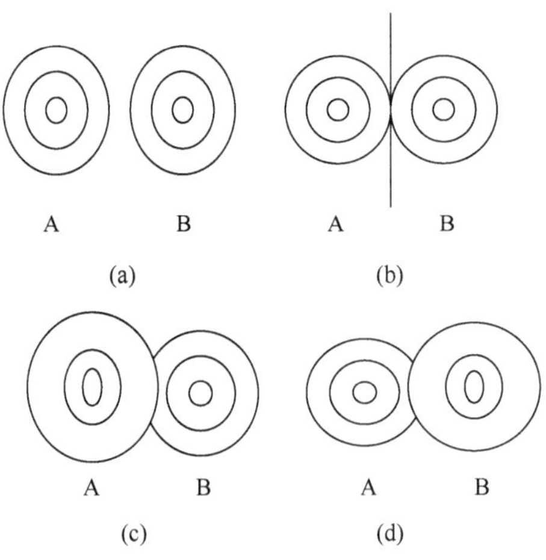

图 8.5　行政区域界线纠纷演进示意图

明清以后随着人口的增加和稼耕农业的发展，边界地区资源的稀缺度加大，争夺逐渐加剧，需要有一条确定各自区域管辖的范围［图 8.5（b)］。相对定居区域而言，边界地区尚属于人口稀疏、待开发的边远地区。由于边界地区基本上没有严格的法定边界线，大多沿用了历史上的习惯线，致使行政区域边界习惯线多、法定线少，所以模糊性很大，不易管理和控制。边界地区利益关系的冲突常常使习惯线演变为争议线，在边界纠纷中，会因为双方边界地区人数不同、地形地貌条件上的差异引起实际控制线在冲突过程中的迁移，边界地区各种形式的移民也会引起边界地区资源利用结构的变化，进而引发边界地区新的力量重组［图 8.5（c）、图 8.5（d）］。

1950 年以后，两县相继建立了民族自治县，期间，行政区划又经历了多次调整。在调整行政区划的过程中，大多数沿用了历史上形成的习惯边界线，而且确定边界线所用地图比例尺也较小，因而对于以后边界线的实地勘定带来很大困难。管理体制变更时，由于工作不细，具体界线有点无线。这些都使得边界线更加模糊不清，两地与周边省、县的边界纠纷绝大部分发生在行政区域边界线模糊的地段。随着人口压力加大、各地资源的开发不断向深度和广度发展，各级边界地区因为资源丰富、开发历史短、产权不清而成为很具争议性的地段。

三、行政边界纠纷的资源环境因素

行政边界纠纷实质是围绕资源问题而形成的利益冲突。矿藏、土地、草场、森林资源利用强度的加大，都会引起对资源感兴趣的双方的争夺，从而引发“习惯线”向“争议线”的变化。天祝、肃南段的甘青边界线处于祁连山区，放牧条件好、矿藏丰富。因此，在边界线附近，围绕资源的归属发生了多次冲突。肃南县自 1955 年成立到 1987 年，在边界地区，因草原、森林、土地、水源、矿藏等资源引发的纠纷中，与青海省相关的有 8 起，甘肃省相邻市县 19 起，县区内 36 起，合计 63 起，群众械斗百多次。天祝县天桥沟、清风岭，因金矿之争，甘青两省群众发生过多次械斗，双方人员都有伤亡，给国家和地方都造成了很大损失。进入 20 世纪 90 年代后，随着资源有偿使用制度的实行，在人们心目中形成谁占有资源谁就处于有利发展位置的观念，边界纠纷有加剧的趋势，天祝与周边地区发生的纠纷每年至少十几起。2000 年以后，随着边界的勘定、法规的建立、法制力度加大和行政调解力度加大，以及边界地带群众对边界冲突的危害性认识加深，边界冲突明显降低。

甘青边界地区的牧民，流动性大，放牧范围广。由于重用轻养、超载过牧等草场质量不断下降。草场退化、牲畜总量增加，导致放牧区域不断扩大；边界区域草场利用强度的增加，牧民跨边界放牧时有发生，加大了边界地区发生纠纷的可能性，游牧与固定边界的矛盾难以避免会造成冲突。肃南县冬春草场适宜载畜量为 76.82 万羊单位，但 2012 年实际载畜量为 120 万羊单位。天祝县牛羊头（只）数由 1949 年的 17.4 万头上升 2012 年的 80 万头（只）。在畜草矛盾严重、草场压力本身很大的情况下，自然灾害往往成为边界纠纷的诱发因素。在农牧交错地区，边界线模糊地段存在着农区与牧区的用地之争，农区耕地的扩张导致优质牧草地的减少，而地方对开垦耕地不合适的政策引导也会激发本已存在的矛盾，农牧矛盾成为永县登与天祝县边界纠纷的基本形式。

四、行政边界纠纷的行政障碍性因素

围绕资源问题，社会因素和行政障碍性因素有时也起了激发边界纠纷的作用。这些因素包括行政区划的变迁、边界地区资源的发现与利用、不合适的经济刺激、财产权的不确定性、管理体制与管理人员的认识和素质等方面。

管理体制存在的内在不足，使得一些矛盾不能得到及时有效的解决。从组成结构上看，目前国家、省、地（市）、县（市）都设有边界问题处理机构，这种垂直式结构具有管理严密、分工明确、上下级易于协调等特点。但层次过多，带来的问题也越多，彼此之间的协调工作也急剧增加，互相扯皮的事会层出不穷。在遇到区域利益冲突较大的边界问题时，层层上推，延缓了问题解决的时间。管理层次过多，会使上下级间的意见沟通和交流受阻，高层主管部门所要求实现的目标、所制定的政策和计划，不是下层不完全了解，就是层层传达到基层变了样。同样，从基层向上汇报的问题也可能在层层传递过程中得到有利于本地区利益的“修正”，使上级得到的信息失真。同时，由于管理严密，会影响下级人员的主动性和创造性。从管理模式上看，缺乏系统的管理思想，仍没有摆脱“头疼医头，脚疼医脚”的被动局面。

对于纠纷的解决，管理人员的工作是必不可少的，着眼于全局的、方法正确的工作人员无疑会对减缓矛盾、甚至解决问题起很大的积极作用，反之目光狭窄、忽视方法的工作人员有可能激化矛盾。为了解决边界问题，各级政府做了大量工作，下发了很多文件。但是，一方面由于该地区的行政区划多次变更，以往形成的协议存在前后矛盾，增加了协议双方执行的难度。另一方面，一些地方的个别人从本地区的局部利益出发，以种种理由不执行已达成的协议，为解决问题人为地制造障碍。上级领导的讲话和文件前后互不衔接，也使得矛盾复杂化。边界工作的实际操作人员的压力大，也影响到边界问题的解决。对于边界问题，双方都希望解决争议，但在实际操作过程中也害怕损害本地区利益，这种思想两难成为影响谈判和达成协议的障碍。行政区域边界线由习惯线到争议线，边界矛盾由纠纷到冲突，有一个从质变到量变的过程。以上产生边界纠纷的诸种原因往往彼此交织，互为加强或激发。

五、资源冲突型边界的跨域治理

中国政府在 1989 年就出台了《行政区域边界争议处理条例》，开始将行政边界地带的管理纳入制度建设范畴。2001 年年底又组织完成了全国省、县两级行政区界线的全面勘定，2002 年在此基础之上正式颁布《行政区域界线管理条例》。

边界地带的资源冲突，在20世纪80年代和90年代达到一个高峰，而后随着边界的勘定、政策的深入、调解工作的推进，有关土地、矿产的权属纠纷明显减少。但长期采取“息事宁人”的做法，一些边界问题并没有从根本上解决。同时，有关流域水资源上下游冲突问题、海洋渔业捕捞与养殖跨海界问题、水资源污染和水泥厂跨界污染问题、珍稀动植物跨界保护问题、自然生态环境保护与地方经济发展受制问题等出现增多的态势。解决边界纠纷，各级政府可谓高度重视，多年来频频出台一系列文件，有关工作人员疲于奔波，竭尽心力，对边界纠纷的解决起到了重要的作用。其中也存在不少问题，究其根源主要还在于传统管理体制的内在缺陷，这就需要树立新理念，建立新机制，实现边界管理模式创新。

突破狭隘的地方主义思维定式，构建和谐、双赢的地缘关系。伴随边界纠纷而出现的一系列社会、资源、环境问题，要求我们重新审视人与人、地方与地方之间的关系，并努力在理论上和实践中探索一条从对抗、冲突走向和谐共生的道路。作为人与人、人与自然矛盾综合产物的边界纠纷这一特殊社会现象，需要我们以地缘和谐论为指导思想来解决这一问题，其思想要义可表达为：通过宣传和教育，使边界地区的民众和干部在一般道德准则上达成共识，通过法律和制度建立边界行为准则以规范边界行为，使边界景观和谐化；改变传统的征服、扩张、吞并冲突模式，以及以局部地方利益为中心的思维方式，力图积极达到边界地区之间资源和效益的合理配置，互补利用；以地区的共同利益为切入点，强调边界地区人们在经济上的相互依赖性，各级政府尽可能提供达成合作的诚意与信息，通过提高边界地区合作的收益来减少冲突的成本代价，实现以公正、合作、共享资源为准则的新秩序。

改变割裂、争夺的边界资源利用方式，培育有偿调剂互补机制。围绕资源争夺所造成的恶果，边界双方都有深切的认识。要从根本上解决边界资源纠纷问题，就必须从争夺对抗、分割隔离的边界资源利用方式中摆脱出来，建立边界资源有偿调剂互补机制，其内涵包括以下几个方面：①灵活时效的资源使用制度。关键在于正确认识和处理行政管理权与土地、资源所有权的关系。在历史形成的行政管理权与土地、资源所有权相冲突的地区，要转变“有了行政管理权，就有了土地、资源的所有权”的观念，立足实际，采取如下措施，凡矛盾已经得到正确处理的地区，可以不再触及行政管理权和土地、资源的所有权问题；对于纠纷较严重的地区，可按行政管理权和土地、资源的所有权可以适当分离的原则进行调整，但跨区资源所有者必须接受当地政府的行政管理，承担应尽的义务。②联合开发边界资源。受行政障碍性因素影响，我国边界资源的联合开发往往难以进行，但它有望成为解决边界资源纠纷的一种有效形式。在边界有争议的矿区，先解决双方关心的利益问题，由双方联合开发、发展，等时机成熟后，划定争议区行政区域界线，划定资源范围，在资源范围内由双方联合经营、发展。③有偿调剂互补机制。在少数民族聚居的农牧交错区，有其独特的生产生活方式，边界地区往往也是草场生境不同的地段。对于甘青边界流动放牧的牧民，在当地政府协商、许可的条件下，实行季节性互补和灾害期间有偿调剂两种方式：季节性有偿互补是双方在一般年份通过有偿的方式跨边界利用饲草及冬春、夏秋草场的一种方式，减少因饲草供应季节不均衡产生的纠纷；灾害期间资源有偿调剂机制，可以在边界资源质与量差异较大的地区间，通过政府调节资源使用量、受益方向资源提供方给予一定经济补偿的方式，实现灾害发生时资源使用的平衡，将由于灾害造成生产损失和纠纷的可能性降低到最低。笔者在实际调查中就这一思路，征求争议双方群众和干部的看法，他们认为在制度健全的情况下这不失为一种解决问题的较好方式。

克服传统、被动、滞后型边界管理体系内在缺陷，建立新型边界管理模式。边界纠纷的一个原因是行政区域界线不清，界线管理无法可依。随着省级边界勘定工作的完成，勘界确定的地区成效都较显著。但是行政区域界线勘定并不等于边界纠纷问题就得到了彻底解决，一些历史遗留下来的问题在短时间内还难以根除，在一定条件下又有可能激化，因此加强勘界后边界地区的管理工作十分重要。鉴于传统边界管理存在的内在不足，需要建立一种富有活力和成效边界管理模式：①由局限于边界的静态管理模式向着眼于发展的管理模式转变。边界地区的管理工作应着眼于发展。由于历史、地理方面的原因，边界地区社会经济发展比较落后，开发利用程度相对低。边界地区作为双边或多边经济发展的连接点，有其有利条件，只要双方重视、利用得当，就会促进边界地区的经济发展。边界地区的管理工作应从勘定边界、调处纠纷的层面中拓展开来，扩大到双边经济、文化等多领域合作。②由调停问题被动的管理办法向树立预警意识前瞻型的管理模式转变。边界问题的产生涉及诸多因素，需要通过对纠纷多发地段的多种要素及自然灾害、资源发现等触发因素的综合分析，树立边界纠纷预警意识，以及早发现诱发信号，采取防范措施，起到预防和防止边界纠纷产生的作用。③由垂直式结构向网络交互式结构转变。客观上讲，垂直式管理结构有时将矛盾放大，加大了边界管理成本，各管理层间的“摩擦”增加了不必要的人力和物力的损耗，所以应当注重基层单位解决问题的实效，相应扩大他们的自主权，同时实现由垂直管理向基层单位交互式协商方式的转变。受距离衰减规律的影响，行政边界地带的管理力度往往是区域范围内最薄弱的，因此成为矛盾和冲突最多的区域，如何促进行政边界地带的协调发展，需要边界内外双方的协同努力，把边界地带由隔离带转变为衔接黏合带。

第四节　错位型边界地带案例分析

伴随着 30 多年来的工业化和城市化的快速推进，中国的空间经济结构发生重大变化。其中，最重要的一个变化是大都市地域、村镇化地域的形成与发展。这些地区，人口、产业、资本、技术高度密集，参与全球化程度最高，在中国经济中具有举足轻重的地位。同时，这些地区广泛存在地缘冲突景观，是“错位型边界地带”边界问题最集中最突出的区域。本节首先对边界地带地缘冲突的社会背景和地缘冲突现象进行了分析，进一步，基于小尺度和“环绕型边界”，以顺德的容奇镇和桂州镇为案例，分析了两镇合并前的地缘问题和合并后的绩效。

一、边界地带地缘冲突的社会背景与地方政府角色

边界地带边界冲突是一种具有历史持续性和全球性的现象。然而，对社会经济转型时期的中国而言，边界地带边界问题就具有其特定的表征、成因和社会背景。边界问题的利益相关方中，地方政府之间是主要的行为主体。1978 年开始的市场化取向改革，是在高度集权的计划经济基础上起步，在市场经济“制度空白”条件下启动。在这种情况下，中央政府向地方政府“放权让权”，采取“分灶吃饭”的财政政策。市场化进程和分权改革，打破了计划经济体制下地方政府被动羸弱的状态，极大地催生了地方政府发展经济的热情，地方政府成为地区利益的行为主体，在地方经济的活动空间显著增强。“政府主导型”市场经济体制模式下，引发了日益强烈的“地方政府企业化”和“政府逐利化”的倾向。

凝聚区域关系焦点的地方政府，在多重行为主体中，迅速成为影响地方社会经济协调发展的重要因素。市场化进程和分权改革，使地方政府成为地区利益的行为主体，一方面，经济全球化的压力驱动着地方政府采取加强区域合作、共创竞争力策略，以应对来自其他地区的竞争。另一方面，受市场机制的影响和地区利益的驱动，地方政府在各种资源控制上开展了激烈竞争，表现出强烈的地方本位主义意识与行为。而现行的条块分割的行政管理体系，与经济绩效靠挂的政绩评价模式，以及社会转型和区域发展中形成的地方经济政治分化，强化了地方政府在跨行政区域尤其是边界地带之间的冲突与摩擦。开放的市场经济与行政篱笆下的行政经济区之间的矛盾日益显化，行政障碍性因素已成为引发边界问题的重要因素，这使其边界地带边际问题具有了“亚地缘政治”的含义。

行政分权使得地方政府获得了超常规发展的动力，但与此相伴生的“政府企业化”和“政府逐利化”等现象带来了新的治理问题。由于地方政府之间互动政策的缺失，地方行政仍然沿袭计划经济时期孤立、封闭和僵化的运行模式，导致地方政府滋生大量的变异行为，地方政府之间难以展开有效合作。论其根源，仍在于行政条块分割、有缺陷的政绩考核机制、以垂直流动为特征的互动机制难以适应当前日益频繁的网络状水平互动。对此，地方政府之间、政府各部门之间跨域或跨界治理尤其重要。

二、边界地带地缘冲突现象扫描

在经济发达的珠江三角洲、长江三角洲、大都市化地域等区域，沿着不同尺度的行政边界线（省级的、市级的、区县、乡镇甚至村社边界）考察，可以发现大量的不协调的边界问题。

（一）地缘土地利用问题

在“错位型边界地带”，存在清晰可辨的地缘土地利用景观及其问题，表现为行政边界线两边的土地利用类型、结构、功能、方式、方向、强度等出现不连续、错位、断层和冲突（图 8.6～图 8.9）。

图 8.6 佛山市与广州市的错位型边界地带

佛山市南海区滘边村与广州市荔湾区交界处，滘边村几乎全为低矮的平房，而毗邻的广州市则是一栋栋豪华商住楼

图 8.7 重庆市江北区与渝北区的错位型边界地带

渝鲁大道和内环快速交汇处，重庆市江北区则为矮层居民楼和大面积低效用地，而渝北区是货运集装箱用地

图 8.8 重庆江北区与渝北区的错位型边界地带

重庆市江北区和渝北区在黄泥磅交界处，渝北区是较新的高层写字楼，而毗邻的江北区则是矮层老旧的居民楼

图 8.9 重庆九龙坡区与大渡口区的错位型边界地带

重庆市九龙坡区和大渡口区在九龙园的交界处附近，九龙坡区一侧是工业厂房，仓储设施等建筑景观，与其接壤的大渡口区一侧则是尚未开发，一片荒凉的空地

在边界地带形成一条带型的土地利用景观破碎带。土地利用类型结构不合理，功能组织混乱，土地利用的负外部性显著。制约了边界土地有序、合理、集约、高效、持续利用。边界地带的地缘土地利用问题，既与不同行政区的发展水平、开放时序、目标模式等差异有关，同时也与地方政府的本位意识行为和开发商、企业行为有关。对企业而言，为避免因跨行政区带来的手续倍增和管理上的麻烦而导致交易本大幅度增加，企业往往会择一行政区发展。

（二）地缘经济问题

在现行财政体制下，地方财政的多少直接关系到地方利益，追求地方利益最大化就成为地方政府的主要行为准则，由此造成地方政府行为变异和问题：招商引资发展经济成为地方政府首要任务，地方竞争甚至恶性竞争，导致地区经济无序发展；地方政府采取的地方保护主义，加剧了市场分割、地方封锁和地区经济冲突。受边界的切割、阻滞，地区性障碍在边界地带放大增强，在边界地带形成诸多地缘经济问题——经济结构不合理制约了经济效益，经济破碎化难以形成规模经济，产业杂聚降低了产业关联配套，分工协作的缺失阻碍了区域一体化进程。

（三）基础设施跨界建设问题

受地方本位主义的影响，边界地带的基础设施建设长期成为地方政府之间博弈的难题。边界地带道路、市政等基础设施建设各自为政、重复建设，降低了设施使用效率。受服务容量及设施本身的环境外部性影响，污水处理厂、垃圾填埋（焚化）厂、变电站等市政设施建设，地方相互推诿、难以协同（图 8.10、图 8.11）。

(a)

(b)

图 8.10　错位型边界地带的道路景观

（a）广州市荔湾区段道路宽大，南海区段则狭小崎岖；（b）重庆市坪坝区与北碚区交界处沙坪坝六车道，北碚区收缩为二车道

图 8.11　顺德（乐从）与禅城（南庄）边界防洪堤交界面

顺德区的防洪堤建设十分完善，实现水泥化，不仅能起到很好的防洪的作用，也是一条便捷的交通线路；禅城区交界地带，防洪堤未能实现硬底化，堤面坑坑洼洼，降低了这整个河流流域的防洪能力

（四）地缘环境问题

从各自的利益出发，围绕环境问题进行谋略、博弈，已成为国家间或地区间的基本关系，对这一主题进行研究催生了地缘环境学的发展。一些发达国家将放射性、高污染废物输入到非洲等发展中国家填埋并给一定经济补偿的做法业已受到广泛关注和批评。珠江三角洲地区在早期的发展阶段，因当时相对宽松的环境政策容纳了不少污染型企业，在成为“世界工厂”的同时，付出了巨大的环境成本代价。现行的行政管理体制要求本地政府对本地环境负责，地方政府和企业等行为主体，从自我保护、自身的环境负外部性最低、环境治理成本最低等目标出发，以邻为壑，各自纷纷将污染性企业布局在边界地带，将污染企业或排污口布局在本行政区内下游的边界附近，而不远处却是相邻政区的取水口。同时，区域环境整治大多从经济发达的行政中心区开始，进而向外围向边界地区圈层式波状推移。从而在边界地区形成了工厂密布、烟囱高耸的独特“地缘环境风景线”。例如，从 20 世纪 90 年代开始，顺德和南海的污染型企业各自从其中心腹地区向边界转移，这使得边界地带成为环境负外部性最严重的地区。（图 8.12～图 8.14）此外，在各自为政的管理体制下，导致地方政府环境保护与污染治理工作均局限于其行政区范围，较少地在跨界污染的保护与治理上进行有效合作，这种“各自只扫门前雪，莫管他人瓦上霜”的做法，根本无法彻底地解决区域整体的环境污染问题。

图 8.12　禅城（南庄）与顺德（乐从）边界地带的禅城固废流转中心

图 8.13　顺德（陈村）与南海（平洲）严重污染的河流与边界两边的工厂

图 8.14　南庄工厂沿禅城与顺德边界（吉利涌）的分布情况

（五）地缘政治问题

中国是一个政府权力集中，行政等级层次鲜明的国家。官员的升迁在较大程度上与所在政区的经济实力强弱、所在部门实权大小有关。由此形成从中央到地方、从中心城市到边界地区的权力控制、支配体系。在这一权力空间结构中，边际化边界地区是一个处于权力空间末端、被主流社会所遗忘、经济贫穷落后的地区，在区域社会经济发展的参与和决策上，既无话语权，又无影响力。边界地区的权力边际化进而影响并制约了边界地区的社会经济发展。

（六）地缘文化问题

乡土观念是中国传统文化的组成部分，地方作为人们生活空间、情感场所、心灵区域，凝聚了人们难以割舍的亲和力和向心力。历史上形成的行政边界，往往也是地方文化边界并强化乡土观念。这样，边界就具有了文化差异的含义。学者们从关注到地地缘文化现象：一种是边界文化差异形成的文化包容、互补和创新。边界是一个自由的实验文化地区，这地方不仅可能引进新的要素，而且可能引进新的结合规则；另一种是边界所造成的文化中断和冲突。地缘文化的这两种特质，在不同的情景下，或参与到边界地区的协调整体整合、一体化进程中，或参与到边界地区的摩擦、冲突中。

三、“环绕型边界地带”：边界冲突与整合案例

当某一行政区将另一行政区完全包围，就会出现环绕型这一特殊形态的边界。来自两个行政区的力量在边界地带不断碰撞、角力、交融、协同，形成了具有典型意义的地缘边际化现象和地缘边界景观。在经济全球化和快速工业化、城市化背景下，珠江三角洲形成了城市经济和镇区经济镶嵌的经济地域格局。随着乡镇经济实力的增强和发展空间的受限，乡镇之间用地空间不协调、基础设施重复建设、产业重复布局及由此导致的恶性竞争等问题，分割的镇域经济已严重影响到珠江三角洲区域的竞争力和可持续发展。自2000年以来，广东省把行政区划调整作为解决区域和城镇经济发展问题的一种重要手段，这些行政区划调整的效果如何，需要进行跟踪验证和理论反思。本节以广东省顺德区容桂街行政区划调整为例，对容奇镇与桂洲镇合并前的地缘问题进行了诊断、分析，进一步对两镇合并后的绩效进行跟踪评价。

（一）整合前的容奇镇和桂洲镇的发展状况

历史上容奇与桂洲经历了多次分合。1959年成立了容奇人民公社和桂洲人民公社，1983年恢复为镇级镇。经过20世纪80到90年代的快速发展，两镇已成为具有相当经济实力的强镇。然而，行政分割导致的冲突与问题与社会经济发展已严重不适应，两镇行政融合意愿越来越强，在地方政府主导与推进下，正式合并为一个新的经济强镇（街），走向优势互补、强强联合的发展道路。这一过程，既与两镇的地理位置相邻因素，也与两镇长期形成的经济、文化、社会亲缘关系有关。2000年2月原顺德市撤销容奇镇、桂洲镇，成立容桂镇，实现最近一次的行政区合并。到2002年改容桂镇为容桂区，2003年初在顺德撤市设区背景下成为容桂街道办事处。至此，容奇与桂洲持续几百年的分合告一段落。

容奇镇位于桂洲镇的中心地区，北部以容桂水道作与德胜分隔，其余三面则完全与桂洲相接而呈被包围状态。容奇与桂洲这种嵌套型的地理位置，对双方的发展都产生不利。容奇镇被围，发展空间难以扩张，而桂洲镇东西相隔，不利于整体发展和管理。历史上，容奇镇就有工商业基础，在20世纪初由于蚕丝业的发达和运输的便利而崛起，成为广东省最大的蚕丝交易市场和顺德县最重要的农副

产品转运口岸。到80年代，容声家用电器、大进制衣厂等一批有相当规模的电器、纺织服装企业得到发展。90年代后，工业发展更加迅速，已成为珠江三角洲地区重要工业镇和外贸港口，形成了家用电器、针纺染整、服装、五金机械、饲料等多种工业行业。地区生产总值已在顺德位居首位，其人均纯收入和其他社会消费指标在全国也十分突出。

桂洲镇也有较好的工业发展历史和基础，在改革开放后乡镇企业迅速发展。到80年代末已形成了桂洲第一和第二风扇厂、广东电饭锅厂、桂洲华大压铸机械制造厂、畜产集团公司等一批具有相当规模的电器、机械企业。其经济地位在顺德同样排在前列，在全国也属工业强镇。但相对容奇镇而言，则要逊色。两镇人均产值、地均产值、城市化水平和经济总体发展水平相差较大（表8.2）。

表8.2　容奇镇与桂洲镇合并前的社会、经济发展指标（1999年）

地区	总面积/km^2	农用地面积/km^2	户籍人口/万人	GDP/亿元	第一产业增加值/亿元	第二产业增加值/亿元	第三产业增加值/亿元	人均纯收入/元
容奇镇	7.7	0.00	6.14	46.79	0.00	38.81	7.97	6073
桂洲镇	72.3	25.26	10.52	30.77	1.26	21.19	8.33	4465

资料来源：顺德国民经济统计公报

（二）容奇镇与桂洲镇合并前的地缘问题诊断

容奇镇与桂洲镇这种嵌套型的政区形态，对两镇的发展都有不利的方面，容奇镇被围，发展空间难以扩张，而桂洲镇东西相隔，不利于整体发展和管理，如图8.15所示（文后附彩图）。

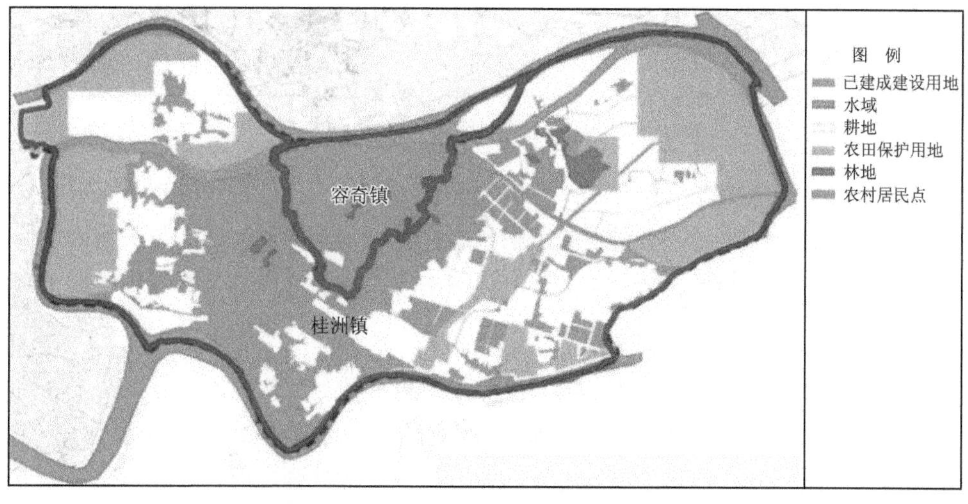

图8.15　合并前两镇城镇建设用地城分布

在容奇镇与桂洲镇经济快速发展进程中，分割的行政区域导致了产业结构、土地利用、基础设施建设等方面的冲突和不协调问题。同时，两镇嵌套式行政空间形态使行政障碍性冲突在边界地带产生了一种放大效应，行政区之间不协调、不整合的诸多问题在两镇边界区表现最激烈和明显。

1. 土地利用问题

土地资源数量不平衡。容奇镇虽然综合经济实力强，但总面积只有 7.7km^2，行政区内的土地已被高强度和高密度的使用，如图 8.16 所示（文后附彩图）。在合并前的一两年已无发展用地，曾试图采取向桂洲镇借地的方式解决土地的制约，但成效甚微。相比容奇镇所面临的严重的土地资源制约，桂洲镇的土地资源则相对充裕，其中农用地面积为 23.66km^2（1999 年）。两镇可建设土地数量差异自然就成为两镇关注的焦点。

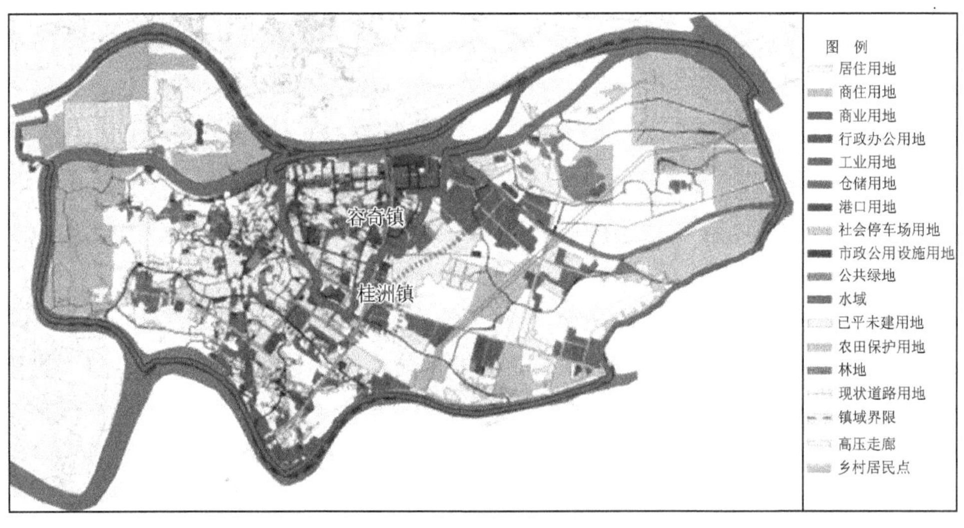

图 8.16 合并前土地利用现状图（1999 年）

企业用地分散杂乱，产业和产业用地组织缺乏协调。容奇镇表现为工业用地与居住、商业、公共设施等用地的杂聚状态；桂洲镇则表现为居住与工业的混合使用，住宅区与工业区不分，这一特点反映了两镇早期以村社工业为主体的土地利用空间组织形态。

2. 产业用地空间组织问题

容奇镇和桂洲镇两者都是工业强镇，第二产业的主体地位突出，走的都是“工业强镇”的路线，以电器行业为主导产业，产业同构性强。因行政性障碍和缺乏规划协调，导致资源、市场及发展项目等方面的竞争，影响到产业和产业用地的协同和整合。两镇工业企业大多布局于道路和行政边界地带，而两镇行政边缘地区的工业实际上处于整个容桂的中心位置，这种产业布局导致了用地功能性失调，工业用地、住宅用地和商业用地混杂，加重了用地的负外部性，严重影响城市环境品质和区域整体发展，如图 8.17 所示（文后附彩图）。容奇大道一带作为该地区繁华地带，分布有商场、书店、邮局等商服业，同时还有大量工厂分散其间，对居民的生活造成不良影响。在容奇镇西北的行政边界地带，分布着如塑料、汽车、制衣等类型的企业，而这一地区又是居民密集的城市住宅区。

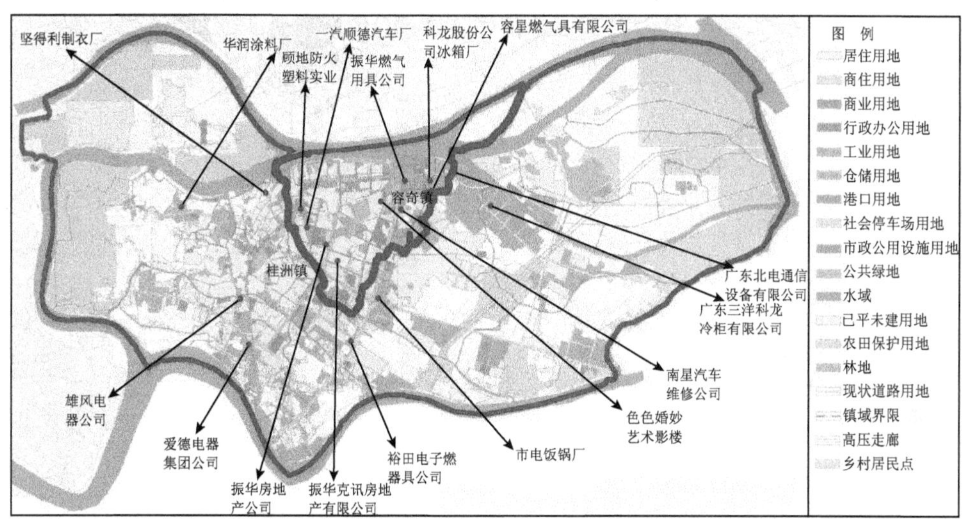

图 8.17　合并前的产业布局图（1999 年）

3. 路网结构问题

各自为政的行政分化状态使两镇的路网结构长期处于不协调状态，难以形成高效、快捷、畅通的网络化、系统化道路交通运输系统，不仅造成各自资源的浪费，而且对地区交流、居民的出行等造成极大的不便。两镇合并前道路建设和路网结构问题十分突出，如图 8.18 所示（文后附彩图）。①道路口错位与等级不对称。南北主干道之一的凤祥路、振华路和文华路存在等级不一致的情况，容奇镇境内的凤祥路的路面宽度为 28m，振华路的路面宽度则为 35m，而到桂洲境内的文华路其路面宽度则变为 45m。在两镇相接的文塔处的凤华路和文塔路两条对接的道路，由于两镇的看法不同，并且互不妥协，导致路口南北向的道路一左一右错开，影响交通的通畅和安全。②行政边界“断头路”现象普遍，尤其是在东西方向表现更加突出。由于容奇镇呈插入状态嵌入桂洲镇的中部，在各自为政的情况下，容奇镇发展自己的交通，而桂洲镇则由于中部地区被容奇镇所阻，因此东西向的交通难以连接起来。例如，青华路在经过容奇境之后就没有继续延伸；作为联系中、东部工业发展的东西向交通干道——桂洲大道也由于行政的原因在经过容奇之后就没有继续修建。③边缘结合处的质量和管理差。长桥因属两镇共同管理，两镇都从各自利益出发，各扫门前雪，只注意各自境内的道路管理，而对于两镇之间起重要作用的道路连接处的长桥却都采取放任态度，致使路面质量一直处于较差的状态，严重影响通行。

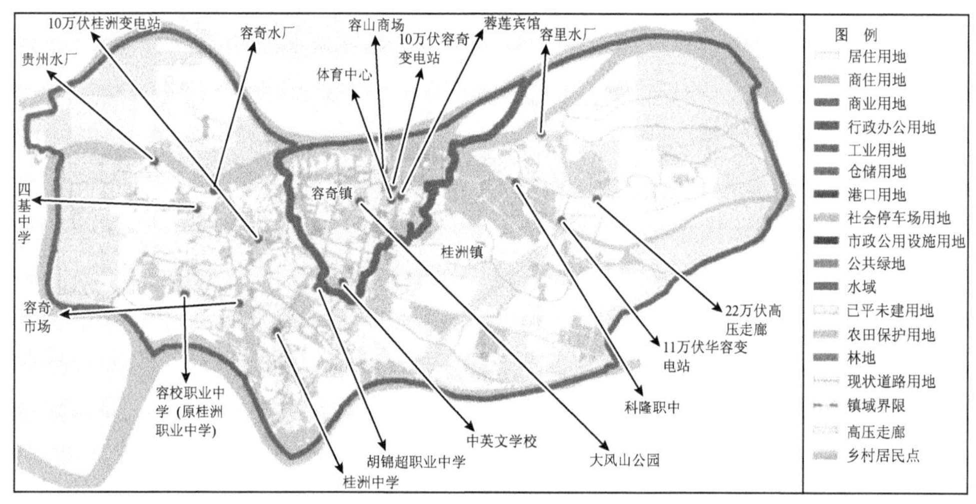

图 8.18 合并前的道路现状图

4. 其他基础设施不协调问题

两镇的经济发展水平都较高，基础设施的建设和配套总体较好。但由于两镇长期处于分管状态，都有各自独立的公共设施，造成“重复建设、规模较小、配套设施不全、使用效率较低、缺乏等级层次和协调布局管理”等问题：①公共设施布局和等级层次不均衡。学校、邮局、幼儿园、医院、公园等教育卫生、休闲娱乐等设施集中于中部。容奇镇的公共设施配置密度较高，且等级层次也较高，商场服务、医院卫生等方面均明显比桂洲镇优越，从而导致大多数桂洲镇的居民舍近就远，到容奇镇消费、上学、就医。桂洲镇的东部和西部的基础设施配置基本上处于空白状态，而东部与西部地区则只有等级较低的设施零散分布于各处。②基础设施的重复建设。两者都有各自的供水、供电系统及不同等级的教育、医疗系统及休闲娱乐中心。在容奇镇有容奇医院，在桂洲镇有桂洲医院、桂洲医院上佳分院等配套档次较高的医院。作为一个乡镇来说，在不大的范围内就有几家上档次的医院，存在闲置的情况。③基础设施布局不协调。合并前容奇镇与桂洲镇都有各自的客运站，但规模小，容纳的人员有限，客流的中转、运输能力不强，并且容奇客运站位于城镇中心区，频繁的人流和车流对城镇内外的交通造成极大的干扰。商业主要集中在容桂大道一带，沿道路布置。桂洲镇没有相应规模的商业中心，也没有大型的商场、百货店、专业店。

（三）容桂街（镇）合并后效分析

合并之前的容奇镇与桂洲镇，两个地方政府作为独立的利益主体，在产业布局、市政-公共基础设施建设，采取各自为政的做法。合并后利益结构和关系发生了变化，原来处于相互竞争的两个利益群体成为共同利益体。两镇合并后随即进行了相应的规划，对合并以前存在的土地利用、产业布局、路网结构、公共基础设施问题进行了相应的规划引导和调整。产业经过调整、整合，形成新的更大规模产业集群，相应的基础设施建设也逐步完善。

1. 经济发展绩效

从合并前后的 GDP 增长率变化可以看出，在合并后仍然保持着持续的增长（表 8.3）。但两镇的合并对经济的发展仍然产生了阶段性影响。以前的加速增长趋势在合并前一年（1999 年）就开始减缓，并持续了 3 年的时间才开始反弹。不仅国民经济主要经济指标增长率出现这样的先下降后上升的波动状况，其他诸如人均收入、居民储蓄存款余额等社会指标也表现出类似的情况，尤其是合并后的人均收入不仅不能维持合并时两镇的平均状态，甚至还倒退回几年前两镇的平均水平，直到经过了 3 年的发展才恢复到合并时的平均水平。这一现象表明，行政合并存在敏感的磨合期，地方政府对地方经济的发展影响较大。

表 8.3　容桂经济发展变化表

年份	1995	1996	1997	1998	1999	2000	2001	2002	2003	2004	2005	2006	2007
GDP/亿元	39	45	62	78	91	105	113	129	130	150	186	223	260
增长率/%	26	16	20	25	17	16	7	15	7	16	24	20	17

注：2000 年以前为两镇加和的平均数据

2. 土地利用绩效

行政合并对产业整合、调整、迁移提供了用地支撑，对工业用地进行了大面积的调整和改造，如图 8.19 所示（文后附彩图）。原先混杂的工业用地基本上都向外围地区进行了迁移。容奇大道原先两镇行政边界带的工业用地转为商业、居住及公共设施配套用地。原来众多分散的乡镇企业有的被取缔，有的被集中到工业园区中。一些存在污染和安全隐患的企业被强制性改造，并逐步外迁到城镇边缘和新建的工业园区内。

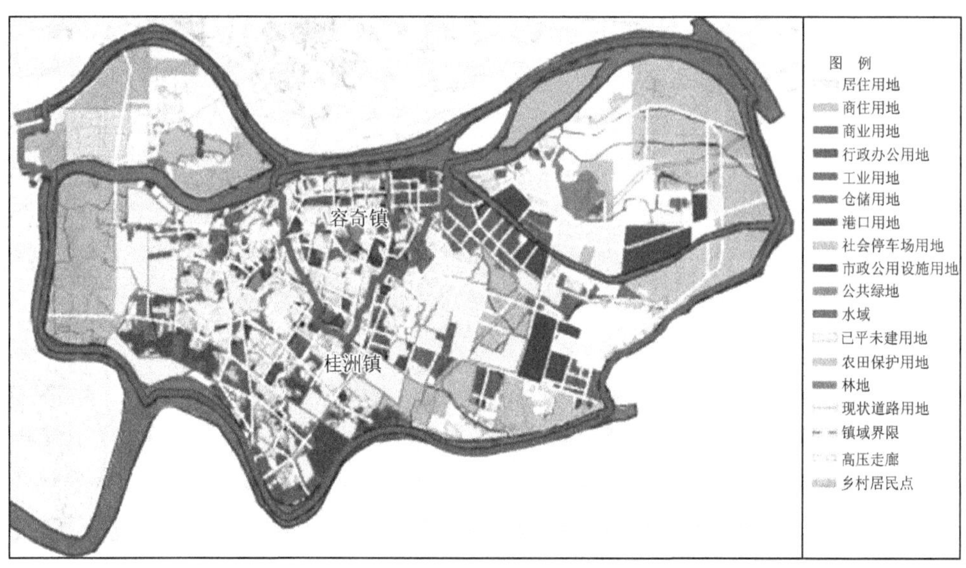

图 8.19 合并后的土地利用绩效图（2012 年）

3. 路网的改造与完善

在合并以前路网普遍存在道路不相接、错开、断头、道路等级不一致，道路不连续，在合并后有一定的改善。原容奇镇的道路已较为密集，新建道路主要集中于容桂街外围地区。以前在修建时因为存在争议而没有修建完成的桂洲大道，现在已经修建完成并分别和南北向的碧桂路、广珠路、容桂大道相交，形成了“三纵一横”的对外交通系统。内部交通上也加强了东西向道路的建设，一些以前处于不连续状态的道路基本上都已改造完善。在原来不连续的东部地区新建了外环路，将东部边缘与中心城区联系起来。另外将没有修建好的红旗路修建完善并分别与 105 国道和文华路相接，一直向西延伸，将镇区西部联系起来。同时，道路的质量也有很大的提高，一些以前路面宽度、等级不对称的道路大都进行了改造，一些因路面管理而质量较差的路段也得到了改造和维护，如长期缺乏管理维护的长桥在合并后得到了很好的修护。不仅如此，主要的道路还进行了道路绿化，在干道中间种植灌木花草，对一般道路两旁的树木进行了修剪和管理。然而，由于城市道路建设的凝固性，原先两镇行政边界地带的一些错开、断头、道路等级等问题仍承传下来。

4. 其他基础设施的建设与配套

合并后进行了新建或扩建的主要是供电、排水、排污系统和休闲娱乐设施等方面。例如，在合并后新建了旭升、海凌、青华工业区等变电站，并加强了高压走廊的建设，形成了一个环形的高压走廊，解决了供电的问题。合并后加强了污染的管制和治理，加强了环境的保护，建立了容桂污水处理厂，在河涌边配置污水管网，增加污水泵，着力对污水进行了处理。休闲娱乐方面则新建了花溪公园、宏峻广场、天佑城等休闲娱乐设施。对原来的客运、公交站点进行了调整、整合，如在 105 国道与文海路相交处新建了一个客运站，解决容桂的对外交通问题。此外对港口、码头等也进行了整治，对其配套设施、货舱、船运等都进行了大力的整顿，并合理调节各港口、码头的功能、等级。其他诸如教育、医疗卫生方面及供水系统的基础设施等在合并前后变化不大。

总体上看，容奇与桂洲两镇合并前土地利用、产业结构与组织、基础与公共设施建设问题与冲突十分明显。行政合并后原先的问题都有不同程度的改善，其成效主要表现为：行政合并较快地克服和打破了行政分割、地方利益主体冲突的格局；产业及其用地迁移、调整、重组，产业结构调整与产业用地优化绩效明显；路网结构的跨通、修补、成网；基础与公共设施的协调、统筹趋于完善，但一些已建成的基础公益设施，因其固化特性或存在单位利益上的竞争，其时效性和绩效性差异相对较差。

（四）错位型边界地带的跨界协调与整合

中国经济发达地域面临着传统的、向心的、相对封闭的行政管理体制与开放的、流动的、一体化的区域经济的矛盾与冲突，面临着跨界协调、整合、机制重构的挑战。区域发展的种种重大问题、冲突和矛盾在“行政边界地带-地方政府-跨界协调”这一主题下交织和渗透，并在行政边界地带聚焦放大，使跨界活动领域成为利益冲突最为集中的领域。

“跨域/跨界治理”是在地方政府、企业、居民、非营利组织之间建立权力共享的合作伙伴关系，以发挥各自的特点优势，弥补主体的不足。公共部门拥有无可比拟的资源配置的权威性和合法性，但往往欠缺效率和弹性。相比而言，企业组织在资金、技术、设备和效率上都拥有比较优势。而社区居民和非营利组织则凭借充实的社会资本，既是公共部门合法性产生的渊源，又是私营部门的消费市场。多重行为主体之间通过合作伙伴关系的建设，公共部门获得效率和认同，企业组织拓宽利润来源，而社区居民和非营利组织则得到平等参与的权力，整合了社会资源，提高了公共服务处理跨界的效率和质量，同时各自发挥了自己的职责、分担了义务与风险。行政边界地带跨界协调框架由利益相关者、协调议题、协调行动方略、协调目标四部分构成（图 8.20）。

与西方国家地方政府财政的状况不同，我国的地方政府拥有着非常强大的体制资源，在多重行为主体中处于强势的主导地位。而以跨政区、跨领域、跨部门为特征的跨域治理，要求地方政府推动决策民主化，提高公众参与程度，促使治

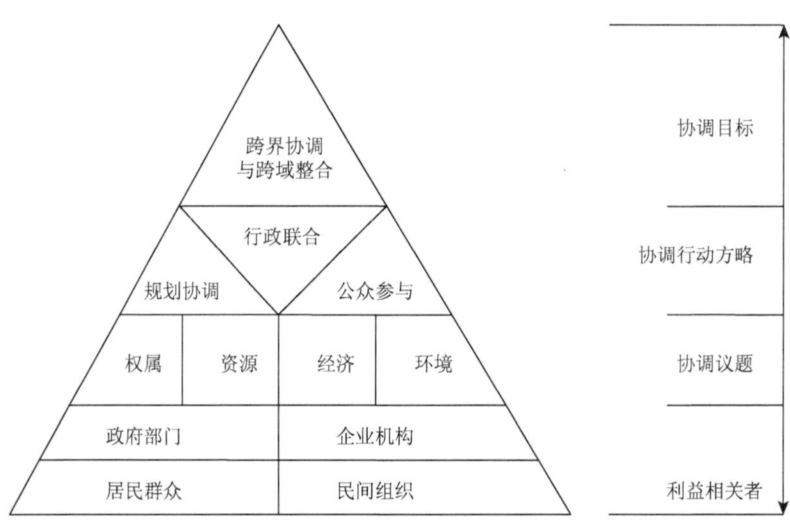

图 8.20　行政边界地带跨域协调框架

理规则由地方政府垄断的支配型向凝聚各行为主体利益的共识性转变。跨界治理需要对行政化功能进行整合。强调通过调整地方政府之间的关系，促进地方政府由竞争型政府向合作型政府转变，通过政府间的对等协商实现互惠合作。我国的分权制改革期望把地方政府塑造成充满竞争力的市场行为主体，以谋取利益为宗旨，以相互竞争为发展动力。但这种竞争导向政府改革的同时，也导致了地方政府的一些行为变异和恶性竞争，在处理跨政区、跨部门、跨领域的公共事务的错位与低效。在解决跨界或跨域问题上，需要地方政府之间建立非正式的策略性伙伴关系、或者通过正式签订契约而得到稳定的合作，或者采取更加正式的方式成立政府机构或联盟。

跨界治理需要充分发挥市场化功能。随着中国市场化进程的推进和国内统一市场的不断形成，生产资料跨区域流动及其优化配置的重要性不断显现，使得行政边界地带发挥出越来越重要的桥梁和纽带作用。随着地方政府作为独立经济主体角色的强化，区域间基于资源占有与共享的合作与竞争、冲突不断激化。在这一背景下，如何有效地发挥市场机制解决跨界问题就显得十分重要。通过交易、契约、协议等方式约束各方行为，实现互惠合作。常见的操作方式有签署地方之间公共服务协议、共同行动协议和行政协议等方式发展合作关系，如建立跨境工业园区、共建产业转移园区、实行基本农田易地保护、跨域进行水质和环境整治等，达到地方政府功能和市场功能的跨界整合与协调。

对于行政边界地带广泛存在的设施建设、环境保育、土地权属争端、发展空间制约等问题，地方政府最常用的方法就是调整行政区划，通过行政合并来缓解矛盾。自 2000 年以来，通过行政区划调整、归并来解决地方经济发展中的不协调问题和跨域问题，已成为一种常态化的手段。通过行政区划调整，地方政府实现了版图扩张，经济规模扩大，减少了原有的行政摩擦，降低了行政成本，行政区划调整不失一种有效手段。但是，行政区划调整解决跨界跨域问题成效往往是短期的，在城镇密集区域新的跨域问题不断出现。同时，行政区划调整所付出的政治、经济、文化和社会成本的负效应不容忽视，历史上数百年来形成的地方名称、地方情感、乡土气息在一夜之间消失。在很大程度上，行政并归是以人文环境破碎、消减为代价。因此，从总体上看，这并不是一种理想或较好的解决跨域问题的方式。

美国大都市地域的跨域治理经验表明，“复合行政区或特殊类型行政区”是一种解决跨域治理的一种有效方式。建立区域联盟或者中介协调机构，在保留地方自主权的前提下实现了功能整合。例如，通过建立“厦漳泉城市联盟”、“长株潭一体化都市区”等政府联盟形式，以及“长江三角洲城市经济协调会”、“泛珠江三角洲经济区行政首长联席会议”等城市和区域组织，实现社会经济资源的整合。针对跨域具体的、突出的、重要的问题，如水源或自然保护区、流域治理、水污染治理等，可设置跨界相应的“特殊类型行政区”和职能机构，来有效地应对、解决跨界问题。

第五节　小　　结

现实世界存在自然、生态、环境、社会、经济、政治、文化、政策等诸多边界，行政边界因内涵或映射了不同边界特性，而备受学术界关注。行政边界地带如同一面“魔镜”一样，社会、经济、文化、政治等事象，一旦通过这一“界面”，将发生折射、变换、强化、整合、冲突、中断等复杂的“边界地缘现象”，形成特有的“边界地缘效应”。一方面，边界地带的门户区位、过渡性、多样化使其有了创新与增长的潜力；另一方面，地处外围-边缘的区位位置、城市中心对资源控制和支配的空间结构、向心的本位的分割的行政管理体制，形成了边界地带的经济边际化和跨界冲突，并在边界地带产生了一种激化-放大效应。

在长期历史积淀的基础上，“地方政府-地方民众-行政区域”所形成的政区向心力和亲和力对地方社会经济的影响随经济总量增加而扩大，成为驱动地方化及其特征、地方主义发展的基本因素。凝聚区域关系焦点的地方政府，在多元行为主体中，迅速成为影响社会经济协调发展的重要因素。行政区作为“社会-政治-经济复合区域”，在新的社会背景下具有了新的内涵，并在现行的行政制度体系下，形成了跨行政区域的“地缘政治经济”现象。

中国的边界地区，面临着产业结构、资源利用、环境管理、地方利益等一系列冲突和经济-社会边际化问题，使跨政区的稳定机制、协调机制和创新机制变得极为重要。对跨域冲突、摩擦、竞争、合作的应对与处理，引出地方政府机构组织和功能改革的挑战，迫切需要进行重新审视和新的社会规制与制度安排，以有效解决地方政府之间、基层地方政府与城市政府之间、城市中心极化区与边界边际化区，以及多重行为主体之间跨行政区的利益冲突与协调问题。

第九章

城市混杂带的边际化问题

伴随着大都市空间的拓展与蔓延，城市与乡村之间形成了一类特殊的地域类型和边界地带——城乡交错带。这一地域鲜明的边际问题吸引了国内外一批学者的关注。由于存在着与西方国家在制度、政策、经济发展模式、社会和文化等背景的不同，中国城市化进程中形成的城乡交错带在成因、特征、问题等方面有着自身的特点。本章选择重庆市南岸区南山前山城市混杂带一个局域小区作为案例，基于边际地区和边际化问题分析视角，探讨城乡交错带的土地利用边际化、社会经济边际化、居住环境边际化问题。

案例区位于重庆市南岸区南山前山林地景观带与城市都市景观区之间的过渡地带。地处四海大道海棠溪新街以东，南山西侧内环高速西侧，四公里交通枢纽以北的狭长带状区域（简称南山前山混杂带）。范围包括南坪镇的四公里村、海棠村部分区域，海棠溪街道的海新街社区、敦厚街社区、罗家坝社区部分区域，面积为 2.17km^2。

第一节　城市混杂带的土地利用边际化

20 世纪 90 年代尤其是重庆设立直辖市以来，伴随都市化进程的快速推进和城市空间不断扩展。在川东平行岭谷地貌格局和山地环境条件下，城市建设由沿江沿谷向山地推进，原有的乡村景观向后缩退，受到山体对城市拓展阻隔、挤压的影响和山地绿地空间保护政策的制约，在山体前缘地带和都市景观区之间形成了一条带状的不连续的城市混杂带。这一混杂带，兼具并浓缩了部分都市区、城中村、城市边缘区或城乡交错带、城市绿地空间的特点。

依据《土地利用现状分类标准》（GBT 21010—2007），考虑到城市混杂带土地利用构成状况，构建重庆南山前山混杂带土地利用现状分类（表 9.1）。利用 Google Earth 遥感影像图（2014 年）和 ArcGIS10.0、AutoCAD2010 软件，进行土地利用现状解译，并结合实地调研完成土地利用现状图表［图 9.1（文后附彩图）、表 9.2］。

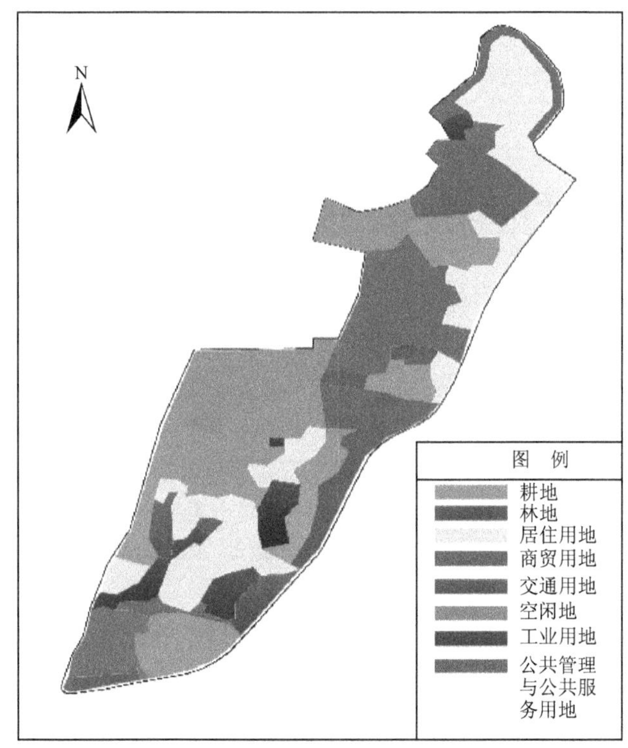

图 9.1 南山前山混杂带土地利用现状图

表 9.1 城市混杂带土地利用现状分类

用地类型	代码	含义
耕地	E1	指种植农作物的土地，包括熟地、新开发、复垦、整理地，休闲地；还包括宽度＜2.0m固定的沟、渠、路和地坎（埂）；以及其他临时改变用途的耕地
林地	E2	指生长乔木、竹类、灌木的土地，以及沿海生长红树林的土地；不包括居民点内部的绿化林木用地，以及铁路、公路、征地范围内的林木，以及河流、沟渠的护堤林
空闲地	E3	指城镇、村庄、工矿内部尚未利用的土地
居住用地	R	公用设施、交通设施和公共服务设施齐全、布局完整、环境良好的低、多、中、高层住区用地及公用设施、交通设施不齐全，公共服务设施较欠缺，环境较差，需要加以改造的简陋住区用地；此外，还包括住区内城市支路以下的道路、停车场及其社区，幼托、文化体育设施、商业金融、社区卫生服务站、公用设施等用地
工业用地	M	工矿企业的生产车间、库房及其附属设施等用地，包括专用的铁路、码头和道路等用地，不包括露天矿用地
商贸用地	B	各类商业、商务、康体娱乐等设施用地，包括各类商经营活动及餐饮、旅馆等服务业用地；金融、保险、证券新闻出版、文艺团体等综合性办公用地；康体娱乐用地各类娱乐、康体等设施用地；公用设施营业网点用地；其他服务设施用地
交通用地	S	城市道路用地、轨道交通线路用地、综合交通枢纽用地、公共交通设施用地、社会停车场用地、其他交通设施用地
公共管理与公共服务用地	A	包括文化教育、行政办公、医疗卫生用地

表 9.2 南山前山混杂带土地利用现状结构

用地类型	面积/m²	比例/%
耕地	4 275.40	19.70
林地	5 823.96	26.84
居住用地	4 932.73	22.73
商贸用地	1 802.51	8.31
交通用地	1 245.84	5.74
工业用地	1 510.49	6.96
空闲地	1 633.15	7.53
公共管理与公共服务用地	473.91	2.18
总面积	21 698	100.00

从土地利用类型结构上看：林地面积最大为 5823.96m^2，占总面积的 26.84%，属于南山城市绿化隔离空间的一部分，具有城市绿地景观功能。其次为居住用地，占总面积的 22.73%，区内既有开发商开发的居住环境较好的楼盘（靠近都市景观区的城市道路两旁），又有原先村民集中的或分散的居住用地，也存在外来流动人口搭建的简陋棚房。值得关注的是，本区仍然存有 4275.40m^2 的耕地，占总面积的 19.7%，主要分布于山地林地前缘和居民点周围，这是乡村景观在都市地域的历史存留（图 9.2）。需要特别说明的是，本区工业用地虽然仅占 6.96%，但相当一部分住房出租后用于工业仓储，近一半的居住用地都被小作坊、小企业占用，工业用地率实际占比远远高于这一比重。此外，本区尚有面积不等的交通用地、商贸用地、公共管理和公共服务用地和空闲地。

图 9.2 南山前山城市混杂带耕地景观

南山前山混杂带土地利用的边际化特征鲜明而突出，主要表现为以下五个方面。

1. 土地利用混杂程度高

兼具城区型用地和绿化开敞空间、工业园区、乡村型用地多种用地类型。为揭示南山前山混杂带土地利用类型混杂程度，引入吉布斯·马丁指数（GM）来衡量研究区域在数量结构上的多样性和混杂程度。

$$\mathrm{GM}=1-\sum_{i=1}^{n}f_i^2\Bigg/\left(\sum_{i=1}^{n}f_i\right)^2 \tag{9-1}$$

式中，f_i为混杂带中第 i 种土地类型总面积；GM 为土地利用类型多样性指数，也表示土地利用混杂程度。GM 的取值范围是 0～1，当 GM 趋近于 0 的时候，说明土地利用类型较为单一；当 GM 趋近于 1 时则表示土地利用类型丰富。利用式（9-1）求算多样性指数，南山前山混杂带土地利用现状的多样性指数为 0.82，表明研究区域土地利用混杂程度相当高。

2. 土地利用的空间过渡性及其社会空间差异性特点突出

即使面积不大、形态狭长，研究区仍然表现出很强的空间分异和过渡性特点：商贸用地、公共管理和公共服务用地、楼盘住宅区主要分布于都市景观区和城市主干道附近；其次为居民密集区，主要是部分城市居民、原住居民和外来人口混住区；再次为分散性居民点、工业仓储用地和耕地景观，相当比例的房屋为“租赁性住宅房屋”、“租赁性工业用房”或“居住-工业混用房”，这一地段为外来人口集聚区。

3. 土地利用空间配置混乱、功能不协调、负外部性强

住宅用地和工矿仓储用地相互交错，分布散乱（图 9.3），工矿仓储用地多集中于混杂带的中部或林区，这无论是对住宅用地还是对生态环境无疑都具负面影响，降低了居民的生活质量。尤其是“厂居混杂”的用地配置所造成的环境问题和安全十分严重。

图 9.3 居住用地、耕地和工业用地混景观

4. 土地利用粗放和低效

城市混杂区的建设用地占总面积的 46%，建设用地率不高。区内有 1633m^2 空闲地，占总面积的 7.53%，其中一部分是拆掉的旧房或旧工厂，但因开发商与

本居民就利益分配未能达成共识或开发商原因，已空置数年未能开发。与相距 2000m 的南坪商务中心区比效，或与一路之隔的都市景观区比较，城市混杂带的土地利用极其粗放和低效（图 9.4）。

图 9.4　土地闲置低效

5. 土地产权归属模糊，非法占地严重

复杂的历史和用地情况，导致土地权属模糊，界限不明。城市混杂带因其边缘性，往往是行政管理最薄弱的地方。不少居民在利益驱动下，将集体土地卖给开发商或者小企业进行小产权房、小微企业开发。这些不动产未经土地主管部门批准，土地权属界定没有法律依据，很难得到法律保障，进而反过来限制了这一地区的发展。城市扩建征地过程中，要对相关地物进行拆迁补偿，这就导致居民占地修房，大量非法用地产生。利用比城区房租低 1/3 或近一半的优势，房租成为原居民的主要收入来源。原户主在没有得到有关部门许可的情况下，不顾地基承载力，也不顾结构上的合理性，将房屋改高、改密，甚至强行在原有楼体上擅自添加层数，使得房屋之间密度越来越大，形成了背靠背、墙挨墙的情况。尽管邻近南坪商务中心区，但由于土地权属不清、手续不全的建设用地多、人口密集等原因，开发商往往会避开这类用地，而宁可选择区位条件差些、开发成本（包括交易成本）低的地区开发。这是城市混杂带较长时间存在的基本原因。

第二节　城市混杂带的社会边际化

南山前山混杂带人口总数为 15 996 人，其中户籍人口 8755 人，外来人口 7241 人。在混杂带的社会边际化中，人口边际化问题最为显著。社会边际化主要表现为以下方面。

1. 人口社会构成复杂、流动性大

外来人口职业构成复杂，以务工的低收入群体为主，多为年轻人和中年人。

本地年轻人大多进城居住和工作，或者就近开店、开设小作坊制造业为生。本地户籍人口中留居的老年人口多，相当一部分老年人一边“吃”社保和房屋租金，一边就近开垦空闲地种菜自给自足。

2. 外来人口多、比重大

外来人口占总人口的45.28%，大多文化程度低，环保意识差，为求得养家糊口，不得不选择宜居性差的城市混杂居住或工作，属于城市社会的边际-弱势群体。既无社区发展的话语权，又缺乏社区的亲切感，“外来人”心理易产生不合理的社会行为和环境行为。

3. 人口受教育文化程度低

研究区域不识字的人口有67人，小学和初中文化程度人口占总人口的70.88%，高中以上人口占总人口的23.33%。在南山前山混杂带内，四公里村下的团结社、团山堡、李子林三个村小组的人口结构更为复杂，老龄化、适龄青年人口、人口文化受教育程度低的状况更为严重。

4. 不同行政归属造成居民“身份”的不同

南山前山混杂带界于海棠溪街道和南坪镇辖区之间，两个政府级别相同，但是南坪镇的人口大多数是农民身份，海棠溪街道大多是居民身份。同时由于地处行政边界地带，往往成为政府管理上的盲区，见表9.3。

表9.3 南山前山混杂带人口基本状况 （单位：人）

行政区划	总人口	人口构成		年龄结构			文化教育构成			
		户籍人口	暂住人口	0～14岁	15～60岁	60岁及以上	小学	初中	高中及以上	不识字
海棠溪街道	7 452	3 379	4 073	718	5 115	1 619	2 757	2 432	2 235	28
海新街社区	2 889	1 768	1 121	261	2 063	565	1 040	971	865	13
敦厚街社区	4 563	1 611	2 952	457	3 056	1 050	1 717	1 461	1 370	15
南坪镇	8 544	5 376	3 168	1 265	5 251	2 028	2 936	3 851	1 718	39
海棠村	2 590	1 731	859	407	1 486	697	606	1 213	756	15
四公里村	5 954	3 645	2 309	858	3 765	1 331	2 330	2 638	962	24
合计	15 996	8 755	7 241	1 983	10 366	3 647	5 693	6 283	3 953	67

南山前山混杂带的人口状况，受到城市功能核心区人口离心外迁、城市外围发展区人口向心迁移、区域内产业结构、地租地价、暂住人口就地集聚程度等方面的影响。社会边际化突出，表现在人口结构复杂、流动性强、外来人口多、本

地人口老龄化、人口受教育程度低、环境意识弱、综合素质偏低、社会治安环境较差、社区组织管理薄弱、人文环境欠佳等方面。

第三节 城市混杂带的经济边际化

近年来，南山前山混杂带靠近长江南岸南滨路的海棠溪街道得到了较充分开发利用，辖区企事业单位集中，商贸特色浓重，聚集了众多商业店铺、餐饮等小型服务业。由于在城区范围内，交通便捷，地租低廉，吸引了众多制造业小作坊和小企业混合带聚集。

城市混杂带的经济边际化主要体现在经济实力、经济密度、人均经济指标、产业结构等方面。基于实地考察、座谈走访、问卷调查和基层部门收集的资料，本节侧重于产业结构的经济边际化分析。根据《国民经济行业分类》（GB/T 4754—2011）对研究区内企业统计分析（表 9.4）。

表 9.4 南山前山混杂带企业行业分类及统计 （单位：个）

企业类型	四公里村	海棠村	海棠溪街道	行业汇总
13 农副食品加工业	4	3		7
14 食品制造业	3			3
15 饮料制造业		1		1
17 纺织业	5	7	5	17
18 纺织服装、服饰业	2		1	3
20 木材加工及木、竹、藤、棕、草制品		1		1
21 家具制造业	13		3	16
22 造纸及纸制品业	1	1		2
23 印刷业和记录媒介的复制	4		2	6
24 文教、工美、体育和娱乐用品制造业		1		1
26 化学原料及化学制品制造业	5	3	1	9
29 橡胶和塑料制品业	2	8	3	13
30 非金属矿物制品业	5	1	1	7
33 金属制品业	9	2	1	12
34 通用设备制造业	2	1	5	8
35 专用设备制造业		1	2	3
36 汽车制造业	13	3	6	22
38 电器机械及器材制造业		2		2

续表

企业类型	四公里村	海棠村	海棠溪街道	行业汇总
39 计算机、通信和其他电子设备制造业	1			1
40 仪器仪表制造业	2			2
41 其他制造业		1		1
50 建筑装饰和其他建筑业	2	1		3
72 商务服务业		1	25	26
地域汇总	73	38	55	166

由表 9.4 可知，南山前山混杂带企业类型主要集中在纺织业、家具制造业、塑料制造业、金属制造业、交通运输设备制造业等高能耗、高污染、低端劳动密集型加工业。其中四公里村的产业主要是家具制造业和交通运输设备制造业，各 13 家，占四公里村企业总数的 16.67%；海棠村主要是纺织业和塑料制造业，分别为 7 家和 6 家，占整个海棠村企业 38 家的 18.42%和 15.79%；海棠溪街道有企业 55 家，主要是商务服务业、纺织业和交通运输设备制造业，分别为 25 家、5 家和 6 家，占比 45.45%、9.09%和 10.9%。此外，本区其他企业还有农副食品加工业、化学原料及化学制品制造业、非金属矿物制品业和通用设备制造业等。

根据《中国环境统计年报 2012》和全国各行业单位工业产值污染物排放量确定各个行业污染程度指标。全国各行业单位工业产值污染物排放量（2009 年）涉及 40 个行业，研究区相匹配行业 23 个，对应地将 23 个行业划分为高污染行业 9 个、中等污染行业 12 个、低污染行业 2 个（表 9.5）。

表 9.5　南山前山混杂带产业类型污染级别分类表

行业污染级别	具体行业名称
高污染行业（9 个）	13 农副食品加工业，14 食品制造业，15 饮料制造业，17 纺织业，21 家具制造业，22 造纸及纸制品业，26 化学原料及化学制品制造业，29 橡胶和塑料制品业，30 非金属矿物制品业
中污染行业（12 个）	18 纺织服装、服饰业，23 印刷业和记录媒介的复制，24 文教、工美、体育和娱乐用品制造业，33 金属制品业，34 通用设备制造业，35 专用设备制造业，36 汽车制造业，38 电器机械及器材制造业，39 计算机、通信和其他电子设备制造业，40 仪器仪表制造业，41 其他制造业，50 建筑装饰和其他建筑业
低污染行业（2 个）	20 木材加工及木、竹、藤、棕、草制品业，72 商务服务业

南山前山混杂带 23 个涉及行业中，中高污染行业有 21 个。混杂带共有小企业、小作坊、商家 200 多家，其中近 90%都是家庭作坊式企业，员工几人、十几

人不等，多租用当地村民或者自家房屋作为厂房。小作坊式企业规模小，利润低，无经济实力安装环保设备和进行环境污染治理，加剧了对周边居民的居住环境影响，空气污染、噪声污染及废弃物污染严重（图 9.5、图 9.6）。

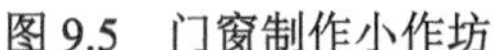

图 9.5 门窗制作小作坊

图 9.6 金属加工小作坊

与上海市、北京市、广州市等城市的城乡交错带的产业层次水平比较，重庆市城乡交错带的产业低层次化明显，反映出宏观经济格局对城市边缘区产业结构水平的影响。即使是与重庆市区县的工业园区比较，南山前山混杂带仍表现出很强的经济边际化特征。混杂带的经济边际化表现为：产业规模小，以小微企业为主，规模经济难以体现；产业技术水平低，以劳动密集、低端价值链、原材料和产品粗加工企业为主；高物耗高能耗高污染企业居多，企业环境成本投入低，企业产生的环境负外部性问题突出；产业类型多而杂，区域内部产业配套协作程度低；缺少专门化和标准化工房，企业空间组织混乱，厂房与住房混杂混用；生产环境差，生产不规范，员工健康和安全风险大。

第四节 城市混杂带的环境卫生边际化

南山前山城市混杂带的环境卫生令人担忧，环卫问题十分突出：①局域大气污染严重。混杂带周边为城市主干道环绕，车流量大，尾气和粉尘污染重。而区内大量无环境设备的家具厂、沙发厂、塑料厂、建材等小作坊企业加重了空气污染程度，空气中时有刺鼻性的化学污染物气味，冬季无风天气尤其严重。②固体废弃物随处可见。区内垃圾站形同虚设，生活垃圾、工业废料随处堆砌。一些车辆为降低运输和处理成本，把建筑装饰等城区固体垃圾肆意倾倒在本区的外缘带。③水污染和土壤污染重。混杂带道路和市政管网建设较为落后，这在一定程度上使得居民和企业的生活工业废物排放渠道受限。生活污水和企业污水随意排放，一些地段臭味刺鼻。水污染、工厂废弃物、建筑垃圾和生活垃圾造成严重的土壤污染（图 9.7）。

(a)

(b)

(c)

图 9.7 垃圾乱堆乱放

针对混杂带的环境问题，笔者开展访谈和问卷调查，以了解居住在混杂带的民众对环境问题的认识和感受，对获得的 82 份问卷调查表进行汇总处理。

1. 污染类型和环境满意度

对于目前地域内存在的环境问题，按严重程度排序是：工业废弃污物的乱排乱放、生活垃圾乱丢乱放、生活污水的乱排乱放、大气污染、噪声污染、绿色生态环境遭受严重破坏。55.37%和 41.67%的居民认为污染来自工业和生活，仅有约 3%的居民认为污染来自农业，这与该区域已经基本没有农业，大部分年轻人外出打工的情况相契合。说明小企业、小作坊、居民的生活垃圾和生活污水是这一区域主要的环境污染源。而且大多数居民认为固体废弃物污染和大气污染较以前污染有所加重。有 68.81%的居民对自己所在街道的房前屋后环境不满意，较满意和非常满意的占 27.47%和 3.72%。

2. 环境问题感应和环保意识

居民认为存在一定程度危害的占 63%，严重危害的占 31%，此外认为没有危害或者没有这种意识的占 6%，表明居民对环境污染的危害已有清楚的认识。在遇到不文明环境污染行为时，上前劝阻、全力制止、进行举报、事不关己的分别占 22.41%、22.22%、13.15%和 42.22%。对于环保信息的获得主要途径包括：电视广播、政府的宣传教育、企事业单位的普及教育、报纸杂志和周边人员。对于提高环保意识，哪些组织的环保宣传成效最大时，居民普遍认为政府应该在这方面加强宣传教育和学习，其次是企业单位，最后是其他组织和单位。对于环保行动自觉度，保证会做到的占 29.63%，看情况而行、有强制时会做到分别占到了 41.67%、28.70%。

3. 环境治理

87%的居民还是认为需要治理或者急需治理。对于应该由谁来治理问题，政府、企业污染主体、居民各占 32.41%、37.78%、15.00%，认为大家一起治理的仅占 14.81%，说明作为公众参与环境治理的积极性并不是很高。对于本街区最满意和最不满意的方面，居民也给出了答案，最满意：距离城区较近，交通方便，便于生活，企业多，创造经济价值；最不满意：流动人员大，不安全，小企业多，污染严重，固体、废弃物、水、大气污染重。对于改善本街区生态环境居民给出的答案是：整顿好企业园区，尽快完成拆迁，提高生活水平。

笔者在实地调研、问卷走访时发现：对环境问题的感应度，本地居民相对高而外地居民则弱些；本地居民对环境的态度处于一种两难的境地。一方面环境污染等问题也影响他们自身的生活，另一方面，企业和外来工交付的房屋租赁费是当地居民主要的经济来源，这一利益链的打破影响到他们的收入水平和生活质量；基层政府既受到来自居民的压力要求改善环卫状况，又想设法保证这一区域居民的就业，同样面临两难选择。在与基层管理部门交流座谈时，他们有治理社区环境的想法，但苦于投入资金欠缺、混杂带社会结构特殊、多年来成效低下等。低端小微企业，稳定性低、流动性大，本身利润空间小、生存压力大，从追求自身的经济利益最大化出发，对生产废弃物不处理、任意堆放。混杂带的环境问题是在一种特殊环境下政府、原住居民、企业、外来人口之间的行为互动结果（表 9.6）。

表 9.6　南山前山混杂带不同行为主体环境行为与利益冲突

视角	基层政府	居民和务工者	企业
环境行为	环境保护、居住环境改善，公共空间的环境整洁与管理	小作坊企业工作，开垦林地耕种间接破坏环境；响应环境保护行为，努力提高环保意识	采用“购买原料—生产加工—产品外送”的模式，能耗高，原料利用率差，废水、废气、固体废弃物随意排放
利益冲突	平衡部门之间的横向环境利益竞争与冲突；上下级部门的纵向环境利益博弈和冲突；环境保护和经济发展、资源配置的博弈	一方面要求政府治理污染企业，保持环境的优良；另一方面，在污染企业工作，收获经济利益，间接污染环境	追求经济利益、企业利润最大化，尽可能地减少治污成本，加重了环境外部性。对污染企业收费罚款，在企业可承受范围内形成“以罚治污”模式

南山前山混杂带社会群体的环境行为及其利益冲突可以从社会学角度出发来理解，环境行为作为一种特定的社会行为，包含以下几个方面的涵义：其一，人是环境行为的主体或者说是物质承担者，它不仅包括个人，也包括法人，所以环境行为既具有个体性又具有群体性。其二，社会情境、社会文化环境等社会客体对人产生的直接或者间接作用构成了对人的环境行为的社会刺激。其三，人对社会客体的作用所做出的环境行为，呈现出主动性、受动性和互动性的特征。环境行为作用于环境并对环境形成影响，具有以下六大社会学特征（表 9.7）。

表 9.7　环境行为的六大社会学特征表

特征	角度	含义
正反两重性	环境行为本身及社会功能	环境保护行为和环境破坏行为
多元性和互动性	环境行为的主体	公众、企业和政府三种类型相互交错和制约而结成的一个构错综复杂的主体及其行为系统
差异性	环境行为发生的空间	行动者的环境行为空间可被划分为公共空间和私人空间两种类型，在公共空间和私人空间，行动者的环境行为差异明显

续表

特征	角度	含义
滞后性、复合积累性和外部性	环境行为的结果	一是环境污染行为是经长时间叠加、复合等作用后一步一步形成的；二是环境污染的危害往往是因为众多程度不一、性质各异的环境破坏行为共同作用形成，环境污染与生态破坏往往也相互联系、互相促进，形成复合性的环境污染及危害
明显的利益驱动性	环境行为的动因	公众、企业、政府三大行为主体有各自不同的价值取向和利益追求，直接或间接影响到他们的环境行为
鲜明的社会性	环境行为的制约因素	一是人们的环境行为受到整个社会生活或以生产关系为主导的整个社会关系的制约；二是社会价值体系、信仰体系、风俗习惯等在内的独特的文化，同样影响着人们对自然界、对资源环境的反应

混杂带环境的环境污染已严重影响到居民生活品质。本区的环境问题是多种因素作用的结果：①小型、低端、污染型企业对废水、废气、废渣的处理手段非常落后，形成混杂带的主要污染源。②混杂带以外来务工流动人口和本地农转非人口为主体的人口结构，环境保护意识不高，随意倾倒生活污水、堆积生活垃圾的现象普遍。同时，外来人口临时暂居的心态也失去了环境保护治理的热情。③与城区社区相比较，混杂带的基础设施落后不完善，环境卫生投入少，管理服务薄弱。④当人们综合素质不高、环境意识欠缺、环境道德价值体系尚未构建时，环境状况与人们的环境行为存在两种关系状态：环境越好的区段，环境对人们的环境行为形成的约束压力越大，人们的环保意识也越强，环境和人们的环境行为处于一种良性的契合中。环境越差的区段，环境和社会对人们环境行为产生的约束力较低，不文明的环境行为被强化或显化，环境和环境行为处于一种恶性循环状态。⑤南山前山混杂带社会群体存在明显的内部空间差异，不同社会群体构成和环境行为影响到环境卫生状况、居住环境质量等方面的差异（表 9.8）。

表 9.8 南山前山混杂带社会群体构成差异

行政群体		人口群体	企业群体
南坪镇	四公里村（具体包括李子林、团山堡、团结社、板栗树四个村小组）	总人口 5954 人，其中外来人口 2309 人	73 家企业，多数为小作坊式制造业，集中在家具制造和交通设备制造行业
	海棠村（具体包括杨家山、茶亭、花果、班竹林四个村小组）	总人口 2590 人，其中外来人口 859 人	38 家企业，多为制造业企业，集中在纺织业和塑料制造业
海棠溪街道	海新街社区	总人口 2889 人，其中外来人口 1121 人	55 企业，大多数为商贸服务业，零星有低端制造业
	敦厚街社区	总人口 4563 人，其中外来人口 2952 人	

第五节　城市混杂带的居住环境边际化

人居环境的状况直接对居民的生活品质构成重要影响。人居环境品质的高低与土地利用、人文社会环境、产业结构水平、环境卫生状况、基础设施条件、建筑质量与房屋功能设施等有关。除上述各节已分析的要素边际化现象和边际化问题外，混杂带的建筑结构与房屋功能设施同样呈现出强烈的边际化特点（图 9.8）。

(a)　(b)　(c)　(d)

图 9.8　混杂带的建筑与居住环境

南山前山混杂带的居住环境空间差异明显，存在三个居住环境质量区——南坪镇四公里村环境区、南坪镇海棠村环境区、海棠溪街道环境区。本章依据实地调查获得的资料数据，运用多因子加权求法对混杂带进行宜居性定量分析。

遵循揭示性、典型性、地域性、可操作性原则，选择 19 个指标作为评价因子，建立宜居环境评价指标体系。依据各因子对宜居性的重要程度，采用专家打分法确定准则层和指标层权重（表 9.9、表 9.10）。

表 9.9 南山前山混杂带住宅环境宜居性评价指标解释

指标名称	指标含义
土地利用混杂度	研究区内各类用地类型的混杂程度
工业用地率	工业用地占建设用地（本区域建设用地包括居住用地、交通用地、商贸用地和公共服务与公共管理用地）的比重
“三合一”混杂度	区域内厂房和居住混合度
绿地面积率	研究区内绿地面积比重（去除自然林地）
三次产业比率	三次产业所有行业类型的比值
产业低端化指数	低端耗能劳动密集型产业比重
污染型企业比率	污染级别在中等和高等的企业比重
老龄化人口比重	60 岁以上人口比重
人口受教育程度	受教育程度在高中及以上人口数占总人口的比重
外来人口比重	外来人口（流动人口）占总人口比重
交通和公共设施完善度	交通等公共服务设施完善度
水电气配套完善度	市政设施完善度
环卫设施完善度	环境卫生设施如垃圾处理站、垃圾箱等设施的完善程度
环境整洁程度	主要街道空闲地的整洁干净程度
空气质量指数	区域研究时段内空气质量指数的平均值
噪声污染指数	噪声对居民的生活影响程度
建筑密度	建筑基底面积占分区总地块面积比
建筑结构指数	房屋钢混结构、砖混结构、棚房三者的比重
室内生活设施完善度	居民室内水电气和家具等基本生活设施完善度

表 9.10 南山前山混杂带住宅环境宜居性评价指标体系

目标层 A	准则层 B	指标层 C	权重
A 南山前山混杂带居住环境宜居性	B_1 土地利用宜居指数 0.15	C_1 土地利用混杂度	0.25
		C_2 工业用地率	0.35
		C_3 “三合一”混杂度	0.25
		C_4 绿地面积率	0.15
	B_2 产业经济宜居指数 0.11	C_5 三次产业比率	0.3
		C_6 产业低端化指数	0.3
		C_7 污染型企业比率	0.4
	B_3 人口结构指数 0.14	C_8 老龄人口比重	0.25
		C_9 人口受教育程度	0.35
		C_{10} 外来人口比重	0.4

续表

目标层 A	准则层 B	指标层 C	权重
A 南山前山混杂带居住环境宜居性	B_4 基础设施配套 0.22	C_{11} 公共设施完善度	0.30
		C_{12} 水电气配套完善度	0.45
		C_{13} 环卫设施完善度	0.25
	B_5 环境质量指数 0.20	C_{14} 环境整洁程度	0.4
		C_{15} 空气质量指数	0.3
		C_{16} 噪声污染指数	0.3
	B_6 建筑环境与生活设施指数 0.18	C_{17} 建筑密度	0.4
		C_{18} 建筑结构指数	0.3
		C_{19} 室内生活设施完善度	0.3

进行数据的标准化处理。计算社区宜居环境准则层指标的评价分值，采用式（9-2）和式（9-3）计算社区宜居环境综合评价分值。

$$R=\sum_{i=1}^{m}S_iH_i \tag{9-2}$$

$$Q=\sum_{j=1}^{S}W_jR_j \tag{9-3}$$

式中，R 为宜居环境准则层某一指标的评价分值；S_i 为准则层指标下一级指标层第 i 个指标相对于准则层指标的权重；H_i 为准则层指标下一级指标层第 i 个指标的评价分值；m 为准则层指标包含的下一级指标数；Q 为住宅环境的宜居性分值；W_j 为准则层第 j 个指标相对于总目标的权重；R_j 为准则层第 j 个指标的评价分值。

运用式（9.2）和式（9.3）求算出南山前山混杂带宜居性指数和分值（表 9.11）。

表 9.11　南山前山混杂带居住环境分区评价结果

目标层 A	四公里村	海棠村	海棠溪街道	准则层 B	四公里村	海棠村	海棠溪街道
A 南山前山混杂带住宅环境的宜居性	53.86	66.07	69.7	B_1 土地利用宜居指数 0.15	47.8	63.35	66.15
				B_2 产业经济宜居指数 0.11	28.7	42	62.8
				B_3 人口结构指数 0.14	58.55	77.5	64.25
				B_4 基础设施配套指数 0.22	84.9	84	100
				B_5 环境质量指数 0.20	33	51.1	44.5
				B_6 建筑环境与生活设施指数 0.18	55.9	68.9	72.00

计算结果表明：在三个居住环境分区中四公里村宜居性指数为 53.86，宜居性最差；海棠村宜居性指数为 66.07，海棠村宜居性指数为 66.07；海棠溪街道宜居性指数为 69.70，宜居性相对较好。海棠溪街道在土地利用、产业经济、

居住及基础设施等方面比海棠村和四公里村更有优势，主要是因为海棠溪街道基本完成城市边缘拆迁改造，距南滨路较近。土地利用相对合理，产业结构更多是服务业，居住及基础设施已经较为完善。海棠村人口结构和环境质量上更宜居，环境质量也因更靠近南山而更好。总体上看，南山前山混杂带宜居性较低，其中最大的限制因子是土地利用状况、产业类型结构、环境质量指数三个指标。

南山前山混杂带居住环境问题是区域内土地利用、人口结构、产业类型、环境质量、公共基础设施因素综合作用的结果。这一区域问题的解决，最终有待对混杂带的整体改造与更新，并融入到都市景观和都市功能中。在混杂带彻底改造以前，可以采取一些必要的措施与对策，减少居住环境问题，提升居民居住环境品质（表 9.12）。

表 9.12　南山前山混杂带环境问题导向下的治理对策

研究角度	环境问题	治理对策
土地利用	厂居混杂，土地利用负外部性，用地功能性差，土地污染严重；用地产权模糊，非法占地，土地资源浪费	减少工业用地和负外部性影响；整治和改造住宅用地；保育林地绿地空间，增强环境承载力；规范土地市场
产业结构	产业结构低端、耗能、高污染；小作坊式企业数量多、规模小、分布散	关停耗能、污染重的小企业，引导企业外迁；可更多向不动产租赁经济和服务业经济发展
社会群体	人口流动性强，老年人口比重大、受教育程度低、环保意识差；就业困难，只能就业于污染企业，获得生活经济来源	加强环境保护宣传，提升居民环保意识，建立环境保护奖惩制度；创造更多的就业机会，引导居民向其他方向就业

南山前山混杂带在土地利用、产业结构、社会群体三个方面都存在各自的问题，如厂居混杂度高，低端污染型企业多，人口流动性大和素质相对较低等。在很大程度中，混杂的诸多问题和边际化现象是多重行为主体在特定的环境下围绕各自的利益相互博弈的结果，而这种博弈更多地表现出错位、冲突、和不协同。需要构建政府主导、企业推动、居民参与的协同共治模式（图 9.9）。

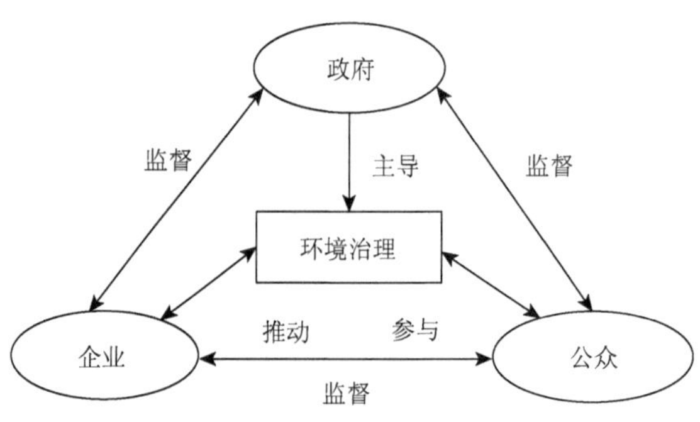

图 9.9　多重行为主体协同共治

第六节 小 结

南山前山混杂带的土地利用、社会权力、人口构成、产业经济、环境卫生、人居环境等均呈现出强烈的边际化特点，各边际化要素彼此作用、互为增强，由此造成混杂带持续的系统的边际化（图 9.10）。城乡交错带是一种区位良好、复杂多变、富有潜力的地域。大多城乡交错带的边际化是局域的、中短期的。例如，广州市城乡交错带尽管存在经济档次偏低问题，但总体经济实力和活力强，尽管存在外来人口边际化问题，但本地居民大多较富裕。而重庆南山前山混杂带在较长时间内呈现出系统的边际化，这或许有其特殊性。山地阻隔，切断了城市空间连续推进的力量，形成的挤压力造成人口和房屋密集，同时四周道路环绕，开发的地块面积小。这对政府而言，改造投入大而绩效低。对开发商而言，巨大的拆迁安置等费用、复杂的产权既增加费用成本又增加时间成本，对这一地区的开发投资也兴趣索然。对低端小微企业而言，寻找到了区位良好、交通便利、房屋租金和环境成本较低的生产场所。对本地原住居民来说，他们要考量从政府和开发商那里一次性获利多少与持续性的不动产租赁收入哪一种选项利益最大。这是各种力量平衡的结果，从某种意义上讲，边际化的混杂带有其存在的“合理性”。

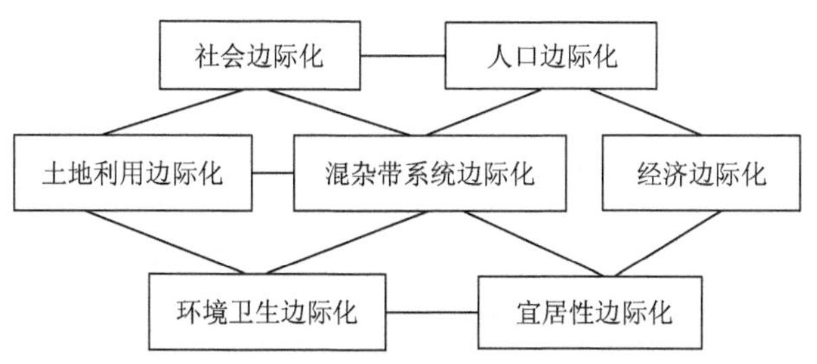

图 9.10 混杂带的要素边际化与系统边际化

现存的制度因素对混杂带的边际化影响不容低估。城市混杂带的社会边际化问题突出，主要表现在社会权力结构、土地所有制、管理体制与组织、人口构成等方面。在现行体制下，客观上存在城市（国家）权力高于乡村（集体）、城市中心区支配城市边缘区的权力空间结构。城市混杂带的社会边际化是城市与乡村、城市中心与城市边缘的社会权力、社会资源控制、空间非对称、非均衡的历史与现实的投影。尽管从空间范围上，早就属于城区范围，且相当大一部分已完成由“农村村社”转“城市社区”的改制工作，但由于管理上的滞后和体制上的“路径依赖”，城乡交错带或多或少仍保留原乡村管理模式的特点，或采取一种城-乡混合的管理体制。由此影响到城市混杂带基础设施建设的投资渠道（部分政府、部分村社）和投资规模，进而强化了城市混杂带的经济边际化和居住环境边际化。

第十章

村镇化地域的社会-空间边际化

基于比较的方法和视角，边际性分析具有一种广谱特性。社会边际性，跨越了从穷人、孤寡老人、社会底层弱势群体到明星、富豪、政客（他们中的一些人因太多的光芒、钱财、权力而失去了普通人享受到的平凡宁静和天伦之乐）不同的社会群体。空间边际化，跨越了从乡村到城市、从城市边缘到中心的不同类型的地理空间。村镇化地域是一种出现在经济发达地区的空间边际化地域，一种与成熟性城区或高品质都市地域在土地利用、建筑景观、产业经济、人口结构和社会组织等方面均表现明显差异的地域。这一类型地域在深圳特区外的保安和龙岗、东莞、佛山和广州近域、珠江三角洲地区普遍存在。本章选择东莞作为案例区，对城镇化地域的人口构成、产业结构和土地利用进行分析，探讨村镇化地域空间边际化的形成背景、特征和问题。

第一节　东莞模式及其人口-社会空间边际化问题

具有“世界工厂”称谓的东莞，其创造的经济奇迹得益于东莞发展模式，而东莞的人口结构、产业经济、土地利用的空间边际化，与东莞模式密切相关。

一、东莞模式的内涵及其存在的问题

东莞模式主要体现在经济发展模式、土地开发利用组织模式、人口聚集流动模式等方面。对“东莞模式”的解释，已有的研究往往多偏重于经济成效方面，而对土地利用和土地关系、社会组织、人口构成及其存在的问题则考虑不足。东莞特有的经济结构和发展模式创造了“东莞奇迹”，但东莞模式内在缺陷及其问题的长期积累，又成为今天和未来产业结构调整升级、村镇化地域更新改造的深层次障碍。东莞模式的内涵主要体现在以下五个方面。

1. 东莞模式的经济结构特征

以“三来一补（来料加工、来样加工、来件装配和补偿贸易）”、中小企业、

劳动密集型产业为主体，形成了“外来嵌入型经济”与“土地租赁型经济”的复合体。全球产业分工体系的低端与价值分配的末端位置，使单位土地面积收益和投入呈现出双低效状态。早期大量污染企业进入、不适当的土地开发利用方式使生态环境问题严峻。

2. 东莞模式的土地开发利用特征

东莞经济的发展依赖于土地大规模开发、企业大规模进入、国内大量务工人员迅速聚集，由此驱动了东莞的快速工业化和城镇化，经济速成并超常规增长。由此造成：①建设用地粗放外延式扩张、可建设用地快速减少；②农业用地数量锐减、空间破碎化、用地效益较低；③后备建设用地不足与利用粗放。

3. 东莞模式的行为主体特征

改革开放之初，在国内“分灶吃饭”、简政放权的背景下，东莞市同样采取了分权举措，外资审查政策、用地政策、优惠政策下放到镇（区）。使得乡镇、村社获得了发展权，极大地调动了镇、村、社招商引资的热情，推动东莞经济高速发展。然而，这种以村社和乡镇为经济主体和土地开发利用主体的组织管理模式，同时滋生了诸多问题：在早期乡镇组成的农业县的行政架构上，形成“强镇弱市”（与中山市类似），中心城市和市政府调控区域整体发展的力度有限。采用沿村沿道路低成本拓张模式，形成了面积巨大的村镇化地域，工业用地与农村居民点混杂，难以达到城-村整体协调和用地高效化，由此衍生出村社分割、镇区割据、建设用地破碎零散，以及土地利用的区位效益、区域协同效益、产业集聚关联效益低等问题。

4. 东莞模式的产权结构特征

以村社为基本单元和主体的地方经济发展模式，形成了东莞大面积的村镇化地域和村社土地租赁经济，现行土地制度下，经济发展利益分配保障与合法性之间的不协调一直在冲突：在集体土地产权不明晰的先天不足下，村民、村、社产权复杂破碎；在20世纪八九十年代相对宽松的土地政策背景下，存在大量的报建和用地手续不全的土地；悬而未决的历史问题使土地确权受阻，极大地影响了投资环境、企业融资和经济发展。

5. 东莞模式下的村镇化地域

村镇化地域，是东莞需要正视且无法回避的现实。东莞土地利用问题聚焦于村镇化地域，问题解决的最大难点也在村镇化地域。东莞问题不是“城中村”问题，而是“村之城”问题。城市快速低成本扩张（绕过农村居民点和集体发展留用地）形成“城中村”。各村各社各镇独立的分散的工业化在市域内快速蔓延形成

“村之城”。空间拓展形态上有点类似于国外的“城市蔓延区”，但其层次和品质相差甚远。不同的路径形成了两种用地景观结构，二者共同的问题是前期建设成本较低，后期改造成本巨大。尽管“村改居”一夜能使村民变成居民，但很大程度上只是称谓的变化，其本质——村民与土地关系、经济发展组织模式并无改变。东莞土地高效、合理集约利用的难点，不在于旧厂房的改造、破碎空间的整治，而在于塑造这些物质结构、用地结构深层次的经济结构和社会结构。在城市化和土地集约利用进程中，解决了村镇化地域的土地利用、村社发展、村区建设、村民收入持续保障等问题，就解决了东莞的土地问题。

伴随政策环境和发展环境的变化，东莞模式的内涵也在不断丰富和流变。早在 20 世纪 90 年代，东莞市委市政府就提出了加快产业升级的思路；2000 年以后台湾大量电子工业的进入，推进了东莞产业结构升级；从分散的工业用地向园区集中，从小规模的园区建设到高档次的大型园区建设，产业用地组织效能不断提升；近年来“三旧改造”成效显著，不断地改变和重塑了东莞的空间格局。

二、东莞的人口结构、社会特征及其边际化问题

基于不同视角，对东莞有着不同的解读：东莞是辉煌和奇迹的创造地；东莞是混杂与差异的聚合体。东莞创造了“超常规”的经济增长，但也留下了“满地创伤”；东莞生产出巨大的 GDP，但对一般民众而言这与他们关系不大；东莞有宽阔的和美丽的景观大道、整洁有序的中心城区和局域生态环境良好的地段，但在更大范围更多的是居住用地与工厂混杂的景象；村社的工业区内既有全球 500 强中的跨国公司大型企业，但更多的是劳动密集型的中小型企业。东莞在社会、经济、政治、土地、环境、人口等多个方面同时具有边际性和非边际性。

下面对表 10.1 中数据进行分析，引发对诸多问题及其关联问题的思考与反省。

表 10.1　东莞历年人口构成变化表　　（单位：万人）

年份	常住人口	户籍人口	其中		外来暂住人口	其中		外来劳动力	其中		
			农业	非农业		本省	外省		工业	农业	商服业
1986		123.01	96.53	26.48	15.62			10.41	8.72	0.98	0.71
1987		124.86	97.20	27.66	25.29			18.03	15.48	1.31	1.23
1988		126.76	97.96	28.80	36.89			29.25	26.02	1.69	1.54
1989		128.76	98.82	29.94	47.19			40.53	36.58	1.99	1.96
1990	175.62	131.85	100.99	30.86	65.59	33.32	32.27	57.20	51.90	2.56	2.75

续表

年份	常住人口	户籍人口	其中		外来暂住人口	其中		外来劳动力	其中		
			农业	非农业		本省	外省		工业	农业	商服业
1991	200.01	133.65	101.79	31.86	80.58	36.04	44.54	70.20	63.34	2.58	4.27
1992	227.78	136.06	103.35	32.71	114.48	49.43	65.05	107.10	87.41	6.23	13.46
1993	259.41	138.92	105.18	33.74	121.70	37.08	84.62	112.68	93.31	4.02	15.35
1994	295.43	141.40	106.85	34.55	139.09	38.08	101.01	124.18	106.95	5.21	12.02
1995	336.45	143.65	108.27	35.38	142.18	37.18	102.35	126.54	108.49	5.47	12.58
1996	383.17	145.25	109.11	36.14	143.32	30.58	110.67	127.66	108.43	6.47	12.76
1997	436.38	147.12	110.15	36.97	144.68	29.85	113.10	130.73	111.42	5.72	13.58
1998	496.97	148.77	110.93	37.84	199.11	40.23	157.00	183.19	157.79	6.81	18.59
1999	565.98	150.82	112.09	38.73	244.81	50.47	192.12	216.15	160.95	11.33	43.86
2000	644.84	152.61	113.00	39.61	254.72	48.59	204.20	244.84	204.33	8.82	31.70
2001	654.43	153.89	113.52	40.37	457.82	73.19	382.68	449.68	368.11	17.49	64.07
2002	654.84	156.19	115.17	41.02	433.65	72.29	359.30	426.01	357.34	12.76	55.92
2003	655.25	158.96	102.09	56.87	440.45	66.55	372.04	432.73	375.39	8.51	48.83
2004	655.66	161.97	100.49	61.48	486.95	74.78	409.66	473.39	407.84	9.83	55.72
2005	656.07	165.65	99.81	65.84	584.98	103.64	474.77	553.42	467.65	10.79	74.99
2006	685.66	168.31	97.89	70.42	586.76	101.26	480.71	566.98	482.04	12.49	72.45
2007	717.02	171.26	97.59	73.67	557.80	98.61	455.15	538.95	448.08	10.25	80.62
2008	750.60	174.86	98.06	76.80	552.50	101.23	446.85	530.30	422.72	9.76	87.82
2009	786.08	178.73	97.27	81.46	429.96	88.92	336.76	413.46	336.13	7.50	69.83
2010	822.48	181.77	89.68	92.09	411.47	79.17	327.58	391.23	319.14	9.25	62.84
2011	825.48	184.77	90.31	94.46	413.62	90.06	319.49	394.71	327.80	8.20	58.71
2012	829.23	187.02	91.05	95.97	416.74	94.10	318.35	397.94	327.84	8.56	61.54

资料来源：梁佳沂，2012

1）2012 年东莞外来暂住人口 416.74 万人，是户籍人口的 2.23 倍。从 20 世纪 80 年代以来，东莞一直是中国吸纳外来劳动力（主体是农民）的主要地区，这是东莞和东莞的企业对中国就业做出的贡献，社会价值重大。外来打工者靠辛苦挣来的工钱，改善家庭生活、供孩子上学、盖上新房，这是中国农民从东莞的全球化中获得的好处。2008 年的全球金融危机，外来暂住人口在一年内减少了 100 多万人，反映了全球金融危机对企业尤其是外向型企业和中国劳工就业的冲击和影响。

2）值得注意的一个变化是，外来暂住人口的性别比（男性与女性之比）从 1992 年的 100∶160 变化到 2012 年的 100∶101（图 10.1），深圳等城市同样表现出这种趋势。这表明，改革开放前期，主是中国的女性群体成为打工主体，中国社会中的这种女性现象（体育同样如此）值得思考。近年来，相当一部分妇女为孩子教育、照顾老人返回到家乡务农务工，这种舍弃既是一种家庭责任，也体现了社会价值。

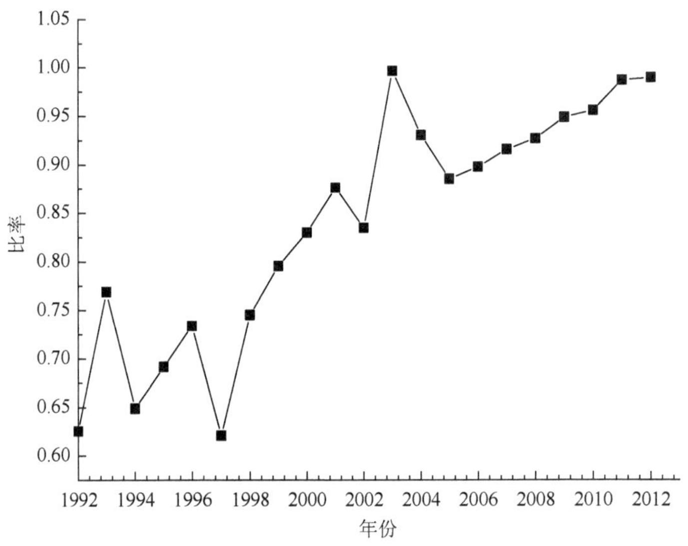

图 10.1 东莞外来暂住人口的性别比变化

3）需要检讨和警示的是，劳动力带眷指数（外来暂住人口除以外来劳动人口）长期表现出低值状态，由早期的峰值 1.12 跌落到 1.04 左右（图 10.2）。这一数据

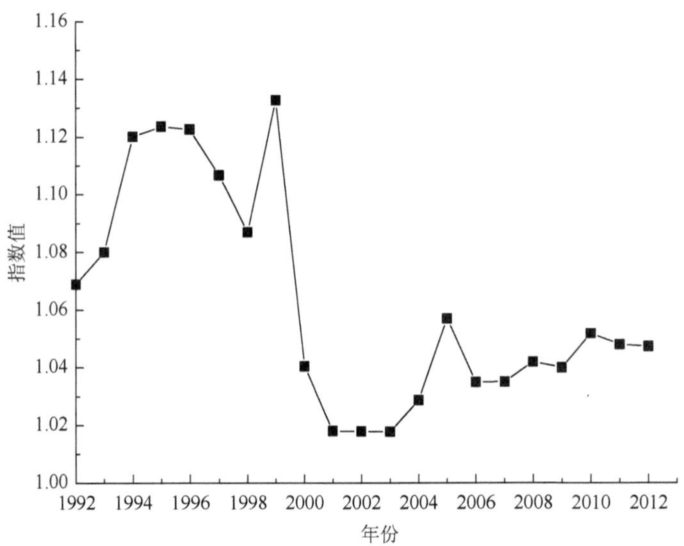

图 10.2 东莞带眷指数变化

表明，东莞只是打工者打工的场所，而不是举家工作和过日子的地方。这与外来劳动人口中未婚青年比重较大有关，然而更主要的原因是，东莞没有提供带眷（尤其是孩子上学）的环境。这不只是东莞问题，这是全国性的普遍现象，各地仅仅是程度不同而已。在很大程度上，中国农村普遍出现的留守儿童和老人问题，是城市政府和经济发达地区政府未能全力而为之的结果。经济发达地区利用了相对廉价的劳动力，但又不愿意为此承担社会责任和财政投入。减缓这些问题，意味着地方政府需要从地方财政收入中拿出相当一部分财力，这势必影响到地方政府基础设施建设等显性化的政绩。

4）东莞的外来暂住人口中，省内占了 25.61%，主要来自于粤北山区和东西两翼的经济不发达地区。省外占了 76.39%，与广东省邻近的省市（湖南、重庆、四川、贵州、广西、湖北、江西）占了省外暂住人口的大部分。整个珠江三角洲皆是如此，这与“泛珠江三角洲”在空间范围上一致。珠江三角洲作为中国重要的“极化中心”，其强大的极化效应吸引了中国南方省市的劳动力、人才、资金、技术的聚集。然而相对弱化的扩散-溢出效应并没有对这些地区的经济发展带来多大实质性推动（除农民打工资收入外）。这种强极化与弱扩散的不对称组合，表明“泛珠江三角洲”经济远未达到一体化程度。政府、业界和学术界对一些空间战略概念过分操作，其做法值得探究与置疑。毫无疑问，区域和国家空间战略，通过大量建设资金和政策倾斜性投入，对实现战略预期目标有不可低估的推进作用。然而，市场始终是经济发展的主导力量，遵循着区位最优的空间布局原则，有其自身的发展变化规律。空间战略能够获得空间优化、集聚效应，但无力解决经济结构内在的缺陷。

5）需要指出的是，东莞（也包括珠江三角洲）的城市-乡镇-村庄密集地区，农业和农地边际化问题十分突出：2012 年东莞农业仅仅占地区生产值的 0.4%，从数值来看，几乎到了可以忽略不计的地步；耕地被各类园区、工厂、居民点切割分散，绝大多数农田原有的农田设施早已不存在，土壤污染造成食品链污染危害，这类用地是基本农田和耕地保护政策刚性、强制作用的结果；从官方公布的统计数据看，2012 年东莞还有耕地 57.18 万亩，但作物播种面积（含复种）只有 37.25 万亩，耕地弃耕面积大，经营粗放；本地居民（户籍上的农业人口）多年来早已不再种田，或弃耕或租赁，在东莞的外来劳动力中，有 8.56 万人从事农业，他们的年龄大多在 50 岁上下，受教育程度低，难以适应工厂技能要求和紧张的生活节奏，这些“代耕农”以他们的辛劳在城镇地域获取了一片“次生存空间”（相对城市“主生存空间”而言），他们是全球化、工业化、城市化底层的微利获得者，他们是一群比“打工一族”边际化程度更重的人。

东莞及其珠江三角洲其他地区在经济持续高速增长的同时，也积累了诸多社会经济发展问题。东莞作为“世界工厂”和中国重要的“就业基地”，外来人口及其引发的社会问题已不容忽视。2004 年以前中国一般劳动力近于无限制供给，致使地方政府长期以来重点在为外商和外资企业提供最好的发展环境。外来人口在获取低廉的劳动报酬的同时，长期被置于地方政府城市建设和政策的“关照”之外。东莞是一架巨型工厂，在国际市场行情好的时候，机器昼夜轰鸣，工人每天三班倒，产品源源不断供给全世界。这就是东莞和珠江三角洲。曾经一位在东莞打工的老乡来中山大学看望笔者，在绿树成荫、鸟语花香的校园环境中感叹不已，说她有半年多没听到过鸟叫了。与早期劳工的工作和生活环境相比，今天的环境已改善很多，远非昔比。然而，与中国农民工对中国社会付出的牺牲和贡献而言，这仍然不够，远远不够。

从行为主体角度来看，有三重主体力量塑造着东莞模式，他们是地方政府和村社集体、数万企业主、数百万的外来劳动力。东莞对不同的行为主体有着不同的意义（图 10.3）。巨大的 GDP 对不同行为主体带来的实际收益呈现出倒置的梯形结构（图 10.4），一些学者将这种高度外向型经济称为“漏斗经济”。不同的行为主体在东莞形成了特有的社会关系结构：政府发展经济和行政管理、业主经营企业、外来暂住人口务工、村社集体致力于不动产经营。尽管他们具有某种关联，然而，本地与外地、定居与暂居、富裕与贫穷等身份、地位、收入、话语权的不同和地方文化差异等原因，形成了东莞社会的分割与无形的隔离。

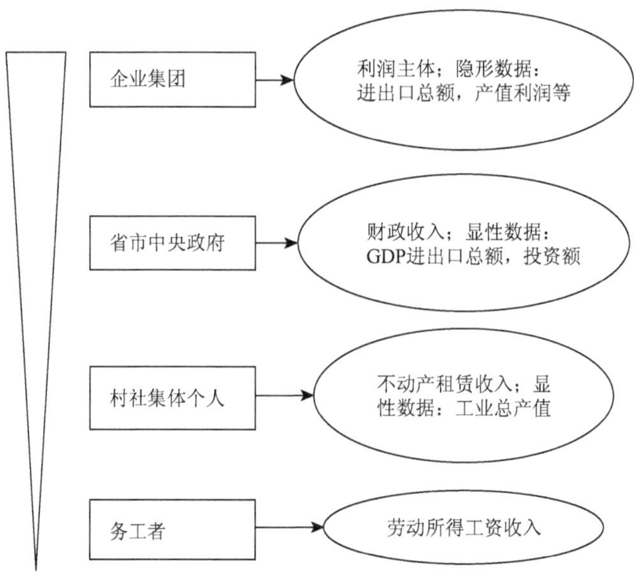

图 10.3　外向型经济下的收益分层图示

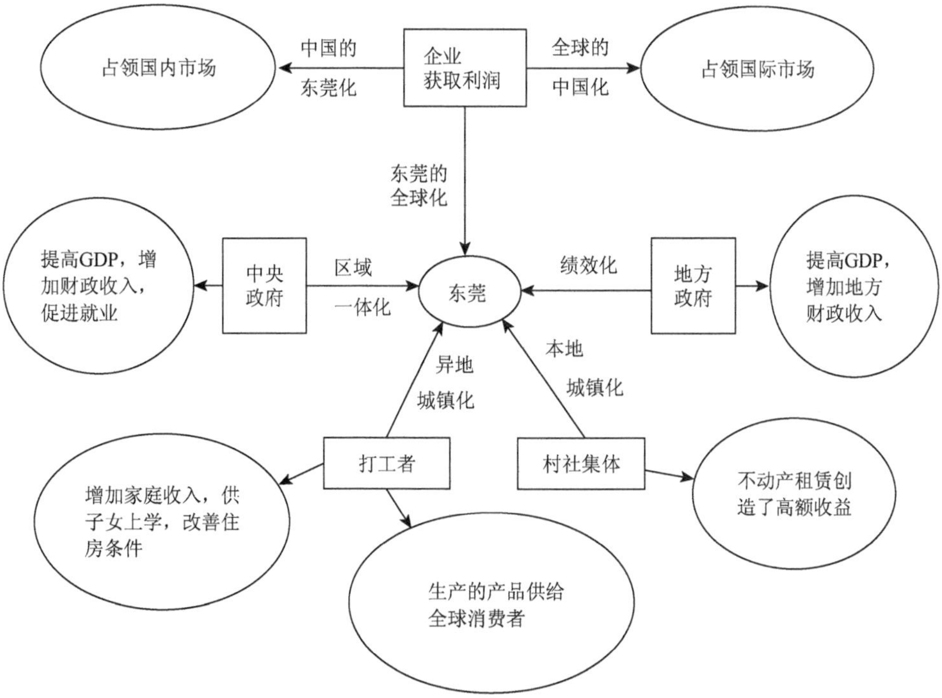

图 10.4　不同行为主体的东莞价值

第二节　东莞经济发展背景、路径、特征与问题

一、东莞经济发展背景

20 世纪 80 年代末和 90 年代初的中国改革开放，实施了向东部沿海地区重点倾斜的空间发展战略，时逢全球产业结构调整、转移的又一次稍纵即逝的良机。东莞、深圳、广州等东南沿海城市利用地缘、人缘、政策优势和敢为天下先的创业精神，率先开始了市场经济进程，大量的海外企业蜂拥而来，云集东莞。与此同时，吸引了大量的内地劳动力、资本和技术的注入。驱动了东莞建设用地、经济、人口“爆炸式”的增长，在不到 30 年的时间内实现了从传统农业经济向工业城市经济、从乡村地域向城镇地域的快速转型。

东莞经济总体特征是：经济总量大，实力强。2012 年东莞的地区生产总值为 5010.17 亿元，仅次于广州、深圳、佛山，在广东省居第四位，其经济体量远高于同期青海省的 1884.54 亿元；经济呈现出“高速”增长，1978～2012 年，GDP 年平均增长率为 68%（图 10.5、表 10.2）。从 GDP 的年增长率看，1995 年前表现出“超高速”增长，随后逐趋回落。分别在 1989 年、1998 年、2008 年出现大的低谷，反映出国内环境和全球金融危机对东莞外向型经济的敏感影响。

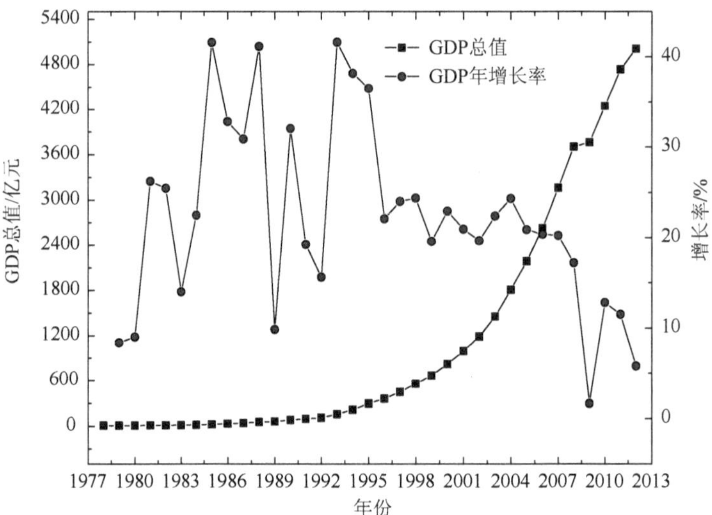

图 10.5 1978～2012 年东莞市 GDP 总值和年增长率变化

表 10.2 东莞历年主要经济指标 （单位：万元）

年份	地区生产总值	其中			固定资产投资总额	实际利用外资（当年）	进出口总额	财政收入
		第一产业	第二产业	第三产业				
1978	61 122	27 235	26 781	7 106	2 319			6 604
1979	66 233	26 460	29 244	10 528	1 614	173		6 634
1980	72 199	26 323	33 290	12 586	2 395	934		6 710
1981	91 131	32 772	42 980	15 379	3 756	535		6 823
1982	114 322	37 257	58 137	18 927	18 102	715		8 103
1983	130 340	39 847	68 962	21 531	18 370	901		8 578
1984	159 632	45 671	78 091	35 869	30 050	1 917		8 469
1985	226 033	61 475	116 584	47 973	70 600	2 894		11 118
1986	300 167	81 416	135 735	83 016	115 173	3 042		16 053
1987	392 859	98 236	177 249	117 373	141 856	11 259		20 221
1988	554 583	118 888	282 771	152 924	165 459	24 126		27 076
1989	609 202	126 568	279 724	202 910	50 135	24 949		31 888
1990	804 401	132 787	405 290	266 325	75 052	24 319	108 229	35 719
1991	959 073	134 523	503 220	321 330	137 464	26 154	317 463	44 374
1992	1 108 922	144 115	592 701	372 106	188 824	46 592	509 007	56 204
1993	1 570 491	143 953	873 114	553 424	327 630	93 428	675 647	93 828
1994	2 170 341	174 796	1 194 928	800 616	1 407 621	104 812	882 997	130 531
1995	2 962 892	214 306	1 669 723	1 078 863	531 355	105 665	1 539 112	180 051
1996	3 617 502	248 645	1 994 826	1 374 031	676 185	107 564	1 784 222	283 506

续表

年份	地区生产总值	其中			固定资产投资总额	实际利用外资（当年）	进出口总额	财政收入
		第一产业	第二产业	第三产业				
1997	4 485 981	256 388	2 432 816	1 796 777	658 941	121 427	2 129 885	335 044
1998	5 579 964	259 437	3 056 779	2 263 749	769 953	133 813	2 327 324	472 422
1999	6 672 386	257 863	3 670 519	2 744 004	883 201	145 732	2 846 291	717 847
2000	8 202 530	259 087	4 507 072	3 436 372	1 028 924	164 712	3 204 526	1 035 561
2001	9 918 905	260 968	5 405 092	4 252 845	1 254 945	181 562	3 445 457	1 250 061
2002	11 869 374	248 791	6 488 109	5 132 474	1 915 741	214 848	4 424 706	1 678 848
2003	14 525 186	228 165	7 981 954	6 315 068	3 193 889	256 336	5 210 623	2 064 052
2004	18 060 258	227 087	10 160 382	7 672 789	4 548 691	303 430	6 451 775	2 591 086
2005	21 831 961	205 546	12 278 624	9 347 791	5 972 443	375 139	7 437 150	3 319 079
2006	26 279 791	120 089	15 065 985	11 093 717	7 054 511	433 773	8 422 107	4 065 412
2007	31 600 489	118 991	17 546 573	13 934 924	8 412 074	504 395	10 687 290	5 395 362
2008	37 036 004	148 251	19 016 068	17 871 685	9 443 426	322 570	11 329 947	6 010 642
2009	37 639 142	147 877	18 230 836	19 260 428	10 940 753	294 157	9 415 458	6 278 114
2010	42 464 527	165 719	21 608 153	20 690 656	11 149 822	316 289	12 133 773	7 851 003
2011	47 353 949	178 776	23 662 018	23 513 155	10 793 144	321 821	13 522 382	8 385 226
2012	50 101 727	187 556	23 756 366	26 157 806	11 803 493	371 904	14 441 587	8 456 419

资料来源：梁佳沂等，2012

东莞的经济发展得益于外源力的驱动，对外依存度大，是中国参与全球经济程度最高的地区之一；东莞企业主要由香港“三来一补”劳动密集型企业和台湾电脑组装企业（统计口上属于先进制造业，实际上是劳动密集型产业）构成与支撑，在全球产业分工中处于低端的位置。在严格的意义上，东莞还不能称作“世界工厂”（英国工业革命后一度称为“世界工厂”，1850 年英国工业总产值占全世界工业总产值的 39%，更重要的是英国创造并拥有当时世界上最先进的工业技术），或许可称为“世界工厂的生产场地”（尽管这给人不美好的感觉）。东莞经济对整个中国经济具有支撑作用，东莞产品的供给影响着全球市场。包括东莞在内的珠江三角洲，是“中国的全球化”和“全球的中国化”交织、作用的场所。由此形成两种不同的尺度和分析视角：在国内层面上，相对于内地整体落后的省区而言，无疑位居“极化中心”的高位；然而，以劳动密集型为主体的产业结构，又决定了在全球产业链中低端的边际地位和边际化经济的特点。

二、东莞产业发展环境的变化

一个地区产业的形成与发展是多种复杂因素作用的结果。从结构成长差异去考察，就会发现作为前提和关键性的因素是初始条件和初始结构，包括人均收入水平、产业结构初始状态、资本形成结构、生产要素和自然资源的禀赋及对人口的比例、国际环境和区域环境。特别是初始条件，它使初始结构不同，从而形成一种路径依赖，最终使区域内各产业成长呈现出不同的演化、模式与特点。

东莞原有的工业、商业和农业基础极其薄弱，东莞发展的这一初始条件——无工业基础、无资金、无技术、无经管人才，使东莞与珠江三角洲其他地区有所不同：深圳有特区政策、门户区位、全国资金技术和人才的汇集；顺德模式形成于本土乡镇企业的链锁-族群衍生中；广州有上千年经济文化的厚积。在特定的区位和发展背景下，东莞创新出“三来一补、两头在外、大进大出”的外向型经济发展模式（这也是深圳特区外宝安区和龙岗区的发展模式）。

具体而言，东莞产业发展的主要初始优势有：①东莞紧邻香港，位居穗港走廊，拥有承接香港和特区产业转移的良好区位。同时，东莞享受深圳特区和“穗深交通走廊”建设的“红利”。在深圳特区建设中，为确保经济特区的成功，大量基础设施建设，为东莞对外贸易提供便捷和快速通道。②20 世纪 80 年代，中国香港、台湾和一些发达国家的劳动密集型产业由于土地、劳动力成本的上升竞争压力加大，开始大规模的转移，深圳、东莞因其邻近区位而优先获利。③低廉的土地和劳动力价格，便于开发建设的冲积平原，成为东莞产业快速聚集的基础。④低环境治理成本。在当时的环境下，东莞对入驻企业来者不拒，其中包括中国香港和台湾转移出来的一些劳动密集型企业和环境污染较重的企业。这种低门槛进入为东莞经济快速增长注入了动力，但也导致经济低层次化及其环境外部性问题。

东莞的初始条件与初始优势与当时的国内外政治经济环境、珠江三角洲地区的发展环境和东莞自身的环境有关。随着三个层面的环境变化，东莞的产业发展条件和优劣势也处于不断的变化之中（表 10.3）

表 10.3 东莞经济发展的初始条件与发展环境的变化

1980～1991 年（初始期）	1992～2006 年（腾飞期）	2006 年至今（转型升位期）
①国家沿海发展战略的高强度倾斜政策 ②国内短缺经济与卖方市场，驱动产业快速壮大与资本积累 ③地缘（沿海）人缘（海外关系）优势突出 ④环境政策宽松，环境成本低 ⑤土地政策宽松，土地成本低。全国的廉价劳动力和资本、人才聚集 ⑥各种税费优惠政策	①优惠政策及政策效应持续显现 ②较低廉的环境、土地、劳动力、能源成本 ③区域投资环境的大幅度改善 ④地方政府积极有效的运作 ⑤产业资本积累能力的增强 ⑥产业集群效应、规模效应、产业配套效应明显	①低土地、低劳动力、低环境成本、低能源成本的原初优势已失去 ②劳工荒出现，劳动力供应趋于短缺，劳动力成本上升 ③全球经济危机及持续影响 ④原有初始优势逆转，资金积累优势、产业链配置优势、市场优势、品牌形象优势、规模化集群优势、科技创新等新优势成为经济发展驱动力

东莞产业的发展得益于东莞发展的初始优势，经过 30 多年的快速发展，在新的国际国内环境下，原有的土地、劳动力、政策、水资源和生态环境优势已发生重大逆转，资金积累优势、产业配套优势、市场优势、品牌形象优势、良好的综合投资环境优势、政策制度和科技创新已成为东莞经济升级持续发展的动力所在（表 10.4）。东莞需要有新的思路和模式来应对环境的变化和问题的挑战。

表 10.4　东莞社会经济发展进程中的资源和发展条件的优势转换

资源和发展条件	优势转换
政策资源	产业优惠政策在东莞经济发展中一直起重要作用；随着政策时效性趋弱和普惠化，原有的优惠政策效应减弱
区位资源	区位优势和“香港-深圳因素”对东莞产业聚集起了关键性作用。随着香港在内地的“腹地广域化”和发展梯度减小，原有区位优势中的某些成分有所削弱。然而，随着深港一体化和港珠（珠江三角洲）一体化进程的推进，港口和现代化的交通网络体系建设，东莞的交通区位优势强化，区位因子作为一种持恒的发展动力因素，对经济发展的绝对作用随着区域经济联系进一步增大
人力资源	低廉的劳动力曾是东莞发展的三大初始优势之一。体能性劳动力的优势已大幅度减弱，同时在 2004 年以后持续出现“劳工荒”。人才资源呈现出对社会经济发展的激励机制增强与相对不足形成的约束性加大的格局。高端人才资源的存量与增量紧缺又成为东莞社会经济发展的限制性因素
土地资源和水资源优势	从低度约束到高度约束，从优势资源转为刚性限制资源，成为东莞社会经济发展的主要瓶颈
生态环境和旅游资源	生态环境由良好到恶化、到逐步改善的转变，城镇商务旅游成为旅游主体
低层次产业和低环保进入壁垒限制	发展初期的低层次产业和低环保进入门槛，使东莞聚集了大量劳动力密集型产业，推动了早期粗放型经济的发展。随着东莞发展水平和产业的提升，产业进入壁垒提高，对低层次产业构成排斥力
科技资源	大量电子产品的组装使东莞科技产业呈现出“虚高度化”，东莞科技人才、自主创新、科技产业落后于深圳、广州、佛山和中山，与东莞经济实力不相称
各种先发先建优势	在传统优势减弱的同时，东莞各种先发优势已经转换成资金积累优势、产业链配套优势、市场优势、品牌形象优势，并在因果循环效应作用下不断放大

三、东莞产业发展的外源驱动力分析

东莞具有典型的外源型经济特征（图 10.6），经济的发展源于港台和外资的推动。根据投资主体和产业源地，在东莞经济发展过程中，存在三次大的外源驱动时期：第一次是 20 世纪 80 年代，香港“三来一补”企业的进入；第二次是 90 年代初期，深圳特区内劳动密集型产业在产业政策驱压下大规模迁移到特区外和东莞；第三次是 2000 年以来，台湾电子产业和其他档次高的企业大规模入驻东莞，推动了东莞产业结构的升级和高层次化。

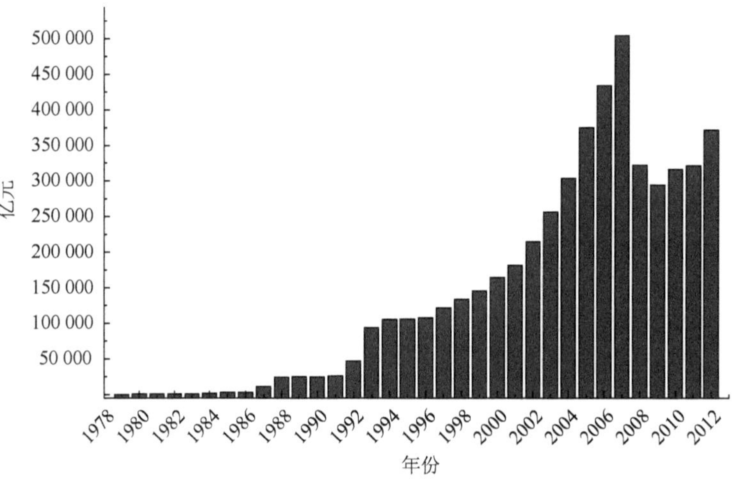

图 10.6 东莞市实际利用外资额变化

东莞承接产业转移的主要路径有以下四种。

1. 路径一：香港—深圳—东莞

早在 20 世纪 50～70 年代，香港利用当时的国际经济形势和产业转移趋势，迅速建立了一个以纺织、服装、玩具、钟表、制鞋、五金、塑料、电子等为主的轻工制造业体系，到 1986 年前后达到其峰值，创造的总产值达到 622 亿港元，占香港 GDP 的比重达到 40%，就业人数近 90 万人。到 20 世纪 80 年代，香港本土出口加工业已是强弩之末，陷入成本上升、利润下降难以为继的困境。恰逢中国改革开放之初，与香港一河之隔的深圳特区率先接纳香港加工厂，一时香港加工厂布满深圳，有部分工厂进入了东莞。1992～1993 年，深圳决定开始第二次产业转型，大力发展高新技术产业，对“三来一补”加工业不再欢迎，大量出口加工厂此时被“驱赶”到与深圳紧邻的东莞。东莞（还有深圳特区外的宝安和龙岗、惠州等地）成为香港劳动密集型企业的在内地的主要聚集地，这些企业在东莞低成本环境（土地、劳动力、环境、能源、水等）和优惠政策下，快速成长壮大，成为东莞经济的主体。

2. 路径二：台湾—东莞

台湾的制造业从 20 世纪六七十年代开始起步，最初为与香港类似的出口加工工业，80 年代开始，台湾大力发展起来一个电子资讯产业体系，包括了资讯工业、家用电器、发电配电机械、电子元件等。在台湾本土这类产业于 2001 年前后达到顶峰，产业总产值达到747亿美元，占台湾制造业总产值的31%。电子产业在台湾制造业中占据着举足轻重的地位。到了20世纪90年代，台湾本土的电子加工产业，同样面临着在岛内难以维系的发展困境。这样，台湾人仿照香港人的做法，将难以维系的企业迁至中国内地，寻求更低成本的制造业洼地。1998年前后，台湾的桌面电脑组建和电子元器件工厂大举迁往东莞。

3. 路径三：欧美日韩等跨国公司的入驻

欧美日韩等发达工业化地区—东莞。1992年邓小平“南方谈话”以后，东莞迎来外商投资的热潮，许多欧美日韩等发达地区的跨国公司（包括一些全球500强公司）也开始向东莞投资，这一方面源于中国经济快速的发展，为进入中国市场和利用中国廉价的劳动力资源，许多企业选择东莞；另一方面，在港台企业的带动下，东莞形成良好的产业配套环境，目前已有日本日立、韩国三星、美国杜邦、瑞士雀巢、荷兰菲利浦、德国赫司特、日本NEC、新日铁、索尼、法国汤姆逊、日本住友金属等50多家世界500强企业在东莞投资建厂（图10.7）。

(a)

(b)

图10.7 “村上”的跨国公司

4. 路径四：内地—东莞

随着东莞港台企业、外资企业的大量驻入和产业关联配套体系的形成，东莞作为中国经济极化中心之一，吸引了一批内地企业或私营经济进入东莞办企业，或与原企业有关联或完全是新的投资项目。2008年全球金融危机，对香港“三来一补”的中小型企业冲击巨大，港资企业数量减少近一半。内资企业趁势生长或进入东莞。

东莞产业经历了两个发展高潮。其中，第一个高潮时间段为1985～1997年。由于香港产业转移，给东莞产业带来了发展机遇，并由此创造了一次辉煌。第二个高潮时间段为1998～2006年。由于台湾电子资讯产业向东莞地区的转移，给原本已疲软的东莞经济注入了新活力，获得新一轮的发展。在此高潮之后，东莞产业再次出现拐点，预示着东莞产业已进入又一个转型期。

四、东莞产业结构及发展变化分析

三次产业结构的变化反映出一个地区产业结构变化的总体特征。东莞三次产业比例由 1978 年的 44.52∶43.86∶11.62 调整到 2012 年的 0.4∶47.4∶52.2（图 10.8）。从三产组合变化特点看，可将东莞产业结构演变分成四个时期：①1978 年以前的农业经济主导时期。改革开放之初，东莞工业基础薄弱，只有一些与支农工业相关的“五小工业”。②1979～1995 年快速工业化时期。第一产业比重大幅下降，第二和第三产业比重快速上升，实现了农业经济向工业经济的转型，到 1995 年三次产业比为 7.2∶56.4∶36.4，呈现出典型的工业化中期特点。③1995～2006 年工业化深度拓展时期。1992 年以后，东莞的经济发展进入一个较快的发展阶段。这一阶段深圳特区“三来一补”企业在产业政策驱压力下，大量迁移到特区外和东莞。工业的迅速发展，同时拉动了东莞第三产业的持续增长。2006 年第二产业比重（57.3%）达到历史顶峰。④2006 年以后进入到三次产业结构基本稳定、产业内部细分结构和质量结构深层次调整时期。2006 年以后，第二产业比重小幅度下降，第三产业小幅度波动抬升，这与东莞市以外向型工业为基础的发展模式和作为全球性制造业基地“锁定”有关。产业结构作为经济发展宏观目标指标已行失去实际指示意义，东莞产业已进入到产业内部细分结构和质量结构深层次调整时期。未来东莞制造业需向高端、高附加值方向发展，第三产业要实现传统服务业向现代服务业的转型升级。

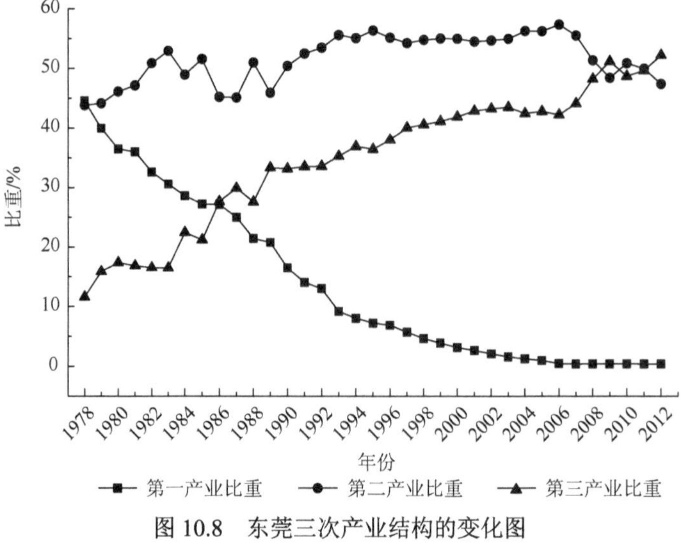

图 10.8　东莞三次产业结构的变化图

按经济成分，2012 年东莞拥有 57 808 万个企业。其中包括国有企业 20 个、集体所有制企业 254 个、港澳台投资企业 6435 个、外商投资企业 2530 个、私营和其他企业 48 569 个。企业数量的变化有几点值得关注：①国有企业数量很少，占有比例经历了由低到高、由高到低的过程，在东莞这种市场环境下，国有企业竞争优势较小。②集体所有制企业自 1978 年以后快速增加，到 2000 年左右达到峰值后并大幅度跌落到所剩无几，整个珠江三角洲的企业都具有这一变化特点。早期集体乡镇企业快速发展，尔后受到来自港台和外资企业的竞争压力，以及连续的全球经济危机冲击，各村社纷纷放弃实业，转到土地、厂房、铺面出租，形成了对不动产高度依赖的租赁型经济。③港台投资企业数量经历了 1991 以前的增长期（香港企业溢出）、1992～1999 年快速增长（特区内的香港企业溢出），2000 年台湾电子产业及配套产业大量进入，2008 年受全球金融危机影响，大浪淘沙，企业数量减少近一半。④私营、合资等其他类型的企业一路攀升，占了东莞企业的大半壁江山（表 10.5）。

表 10.5　东莞历年企业单位数（按经济成分分）　（单位：个）

年份	工业企业数	其中				
		国有	集体	港澳台投资	外商投资	私营和其他
1978	1 290	64	992	234		
1979	1 250	63	831	356		
1980	1 293	64	767	462		
1981	1 479	64	732	683		
1982	1 862	66	842	954		
1983	1 964	68	615	1 281		
1984	2 329	69	633	1 476		151
1985	4 187	73	521	2 548		1 045
1986	5 949	81	510	3 842		1 516
1987	8 106	74	462	4 836		2 734
1988	8 408	72	424	5 241		2 671
1989	8 757	76	430	5 728		2 523
1990	9 892	78	436	6 150	4	3 214
1991	10 094	77	423	6 735	4	2 855
1992	11 639	72	415	6 908	4	4 231
1993	12 449	75	380	8 137	24	3 833
1994	14 086	45	351	8 836	191	4 663
1995	15 215	70	324	11 652	210	2 959
1996	15 326	40	312	10 774	253	3 947
1997	16 857	41	273	11 740	315	4 488

续表

年份	工业企业数	其中				
		国有	集体	港澳台投资	外商投资	私营和其他
1998	16 406	29	253	10 611	461	5 052
1999	16 877	29	241	12 711	731	3 165
2000	16 975	23	220	12 663	893	3 158
2001	18 094	20	218	13 365	1 186	3 305
2002	21 313	19	198	10 830	907	9 359
2003	21 935	19	200	10 969	958	9 789
2004	22 156	13	211	9 450	1 422	11 060
2005	21 868	10	220	10 141	2 093	9 404
2006	22 447	10	211	10 271	2 190	9 765
2007	22 587	16	151	10 041	2 528	9 851
2008	26 372	35	484	5 122	2 489	18 242
2009	31 160	26	313	5 141	2 439	23 241
2010	38 273	21	262	5 417	2 447	30 126
2011	46 413	20	215	6 114	2 562	37 502
2012	57 808	20	254	6 435	2 530	48 569

注：资料来源于东莞市工商局，在处理时已将 1978～2001 年集体企业中“三来一补”的企业放入到港台独资企业中

从工业行业结构变化上看：1978 年以食品加工、烟花爆竹、建筑材料、纺织服装、农机修理等工业类型为主，属于一种农产品加工和农业服务的传统乡村型工业；1985 年主要以食品加工、工艺美术加工、纺织服装、电气机械、建筑材料为主体，占当年工业总产值近 50%；2012 年东莞形成了电子信息、电气机械设备、纺织服装、食品饮料、造纸及纸制业五大支柱产业，其产值占工业总产值的 87.03%，以及四个特色产业（玩具及文体用品、家具制造、化工制品、包装印刷业），占总产值的 12.97。从企业产值规模看，2012 年东莞规模以上工业企业数 4526 个，规模以下 53 282 个，占企业总数的 92.17%；大型和中型企业产值占东莞工业总产值的 83.95%，说明大型企业对东莞为工业产值贡献率具有主导作用。

东莞工业结构总体特点如下：①工业产值规模大、产业类型多；②制造业发达，以加工组装劳动密集型产业为主；③外向型经济特征突出，国际市场参与程度高，但同时存在对外依存度大、内外源不协调问题；④产业空间组织上，产业杂聚分散与产业集聚共存。

五、东莞经济发展的困境与挑战

2008 年的金融危机对社会经济和企业发展产生的持续影响已起广泛关注，东莞作为我国经济对外依存度最高的地区，承受着更大的压力与打击，这一年东莞

的港台企业数减少了近一半。连续出台的多项政策后效与国际国内形势出现了未预期的力量叠加，将企业尤其是中小企业置于多重重压之下：新《劳动法》的出台使隐性劳动成本显形化、企业综合劳动成本上升；重庆等内地城市经济的崛起，截流了相当部分返乡劳动力，导致劳工荒进一步加重；劳动工资上涨压力持续走强；越南等东南亚国家以更低廉的工资驱动一些劳动密集型产业跨国转移；人民币升值与税费政策的调整；欧美经济的整体滑坡，定单明显减少。这对那些利润空间不大的中小企业来说产生致命冲击。

然而，从中长期看，东莞产业发展更大的问题来自内部的挑战。从系统动力学和“经济的社会维度”分析看，东莞产业发展问题存在于产业形成、发展的路径依赖、产业结构性缺陷和“经济与社会关系结构的锁定”中。

东莞产业问题溯源于其企业“母体”——港台“岛式”经济的“基因”中：小规模、低技术含量、劳动投入密集、行业和产品种类繁杂、主导产业地位不突出、产业链短关联度低、利润弹性空间小、受国际市场波动影响大、进入退出壁垒低（速生快灭）、前店后厂的经管方式。在全球产业分工体系中，它是与经济整体发展水平较低相适应的一种产业体系，呈现出极强的“经济边际性”。

东莞产业问题衍生于“三来一补”的模式中：村社各自为战；产业垂直分工不足与水平分工错位；两头在外缺乏与地方和国内经济的联动；外源性突出而内源不足；单一工厂生产性职能使其处于利润的最低端、土地开发和企业引进成为经济粗放增长的基本途径；地方租赁型经济与企业经济的分割弱化了企业的根植性；村社经济高度依赖于企业对土地或厂房的租赁，众多中小企业因村社这一层次租赁较低，而与村社捆绑在一起，企业和村社都不希望这种平衡被打破，从而对自身利益带来伤害。东莞特有的经济结构和发展模式创造了“东莞奇迹”，但东莞模式内在的不足及其问题的长期积累，又成为当今产业结构调整的深层次障碍。

第三节　东莞产业用地的结构、特征与问题

20 世纪 80 年代以前，广东省的工业基地集中在北部韶关等地区（小三线），其工业产值占全省的 60%左右。而毗邻香港的东莞，属于“一线”地区，工业基础十分薄弱，属于传统乡村农业经济地域。改革开放后东莞凭借其区位优势，承接香港和台湾出口加工业转移，走上了快速工业化、城镇化道路。在这一进程中，东莞市各镇区以村、社为基本单元，广开门路、招商引资。在 20 世纪 80 年代和 90 年代初相对宽松的土地政策下，出租土地和出租厂房，大量的分散的厂房和相对集中的工业区，如雨后春笋般的在东莞迅速蔓延开来，呈现出由西（毗连深圳）向东北空间推移的态势。与此同时，数百万的外来务工人员的进入引起的住房需求，极大地刺激了本地居民建房和租房的热情。80 年代后期到 2000 年初期，东

莞建设用地快速膨胀。2000 年一位英国从事遥感地理信息系统的专家对中国同行连呼“疯了，疯了，这个城市（东莞）在疯涨”。这种自下而上的，以村社为主体连同成千上万的工业企业推进的工业化和城镇，形成了一种面积很大的“村镇化地域”，成为东莞建设用地的主体和基质。

村镇化地域广泛出现在深圳特区外的宝安和龙岗、广州、佛山等城乡交错带。一些学者将珠江三角洲称为城市连绵区，这一表述值得商榷。珠江三角洲城镇化地域的品质远远达不到欧美地区城市连绵的层次，内在结构相差甚远。珠江三角洲实际上是由面积相对较少的城市地域和面积很大的村镇化域组成，形成了中国特有的一种巨型的、三元性的“城市-镇乡-村社”地域结构体系。

一、东莞土地利用结构特点

表 10.6 为东莞第二次土地利用现状调查数据。其中，耕地和园地面积为 47 354hm^2，占全市总面积的 19.25%。建设用地面积为 105 639hm^2，占总面积的 42.94%。从用地结构上呈现出城镇化地域的特点。

表 10.6　东莞土地利用结构表　（单位：hm^2）

总面积	耕地	园地	林地	草地	城镇村及工矿用地	其中					交通运输用地	水域水利设施用地	其他用地
						城市	建制镇	村庄	采矿用地	风景名胜用地			
246 001	12 586	34 768	34 536	14 483	95 245	9 738	9 167	74 822	546	972	10 394	38 397	5 592

资料来源：第二次土地利用现状调查数据

总体上看，东莞土地利用有如下特点。

1）建设用地比重大，呈现出高度城镇化地域用地特点。与广州、中山、珠海等市相比，东莞市建设用地比重高于珠江三角洲其他城市。若考虑到未利用地中的已征用尚未出让土地和手续不全的用地，建设用地面积和比重更大（表 10.7）。

表 10.7　东莞市土地利用构成对比表　（单位：%）

名称	耕地	园地	林地	草地	城镇村及工矿用地	交通运输用地	水域及水利设施用地
广东省	0.14	0.08	0.57	0.02	0.08	0.02	0.09
广州市	0.12	0.15	0.36	0.01	0.18	0.04	0.14
深圳市	0.02	0.12	0.31	0.02	0.40	0.05	0.09
珠海市	0.11	0.04	0.24	0.01	0.23	0.03	0.35
佛山市	0.10	0.03	0.20	0.02	0.31	0.03	0.31
东莞市	0.05	0.14	0.14	0.06	0.40	0.04	0.16
中山市	0.07	0.11	0.17	0.02	0.32	0.02	0.29

2）工业用地比重大，呈现出鲜明的工业化地域用地特点。按详查统计口径，东莞独立工矿用地占全市居民点及独立工矿用地总面积的59.24%、全市建设用地的50.22%。若加上城市用地中的工业用地，实际工业用地面积更大。东莞作为全球性的加工制造业基地，在用地结构上体现了工业用地主体地位的特点。

3）集体建设用地比重大，呈现出强烈的“村-镇化”用地地域特点。东莞村庄用地占全市城镇及独立工矿用地总的78.56%，有70%的户籍人口生活在农村，70%左右的经济总量在农村，70%以上的工业企业分布在农村。这一特点与“东莞模式”密切相关。尽管东莞大部分已完成“村改居”的转制工作，东莞村镇化地域特征仍将持续相当长时间。村镇建设用地成为东莞面积最大的一种基质用地类型，是东莞建设用地调整、整合的重点。既是土地集约利用存量潜力最大的区域，同时也是难点所在。

4）林地和空间绿化隔离带用地比重偏低，镇村建设用地高密集带生态用地匮缺。东莞市的林地面积只占全市土地面积的14%，与广东省（林地占60%）比较相差甚远，在珠江三角洲各市中排位很低。经过近30年的快速发展，东莞已由乡村地域转变成城镇地域，非建设用地功能从生产型转向生态游憩。从生态价值上看，林地要高于耕地。受耕地保护政策的刚性约束，近年来，林地成为仅次于耕地减少量第二大的用地类型，这一趋势与良好的人居环境和创业环境相冲突。由此决定了东莞城镇化地域未来土地利用的战略指向：力争政策的支持，将耕地纳入城市生态绿地建设体系中；通过地上地下空间拓展、容积率适度提高、用地类型调整，提高建设用地集约化程度，置换出部分建设用地返归于生态用地。

东莞土地利用的空间结构，是地形地貌限制、生态林地和基本农田保护、道路空间展布引导、城-镇-村区位选择、规划指引约束，以及空间路径依赖综合作用的结果，其组合结构具有以下特点。

1）建设用地用地表现出“大分散、小集中、沿路展布”的特征。东莞市30年来走的是以村社基层为主力的“自下而上”的城镇化发展道路，建设用地布局分散。

2）用地分割、破碎、零散。东莞发展模式的一个基本特点是，村社既是经济培育、衍生、壮大的基本单元，又是经济发展最重要的行为主体和用地主体，各镇（区）、村（街）、社（居）拥有很强的自我管理和发展权力，每一个村社都有一个或多个工业区。村社各自为政的发展必然造成建设用地的分割、破碎和功能上的不协调。有关研究表明：东莞市工业用地总图斑数为18 489块，平均每块面积为2.63hm^2。面积在0.5hm^{2}以下的工业用地数量占25.01%；面积在1hm^{2}以下的工业用地数量比例高达42.79%；而面积在30hm^{2}以上的工业用地数量只占0.32%。

3）用地空间组织呈现出村社-镇区-市区三元用地结构形态。受土地利用分类标准局限的影响，东莞城市用地仅限于市区，面积只占全市城镇村及独立工矿用地总面积的 19.63%，建制镇建设用地占 19.78%，村建设用地占 60.53%。从用地主体和功能结构上看，东莞用地空间格局由村社用地、镇区用地、城市用地镶嵌组成。而镇区用地同时兼具城市用地和村社用地特征。事实上，东莞不少经济发达、城市规划建设相对好的镇区，在用地规模、人口规模、功能结构、景观形态方面已具备了“城市形态”（图 10.9）。

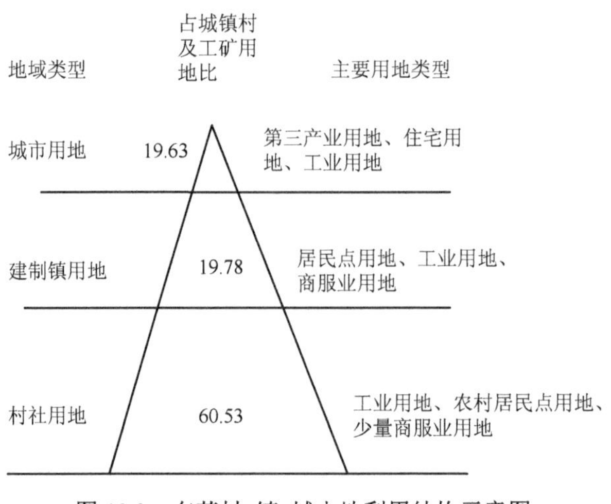

图 10.9 东莞村-镇-城土地利用结构示意图

二、东莞产业用地空间组织演变

东莞产业的形成、发展与土地的支撑、开发利用模式密切相关。依据两者组合性发展变化特点，可以将东莞的产业用地空间组织为成四个阶段。

（一）改革开放初期：分散式的工业发展模式

20 世纪 70 年代末、80 年代初，伴随着改革开放和港台等劳动密集型产业转移的趋势，东莞凭借其优越的交通优势和低廉的劳动力成本成为此次转移的首选地。1978 年 7 月，国务院颁布了《开展对外加工装配业务实行办法》，广东省做出发展来料加工的决定，东莞迅速做出反应，同年 8 月 30 日，东莞政府与香港信孚手袋制品公司签订合同后，全国第一家来料加工企业——东莞太平手袋厂正式投产，1983 年，全市已引进“三来一补”企业 1281 宗，1988 年达到 5241 宗。

村社基层单位和乡镇政府，通过土地和厂房出租不断容纳入驻企业，本地村民自建住房以满足外来务工人员住房需求。由于各村各社的建设主体分散、厂房的建设根据企业需要随机选址，也由于发展太快缺乏统一规划布局，导致工业厂房布局分散，厂房与住宅混杂，形成村镇化地域低品质的根源（图 10.10）。

(a)

(b)

图 10.10　村镇化地域的旧厂房

这一时期的用地布局形态的特征是：①厂房一般规模较小，大多在 1000～5000m^2，厂房、仓库与工人生活作息场所相互混杂，用地狭小。②工厂与民房的关系往往是前面临街的是一排民房，一楼是店面，二楼以上是住宅，民房后面是一片厂房，形成所谓的“前店后厂”的香港布局模式。③厂房沿道路集中布置，或穿插在居民区内，造成生活和生产相互干扰。④与厂区配套的市政、道路等级较低，配套性较差。

（二）80 年代后期到 90 年代中期：独立分块开发的工业园区发展模式

20 世纪 80 年代中期之后，随着“三来一补”企业的高速发展，“三资”企业也发展起来，需要更好的工业用地发展环境，同时政府也意识到工业用地应集中和整合，并完善市政配套，提出“工业进园”的发展思路，形成独立分块开发工业园区的模式（图 10.11）。这种模式的特征是政府统一规划并集中建设工业园区的道路、市政等必要的基础设施，然后把园区划分成许多地块向企业出让土地，

(a)

(b)

图 10.11　独立分块工业园区

由企业自建厂房，各企业在自己的厂区内解决生产、生活配套。这种开发模式一般由镇一级引导，村社作为主体参与，形成镇级工业园区、村社工业园区并存的格局。独立分块开发模式的园区在东莞范围内数量庞大。

这一阶段用地布局形态的特征如下：①没有明确的工业区边界，工业企业在工业用地内简单排列。②由相对规整的方格路网，统一厂房建设标准。③各个企业在自己的地块自行建设所需厂房和宿舍，自己配套生活设施。④厂区内不考虑功能分区，不设置公共绿地、商业服务等为所有企业员工服务的集中型生活服务设施。

（三）20 世纪 90 年代后期以来：整体统一开发的工业园区发展模式

20 世纪 90 年代开始，东莞“三资企业”逐渐超过“三来一补”企业，开始承接国际产业转移，东莞市政府也意识到仅靠市政道路基础设施配套为主导的工业区开发模式，已经无法适应国际工业化发展方向和跨国集团对生产基地的选择要求，还需配套完善的公共服务设施和提升园区的环境品质，在这种情况下，东莞发展了整体统一的园区开发模式（图 10.12、图 10.13）。园区实行统一整体规划

(a)

(b)

图 10.12　大型企业组建的工业园区

(a)

(b)

图 10.13　东莞裕元科技园的职工宿舍与厂区厂房

建设，一般包括多家工业企业，但当一家企业的规模达到上述标准时，也由企业实行整体统一开发。开发主体主要是镇政府，村一级机构一般没有能力开发。比较典型实行整体统一开发的园区有长安镇安力科技园和廖步镇三星工业园。前者是多家企业集中型，后者为独家开发型。

这一时期的用地布局的特征如下：①开发面积较大，一般大于20hm^2，且一般有明确的范围界线。②形成了生产区、公共管理区、生活配套区，甚至物流中转区、公园、体育设施等功能分区的空间组织结构。③集中配置公共服务设施，如宿舍区、饭堂、金融商业网点、集中绿地、文娱体育设施等。④成立园区管理公司对各个分区实行集中式管理，实行公共服务市场化，使生产和员工生活职能分离。例如，东莞裕元科技园（图 10.13），园区内企业规模较大，知名度较高。空间布局合理，功能区明显。其园区由三部分组成，西部的商业区、中部的生活区及东部的工业生产区。在各区之间由16m宽的河道和24m宽的道路分离开来。

（四）21世纪：市级大型综合的产业园区发展模式

进入21世纪以来，国际产业转移的趋势发生了变化，一些技术含量高、附加值高的企业也开始向中国转移，这些企业对产业园区的投资环境的要求更高，不仅需要一个工作的场所，更需要一个学习、创新的平台和交流空间，使工业园区的开发更加综合化、规模化，需要市政府直接介入到园区的开发中。这一时期东莞市政府进行松山湖高科技产业园区的开发，形成大型综合的产业园区发展模式。

这种综合产业园区发展模式，突破了单一发展工业园区模式，把商务、金融、旅游、房地产、教学研发、高科技产业等多种综合功能集中起来。由市政府成立专门机构主导产业园区的开发、建设与管理，采取“高标准规划、高水平建设”的原则，重视生态环境保护，形成环境优美、设施完善、产业高级的现代化园区。这种综合产业园区的开发由市政府主导，在入园企业的选择上限制一定的门槛，选择高技术企业和高附加价值的工业类型，限制污染企业和低附加值的产业。成为东莞集全市之力和政策集合优势打造的高品质园区。

这一时期的用地布局形态的特征如下：①开发面积很大，一般在10km^{2}以上。②作为城市的一个新城区的目标建设，集科研、产业开发、居住、商业、旅游、房地产等多种产业功能于一体。③空间布局上，由不同产业主体的综合功能区组成。④选择生态环境条件好的区域建设，规划建设中将自然环境与城市环境充分结合起来，创造良好的城市生活环境。改革开放以来，东莞市产业空间组织形态也发生了很大的变化，经历了分散的工业用地模式、独立分块的工业园区模式、整体统一开发的工业园区模式和大型综合的产业园区发展模式，各阶段的发展模式的特征对比见表 10.8。

表 10.8 东莞市产业用地空间组织的四个阶段特征比较表

特征	分散的工业用地模式	独立分块的工业园区模式	整体统一开发的工业园区模式	大型综合的产业园区发展模式
开发主体	村、镇政府、个人多个	镇政府	镇政府	市政府
规模形态	零星分散的工业用地	较大，无明确的范围界线	大，有明确的范围界线	很大、有明确的范围界线
功能	单一、工业为主	较单一、工业、居住为主	功能较多，工业、居住和商业	综合，集科研、产业开发、居住、商业、旅游、房地产等多种产业功能于一体
布局	分散、工厂与民房混杂	工业企业简单排列	生产、生活等功能区分开	由不同产业主体的综合功能区
配套	无、道路不成系统	企业自己配套，又相对规整的方格路网	集中配套公共配套设施	各项城市设施配套完善
环境质量	差	较差	较好	好
管理	无统一管理	无统一管理	有公司集中管理	有专门机构管理

东莞模式创造的经济奇迹，是以建设用地大幅度增加为前提，农用地大幅度减少为代价。根据建设用地增量与增速的组合关系，可将东莞建设用地分为以下五个阶段（图 10.14）。在经济腾飞的初中期，一直表现为建设用地增量与增速双快状态。数千年延续下来的农业用地，在不到 30 年时间内被“城镇化”，这或许是经济增长不得不付出的代价。可建设用地的潜力已尽，未来的发展必然走向土地集约利用和建设用地的改造，尤其是大面积的村镇化地域的改造。实际上，东莞市镇政府和村社基层，一直在不断地探索合理组织和调整用地，各阶段的产业发展、用地组织模式正是这种努力的表现，这一成效是显著的。然而，东莞的发展速度太快，特定历史条件下积累的问题太多，不是短期所能解决的。东莞可以视为中国社会经济快速发展地区的一个缩影。

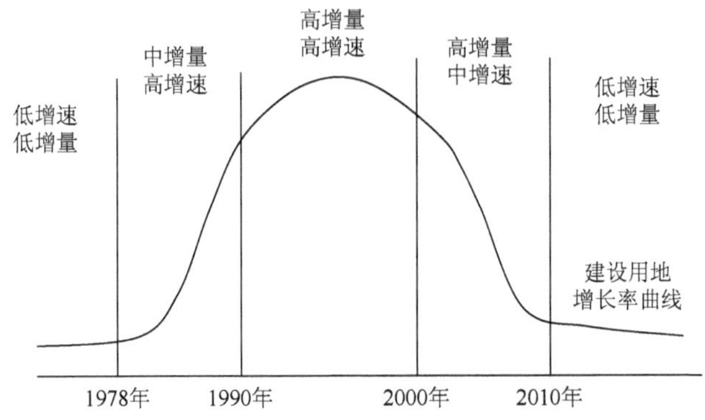

图 10.14 东莞建设用地增速增量阶段示意图

东莞市经济发展的巨大带动力，主要来自村社基层招商引资驱动的工业化和城镇化。镇级实力一直强于市级。近年来市政府一系列举措，如推进产业升级改造、“三旧改造”、积极处置闲置用地等，表明市政府在东莞市发展中的话语权在增强。实现村镇化地域向城市地域升级，成为市镇政府和基层组织需要长期推进的目标。

总体上看，东莞土地利用和土地再开发有如下特点：①类型结构表现出“三高、三化”特点。即建设用地比重高、工业用地比重高、集体建设用地比重高；高度城镇化地域、高度工业化地域、高度村镇化地域。②空间结构呈现出大分散与点轴集聚伴生，局部优化与总体零乱共存，村社用地与镇区用地、城市用地镶嵌的空间格局。③动态变化表现为“三快、三转变”。耕地和林地等生态性用地减少快、以工业为主体的建设用地增幅增速快、土地利用类型结构和空间结构变化快；乡村农业型地域向村镇工业化地域-村镇城镇化地域转变、城镇空间形态由点线扩张到面上填充。④东莞土地资源已由早期的优势资源和低度约束进入到高度约束。增量建设用地不足已成为制约东莞社会经济发展的瓶颈，这将深刻地影响大型优质项目的驻入、产业调整升级、已形成的土地利益关系。⑤近年来，东莞在园区建设、“三旧改造”、闲置用地和违法用地处理、建设用地储备、土地节约集约推进等方面，取得了显著成效。然而，在特定的发展背景下长期积淀的历史问题，盘根错节，非一项政策或短时期内能够解决。东莞模式在取得巨大的经济绩效时，也同时造成了特定的“东莞问题”和巨大的克服改造成本。从“东莞模式”到“东莞问题”的解决，将是“新东莞”重塑过程。

三、高度依赖型的不动产租赁型经济

在过去相当长一段时期内，东莞各村社和村民依靠土地和物业出租的经济发展模式对促进集体经济、发展和增强集体经济实力起到了很大的作用，尤其在初期集体经济实力不强，需要积累一定资金作为集体经济发展的情况下，成为多数村社集体愿意接受的一种安全、成效较快的经济发展方式。但是在集体经济实力已经达到一定程度的情况下和区域整体经济高层次化背景下，仍然继续采用依靠土地和厂房租赁的经济发展模式，则不仅会使集体经济逐渐趋于萎缩，并造成土地资源的不合理利用，成为城市与区域协调的一个难题。

1）从土地资源持续利用的角度来看，单一的土地和物业出租的发展模式是一种外延的低效的用地形式。集体经济采用“土地或物业出租—获取租金—积累开发资本—再开发土地—继续出租”循环滚动的封闭式开发模式，以此维持集体经济组织的收入和运转。随着土地的不断开发，有限的土地资源不断减少，增量土地的租金就会减少，集体组织收入也会相应减少，从而集体经济实力减弱，开发土地能力降低，集体将逐渐变得难以维持。

2）从城市发展的角度来看，这种发展方式增加了村社局部利益与城市整体利益的冲突。从村社集体角度，土地被征用所获得的收益远不如集体自己开发或出租获得的收益大，而从事农业生产收效又远不如工业收效。在这种级差效益的比较下及土地开发的巨大利益驱动下，村集体偏向于“与其被征，不如自己先建”、“与其发展农业，不如发展工业”，从而形成大量抢建、违章建设情况。这不仅制约了城镇发展的空间，也对其进一步改造带来挑战。

3）从产业发展的角度，土地或物业出租的方式虽然减少了企业的发展成本，降低了企业入驻的“门槛”，对企业具有一定的吸引力，但也造成产业良莠不齐、混杂一处，难以高效、集约利用土地，带来环境的污染和资源的浪费，不能为集体经济后续发展的强劲动力（图 10.15）。

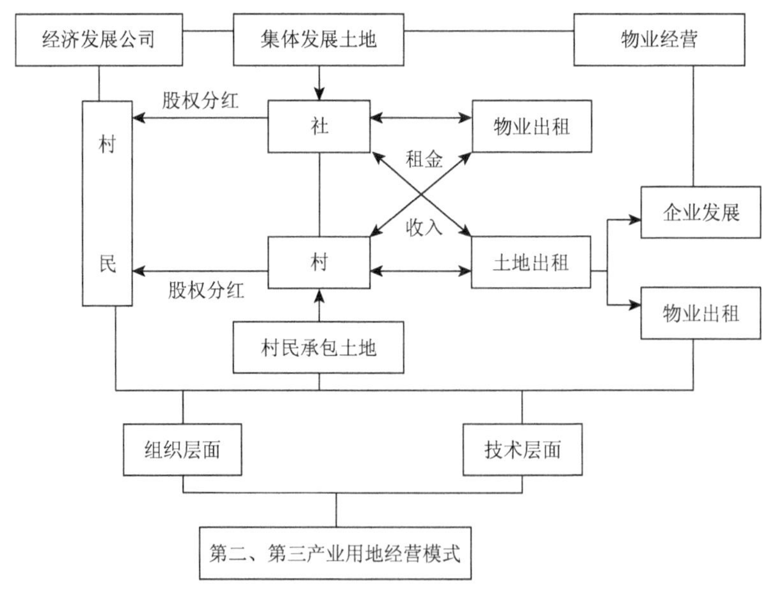

图 10.15　东莞集体物业用地经营模式

4）从维持失地村民的生活和工作的角度来看，土地或物业出租的方式失去了对集体资源支配的主导权。补偿款和私房出租收入以外主要依赖于集体的分红，而集体的分红又依赖于土地、物业出租的租金收入，最终还是依赖于市场的需求和承租方。这个“链条”并不是稳定的，当出现竞争者，或是市场需求变化和制度、政策变化时，就会带来极大的波动，最终受影响最大的还是村民。

5）从法律纠纷和法律保护的角度来说，在这种经营模式下，集体相当一部分的厂房无完备手续，无法得到法律的认可，一旦发生纠纷，在缺乏法律保护的情况下集体将处于不利地位，最终受损害的还是集体组织。

6）从物业用地尤其是工业用地分布上看，工业用地零星分散，布局混乱，造成了企业规模小而分散，各园区间缺乏横向经济联系，难以形成聚集经济效益。

土地、物业出租的经营模式在集体经济发展的早期，对快速、安全的积累资金，具有重要作用。在集体已经具有一定的经济实力后，仍然采用这种发展模式不仅不能产生早期的效果，在土地资源日益紧缺的情况下，集体的发展优势将逐渐变弱。要保持集体经济的持续发展，必须进行经济发展模式和组织模式的创新。

四、土地利用存在的问题

（一）土地利用的不可持续性

1. 高速发展和高强度建设下生态环境问题严峻

在城镇建设和经济迅猛发展过程中，环境污染和不合理的土地利用使东莞生态环境问题突出，废气、废水、固体废弃物的排放量维持在较高的水平，环境整治和保育不足，土地污染和水污染严重；推山平地、采石取土，侵占水源保护用地和农业保护用地等土地开发方式较为普遍，不适当的土地开发利用方式使生态环境恶化。

2. 村（社）镇经济增长与村民收入高度依赖于土地租让

村社集体和村民收入高度依赖于厂房出租和房屋出租。然而，土地资本化所提供的土地收益只是部分地通过建厂房、住房出租等投资回报方式加以转化，其他收益及转化而来的新增收益经过重新分配，大都直接用于消费，很少用于投资其他产业，土地收益难以进入“资本增值”循环。这样的土地收益分配、使用方式，使土地资本成为村民赖以生存的唯一出路，由于土地收益与劳动收入之间的悬殊差距，村民就业无积极性。受经济利益驱使，村社全体致力于土地开发和厂房出租，村民建房出租，相互间缺乏协调，彼此间恶性竞争，导致建设“四处开花”、布局混乱，既缺乏规模效益和集聚效益，同时造成土地结构失调和环境恶化问题（图 10.16）。

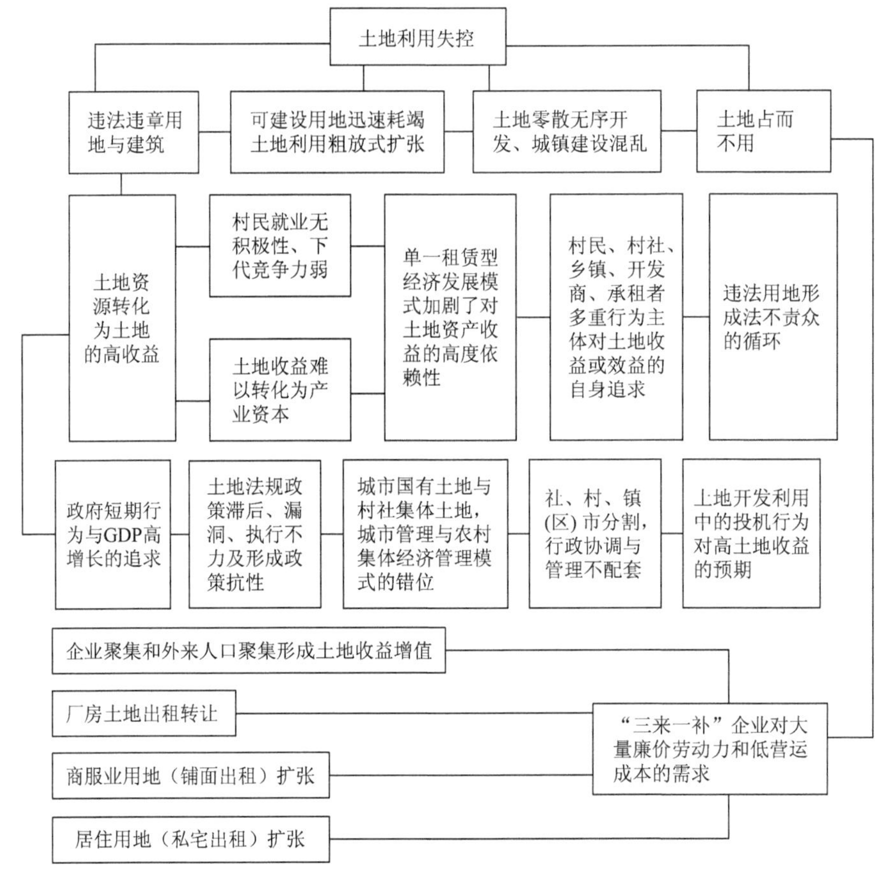

图 10.16　多重利益驱动下土地利用失控分析

3. 现行土地出让政策和土地供给紧缩刺激了土地的占用和转让

土地出让市场价格与村集体实际收益部分形成的巨大差异，令村集体认为现行出让政策实际上是政府夺取农村集体土地收益的手段，结果刺激了村集体和外商、国内企业的转让。1997 年中央政府实行耕地转用冻结政策，严格控制建设用地增量。在此形势下，村集体预期政府对土地控制将更严格，地价将上涨，便抢先将农用地转为建设用地，以实现对非农用途土地的大量占有。同时，房地产开发商预期地价将上涨，就扩大土地需求，向村集体大量求购土地。土地保留需求（非法占有）与新增需求（企业求购）同时增加，直接导致了村集体土地交易规模扩大，农地转建设用地面积增加。

4. 复杂的土地权益关系加剧了土地闲置

在土地交易中，土地投机者不以从土地开发中获取收益或其他报酬扩大预期利润为目的，而是从土地使用权的转手买卖中获取利润。结果在投机的土地上形成了复杂的土地权益结构。土地权益结构一旦形成便改变了投机土地的法律性质或土地商品性质，使村集体不再有完全处置权，从而使新土地需求者面临着多个权益主体，无疑提高了土地交易费用。闲置土地就是因为存在复杂的土地权益关系，隐含着巨大的土地交易费用，增大了土地转用或开发成本，使新土地需求者不敢问津，只好将目光转向土地产权简单的农地上。结果造成闲置土地依然闲置，农地越来越多地转化为非农用地。

5. 村镇化地域缺乏有效的城市规划管理体制

在东莞大量企业进入、由农业地域转为工业化城镇化地域过程中，客观上要求对公共设施配置和土地利用进行城市化管理，然而东莞长期实行的是社、村、镇多层次的农村型管理体制，各镇、村、社作为带有一定行政权力的经济主体，往往不自觉地以权力来维护自身的经济利益，尽其所能地占有土地资本及土地增值收益。出现土地多头开发、多头出让现象，最终导致各类经济主体掠夺式占用农地，造成土地开发失控。而且，这些行政主体各自为政，在自然村、行政村范围内各自配置基础设施，使这些基础设施运行处在规模不经济状态，使用成本高昂，四处开花的建设行为极大地浪费了土地资源，土地利用呈现出粗放和不可持续性特点(图 10.17)。

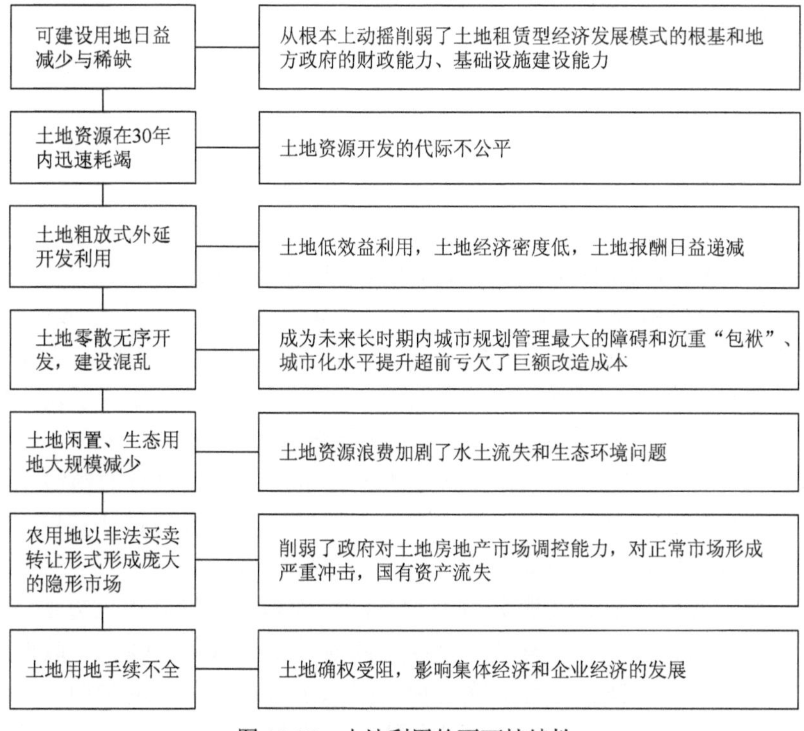

图 10.17　土地利用的不可持续性

城市化过程的本质是大规模农业用地转为城市用地、农业经济转为城市经济的过程。在这一过程中，产生了巨大的土地类型转换增值效应，必然引发城市政府、镇地方政府、村民之间的利益博弈，以及政府让利与村民获利的平衡处理问题。这客观上造成村社、村民在现有政策之内（合规合法）和政策之外（灰色地带或不合法规）的维权或逐利行为，城市政府与村社发展目标的不协调与利益互动错位。城市化进程中政府与村民这对基本关系存在一定矛盾冲突不可避免，这既有东莞全市总体利益与村改制公司局部利益的不一致，也存在认识上的差异。同时，长期以来，对政府与村民发展目标的协调与利益互动关注不够，这成为城-镇-村冲突的深层次根源。

应当说，东莞市政府对存在的经济问题和土地利用问题有相当清楚的认识，陆续出台了不少政策办法以期解决这些问题。早在1994年，市政府就提出推进东莞产业结构调整升级，力图通过松山湖产业园、东部工业园、沿海工业带的建设，提升园区产业层次水平和用地效益，带动整个东莞产业高层次化和地域高品质化。然而，总体上看效果并不理想。主要原因是政府的主要精力放在发展经济上，而对多年的沉疴解决的力度不够；政策实施不到位，导致政策失信失效；缺乏职能部门联动和综合配套政策支撑。

（二）土地利用的空间组织问题

东莞模式的一个特点是村社、镇在经济发展中的主体地位和空间的分散性。从产业经济空间组织上看，东莞市社会经济发展存在三大关联的问题。

1. 分割的行政管理体系及村-镇-城经济

对快速工业化城镇化的东莞而言，现行的行政管理体系存在严重的内在缺陷：村社分割、村镇分割、镇区分割和部门条块分割，缺乏卓有成效的跨政区、跨部门协调合作机制与制度。造成这一现象的深层次原因为不同权力结构与利益结构的驱动，而地方之间的利益和部门之间的利益的冲突加深了这一问题解决的艰巨性。东莞市行政区划变动历史和经济发展模式使得这一问题更为突出。东莞市在1988年由县级直接升级为地级市，保留了原有的镇级编制，与时同时，在简政放权政策下，经济发展的主体进一步下沉到村社基层，这种行政构架为镇级、村级社级经济主体能动性的发挥创造了条件。为了保证本行政单元的需要，各镇政府就在服务效率、基础设施和公共设施提供方面下功夫。这种合理竞争的存在，不仅有效地提高了政府的工作效率，强化了政府的服务意识，而且也为企业减少运行的交易成本提供了可能，在一定时期内促进了东莞经济的迅速发展。然而，面对经济全球一体化和区域经济一体化的冲击和东莞市发展环境的变化，镇区分治、村社分治发展的内在缺陷也暴露出来。行政条块分割造成东莞区域整体发展战略的缺乏，“强镇弱市”使得中心城市无力合理有序地组织区域整体的发展，由此衍生出镇区割据和村社割据，造成诸侯经济割据、基础设施失调和重复建设、产业分散杂聚、土地空间配置效益低下等问题。相对封闭和刚性化的行政管理体制已不能适应开放活跃的经济组织，行政壁垒已成为影响东莞市协调发展的限制性因素，东莞市能否协调发展很大程度上取决于社与村之间、村社与镇之间、镇区政府之间、镇区政府与城市政府之间的跨域协调。

2. 基础设施建设的不协调与社会公共事务的失位

完善高效的基础设施建设是发挥城市功能的必要条件。然而，在现行的条块分割的行政体制下，一方面，基础设施和某些社会公益性事物重复建设，难以形成规模效益，造成资金浪费，增加了镇区经济运营成本，降低了政府绩效。另一方面，一些基础设施建设各自为政，形不成一个统一协调、高效的运行系统。基础设施建设错位、重复。大交通良好而镇村内部功能混乱。教育、文化、医疗、科技和高端服务业等因镇区政府实力与能力所限，难以达到高品质支撑，形成相对发达的地方经济与政府高质量的社会公共服务不匹配的矛盾。

3. 产业关联互补性低与空间组织散乱

20 世纪 80 年代开始的财政管理体制改革，极大地调动了村社、镇区发展地方经济的能动性，土地开发利用在城镇和整个乡村地域全境式展开，形成了产业分散化的空间组织结构。这种以村镇为基本单元分散化的经济活动，造成村社工业园区之间、镇区工业园区之间的产业关联性和互补性不强。此外，土地有偿使用制度、以镇区行政单元分解基本农田指标和建设用地指标的土地控制制度，也加重了城镇建设和产业空间组织的分散性。

总体上看，村社和镇区各自为政的发展模式，造成了以下问题：产业结构雷同、无序和市场恶性化竞争；园区内部产业杂聚，难以形成产业集群效应；区域经济一体不足，水平分工不足与垂直分工错位；同一行业在市域内分散布局，各自为战，缺乏整合的协同的竞争力；大量村社村级工业园区使得单个园区的平均规划面积和平均开发面积过小，难以产生规模效应和产业集群效应。

（三）村镇化地域的土地低效利用问题

村镇化域是东莞发展模式的产物，长期以来一直是东莞建设用地的主体，对东莞经济的增长与发展起着重要作用。然而，“村镇化域”存在诸多问题。

1）用地结构与组织上，由农村居民点、厂房、商业铺面等集体物业用地、各类城镇建设用地和少量农用地混杂组成，与高品质的城市建设发展目标不协调，用地的负外部性突出，集聚效应和协同效应缺乏、细碎复杂的权属结构增加了改造的难度（图 10.18、图 10.19）。

(a)

(b)

图 10.18　村镇化地域农田、旧厂房、新厂房混杂的景观

(a)

(b)

图 10.19　建设扩张中的村镇化地域

2）在土地利用和经济发展上，面临的关键和核心问题是用地的低效益和产业的低层次。与城市经济的高层次和用地的高效益相比较，在“三来一补”劳动密集型中小企业这一经济结构下，村社用地总体呈现出低产出-低投入-低容积率状况。用地低效催生了产业低层次，而产业的低层次又固化了用地的低效益，两者之间存在此消彼减的制约关系（图 10.20）。

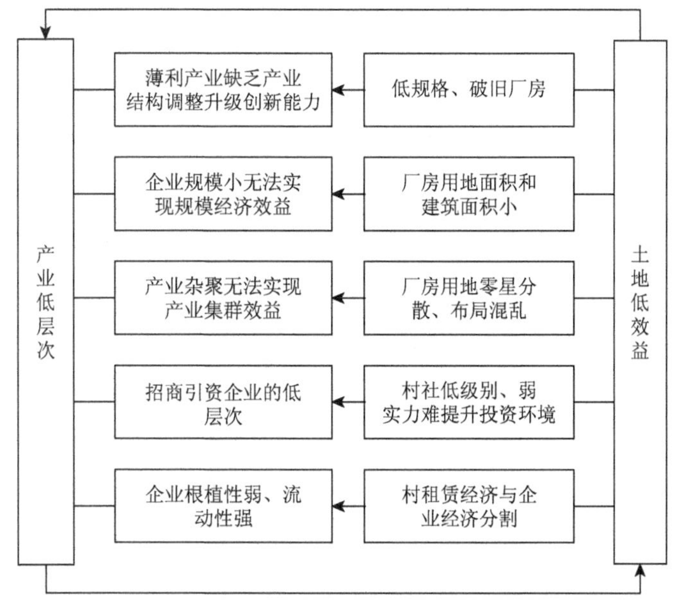

图 10.20　东莞村镇化地域土地低效与产业低值循环

3）由于历史原因，村镇化地域存在大量报建和用地手续不全的建设用地，在现行政策框架下，村社集体物业的确权受阻，影响村社集体经济和招商引资进来的企业经济的发展：产权不清导致租金低下、厂房的空置率高，村社工业用地集约利用受阻；没有确权的残旧建筑物在更新改造时只能拆、不能建，导致大量旧厂房依然“苟延残喘”，村社工业的升级改造无法推行；村社工业陷入了集体物业没有确权—工业用地集约利用低下—产业升级困难的恶性循环之中；再者，产权不明晰影响到企业上市融资，弱化了投资环境，影响到企业竞争力。

在特定的发展历史、体制政策和快速城镇化背景下，东莞村社集体经济、企业经济面临着诸多问题，村镇化地域改造与产业升级多重受阻：①集体经济发展模式的单一性和对土地“租赁型经济”的高度依赖，现代产业经济管理人才和技能的缺乏，导致村社集体经济发展活力不足。②村社集体经济肩负着社区建设和股民分红双重压力，社会负担重，导致有效投入不足，三年一任的民选制，往往使村社更多关注近期利益而缺少持续发展规划与行动。③村社组织的低层次，很难实现经济的高层次化和用地的高效化，“三来一补”企业规模小、技术层次低和附加值低，缺乏特色产业和集群产业，用地布局零散，结构不合理。④集体建设用地的历史遗留问题、违法建筑问题、现行的政策和管理办法，使集体物业确权、旧房改造、产业升级、土地集约利用受阻。

第四节 村镇化地域的更新与改造

村镇化地域是东莞经济发展模式的产物，村镇化地域一度支撑了东莞经济的高速增长。然而，在东莞经济总量已达到相当大的规模的时候，村镇化地域及其产业层次、土地利用、社会结构等方面，已经呈现出强烈的滞后性、不适应性，成为东莞社会经济持续发展的制约因素。如何从村镇化地域迈向高品质的城市地域？是东莞未来相当长的时期必然要走的路。

一、村镇化地域治理的目标与问题

东莞在特定的发展路径和模式中，形成了特定的社会、经济、人口、土地利用的结构体系。政治、政策、社会、文化、生态、经济、人口诸多因子影响着东莞的发展，并表现出一种“路径依赖”和“锁定”的特点。新的发展环境对原有的“东莞模式”提出了严峻挑战。

1）长期以来形成的“土地开发—招商引资—经济增长”的粗放经营模式受土地政策和土地供给的刚性约束而受阻，土地集约利用成为经济增长的“支点”。高能耗高污染高物耗、低值低价低技术含量产业，在全球竞争日益加剧、能源和原材料大幅上涨的景况下，失去了早期的生机活力，与东莞目前已具备的经济实力不相适应。产业结构调整升级，既是东莞经济发展的必然，又是提高土地产出效益的关键。

2）生态性功能用地向建设用地大规模转换使绿地生态系统持续破坏，分散化的不同类型的企业快速涌入，治理力度不足，水污染土壤污染形势严峻，对东莞和谐社会和人居环境的建设提出挑战。东莞土地集约利用目标应具有生态保育建设的指向：以村社为基本单元的社区改造与绿地系统建设；把细碎化的耕地园地纳入城镇地域的绿化隔离带体系的建设项目中。

3）近年来国务院和国土资源部相继出台了一系列推进土地集约利用的通知、文件、政策，并在一些城市、国家级经济技术开发区开展了土地集约利用潜力评价工作。东莞也出台了《东莞土地节约集约利用实施细则》。集约政策的推进无疑对“严控增量、盘活存量、提高效益”具有重要作用。然而土地作为社会经济的载体和问题的缩影，现有政策多限于指标上，缺乏多部门的综合配套政策支撑。

4）政治的本质是不同政党、组织、阶层、集团的有权力和利益的平衡。产业用地类型与空间组织调整，涉及市镇政府、村社组织、企业、村民和“新东莞”人等多重行为主体的权利和社会经济结构的重构，成功的关键和难点在于获得企业、村社村民的支持和认可，并在区域和城市社会综合效益最大化前提下，使不同行为主体受益。

5）在诸多影响因素中，需要特别关注的是，传统分析中比较弱化的“政治维度”和“社会文化维度”的重要影响。东莞文化是在岭南文化的基础上，工业文化和城市文化部分融合的产物。既有岭南文化中的重商、务实、互惠和风险精神，也有在参与全球经济循环中培养起来的大视野、开放观和市场经济的敏锐性。然而，30 年来持续不断强化的村社租赁型经济使其对“高额地利”模式形成精神、心理、经济的多重固化和依赖，成为东莞产业升级、村镇化地域改造的难点所在。

未来的发展东莞市不可避免地要应对问题和危机的处理。如何突破行政壁垒障碍，进行跨政区整合与协调？如何改变各自为政的经济发展模式，在区域协调中提升各镇区和整个东莞市的综合竞争力？如何跨政区实现产业联动、资源优化配置和环境保育？如何改变城乡分离、镇区分离、村社分离、地方保护、恶性竞争的弊病，克服基础设施重复建设和不协调的弊端？这些问题的解决，有赖于空间组织的创新、政府职能的变革和区域协调机制的培育。

村镇化地域治理需要实现“六大”目标：①从经济外延扩张、土地粗放经营向经济内涵发展和土地集约经营跨越。②从低值低价低端产业、产业杂聚向高值高价（包括劳动密集型产业）高端产业和产业集群跨越。③由分散破碎化空间向协调有序空间跨越。④从村镇用地类型混杂化地域向高品质城市地域跨越。⑤从生态性用地和环境容量功能耗损向生态修复培育、生态东莞跨越。⑥从本地（户籍）人口与外地人口分割向整合的社会结构跨越。

二、村镇化地域的改造与更新

村镇化地域的用地混乱和低层次，既影响居民生活，又制约了产业高层次发展。近年来市镇政府和村社基层为解决历史上形成的这一用地结构做出了不懈的努力，取得了明显成效。

石竭镇西南村的旧村改造。西南村占地面积为 2.3km^2，早在 1995 年，村内已经存在新村和旧村。当村民想在新村内建房，需向村内的建设主管部门提出用地申请，经其审批之后，采用旧宅基地换取新宅基地的办法，获得在新村内建房的用地。同时，旧宅基地归还村集体，旧房也由村集体统一管理。对于存在安全隐患的旧房，其处理方式是拆除；而可以利用的旧房，即是加以整修后对外出租（图 10.21）。

从 1995 年至今，此做法已在西南村形成了制度性，村民对此的满意度较高。西南村的旧村建筑即是体现了岭南建筑的风格，而新村的建筑更偏重其城市化景观的特点。

东城区的旧城改造与旧厂改造。东城区面积为106km^2。在组建中心城区之初，东城区的经济也是属于镇域经济，工矿用地和农村居民点布局相当混乱。尔后东城区纳入到东莞市中心城区范围内，1992～1993年开始在东城区建设新城区。对位于城市中心区的厂房，是在城郊安排两个大型工业园，将城区内的工业厂房外迁至此。

(a)

(b)

图 10.21　西南村的旧村与新村风貌

但少量工业厂房得以保留，对其进行整修后，提高企业入驻门槛，主要吸纳一些无污染、工业产值高的企业。同时，作为中心城区，市政府投入大量的资金和政策支撑东城区的旧城改造。对于零散分布的各类用地，都采用集中布局的方式进行调整，东城区形成集中分布的商业区、居住区和工业园区（图 10.22）。

图 10.22　东城区集中安置公寓

以上两案例能在“三旧”改造中有所建树，关键点在各自具备一些先发优势或是区位优势。西南村旧村改造的关键点在于，比其他地区先行一步，形成自身的制度安排。一直来，当地村民沿袭此做法，少有异议，这有利于旧村改造工作的顺利进行。同时，西南村是石竭镇经济实力较强的村，村集体在村民工作中话语权较强，为此项工作的推进提供了经济基础。同时，此做法为村集体经济发展保障了用地需求。东城区的“三旧”改造，更多的是形势发展需要。东莞市大力打造“强势政府”的一系列举措中，加大了对城市中心区的建设。而东城区正是城市中心区急需改造之处。因而，政府投入大量的资金和政策来支持此项工作的展开，才能使改造工作顺利进行。

对于其他镇区而言，已经失去了西南村的先发优势，又不在中心城区范围内，也不可能获得东莞市政府很多的支持。“三旧”改造工作存在三大的障碍：①一直来，村民已经习惯独家独户的居住方式，这样造成农村居民零散分布的特点。土地整治则是试图通过旧村改造，将居民集中安置在一定区域上，而腾出大量宅基地用于建设之用。而村民的意识尚未发生改变，很难说服他们选择在农民公寓内居住，即便农村公寓内完备的基础设施条件，也难以吸引他们。②改造融资难，资金短缺进行翻新改造，需要大量的改造资金。然而，对于大量的改造产生的效益主要体现在社会效益上，而非经济效益。即便在一些能够产生经济效益的改造工程，其成本回报都不是短时间实现的。因而，对于“三旧”改造的投资主体，就很难确定。同时，对于社会性强的改造工程，缺少融资渠道，谁也不愿意为此掏腰包。③相当多的土地和厂房已出租、转让，转让期间地方政府和村社基层失去控制权，大多中小企业，缺乏资金和对中长期发展的预判断，因而缺乏改变现状的热情。

总体上看，村镇化地域的改造需要强有力的政策支持、巨大的资本投入、配套化的社会改革和相当长的一个时期，这是东莞为曾经的“增长”和“红利”不得不付出的代价。

三、构建协同的产业-土地政策

产业结构调整升级与土地集约利用关系极其密切。一方面，产业结构调整影响土地利用方式、组织形式、结构功能变化。另一方面，土地利用结构、组织经营方式、禀赋特征、土地政策约束和刺激产业结构及其调整。在粗放经济增长模式下，产业政策和土地政策主要是围绕投资环境、优惠政策、招商引资、GDP 增长这一目标而展开，土地政策主要表现为企业大规模进入提供低价位的用地空间和设施配套的用地环境。

在集约内涵发展目标下，产业政策和土地政策及其两者关系发生了深刻变化：产业政策由过去单纯的招商引资转身结构调整、升级和产业高层次化指向，土地政策由过去优惠供给转向用地结构调整、用地功能整合、土地高效合理集约利用。基于产业结构调整与土地集约利用的互动关系，构建整合性政策平台，促进东莞经济增长方式根本转变（表 10.9）。

表 10.9 产业与土地集约利用整合的政策框架

产业发展问题导向→	整合性政策引导	←土地利用问题导向
●小规模、低技术含量、劳动投入密集全球产业分工体系的低端与价值分配的末端位置 ●薄利产业缺乏产业结构调整升级创新能力 ●企业规模小无法实现规模经济效益 ●产业链短关联度低、区域内部分工协作低、产业杂聚无法实现产业集群效益 ●产业调整受阻无法取得结构水平升级效益 ●村社相对低的组织级别和较实力难于提升投资环境，招商引资企业的层次较低 ●村社租赁经济与企业经济分割、缺乏耦合企业根植性弱、流动性强	●“堵”：严格限制不符合产业政策、用地量大且效益低、污染型企业、低水平重复建设项目进入 ●“吐”：逐步稳妥地淘汰、迁出低值低效低端企业、高能耗高物耗污染企业，腾出产业发展空间 ●“引”：重点引入高技术含量、高用地效益、高附加值、高关联度产业或企业 ●“育”：培育在竞争中壮大的龙头企业、主导产业、推进型产生高附加值企业，保障拓展嫁接、技术更新、主业升级用地 ●“换”：加强用地流转、置换。充分发挥市场配置资源的作用，使产业结构和土地利用在“过程”“流动”中升级和最优 ●“治”：重点治理环境问题区、空间破碎凌乱区、土地低效用地区、三旧改造工程	●劳动密集型低端产业使单位土地面积收益和投入呈现出双低效状态 ●低规格、破旧厂房、厂房用地面积和建筑面积小，难以规模化利用 ●用地类型破碎零散、产权关系复杂细碎，难以形成用地协调效应 ●用地功能混杂、用地的负外部性问题突出 ●一些镇中心区或次中心区存在大量工业用地，土地区位配置不合理，不能获得良好的区位效益 ●用地性质固化难于流转，难于获取用地优化配置效益和类型转换增值效益

四、村镇化地域的空间协调与整合

改革开放 30 年来，东莞市社会经济发展十分迅速，已由农业区变成城市化地域，在经济全球化和区域经济一体化的浪潮和新的发展背景条件下，东莞市正面临着产业结构冲突、镇区经济利益冲突、土地资源利用和环境管理等一系列冲突，使行政协调机制和创新机制变得极为重要。对东莞村社和镇区之间的冲突、摩擦、竞争、合作的应对与处理，引出城镇空间经济协调与重构的挑战，迫切需要以一种全新的视角进行行政资源整合和行政联合，以有效解决村社之间、镇区政府之间、镇区政府与东莞市政府之间的横向和纵向利益冲突与协调问题。

东莞以村社、镇为经济主体的分权改革给原本僵化、封闭的社会经济体制注入了新鲜活力，极大地推动了东莞经济的发展，但同时也滋生了大量跨村社、跨镇区、跨部门、跨领域的横跨性问题，导致分割的行政经济区、公共服务不足、空间破碎治理困难等问题。经过多年快速发展，东莞目前正面临着跨界冲突及区域协调的严峻挑战，东莞发展的种种重大问题、冲突和矛盾在“村社镇区-跨界冲突-区域协调”这一主题下交织与渗透，使得空间协调机制变得极为重要。通过跨政区基础设施共建、跨政区生态社区共建、行政空间重组、产业空间组织、行政组织重构等方面构建东莞跨域跨空间协调机制。

在特定的经济空间组织模式下，东莞土地利用的空间问题十分突出。固化的用地空间和物质空间，成为用地空间重塑、调整、整合的障碍。在深层次上，现实用地空间结构与现有的利益分配关系相互缠绑，更增加了改造和变革难度，意味着需要强有力的政策支撑、体制创新和巨大的改造成本。相对封闭、刚性化和分割化的行政管理体制已不能适应开放活跃的经济组织，行政壁垒已成为影响东莞市协调发展的限制性因素，东莞市经济能否协调持续发展，很大程度上取决于社与村之间、村社与镇之间、镇区政府之间、镇区政府与城市政府之间的跨域协调。为减弱镇区分割的经济的破碎性和低关联性，有效回应经济全球化、区域经济一体化和更加激烈的竞争，共创竞争力、从分割的“镇区行政经济”走向“城市区域经济”、“集群经济”、“战略集团经济”成为东莞市未来经济发展不可回避的选择。

东莞跨域跨空间协调整合机制构建设，可重点从以下几方面寻求突破。

1）跨镇区基础设施和生活公益性设施共建共享。通过基础设施项目和公益性设施项目的建设，沟通行政区间的交通和市政联系，打破村社经济、镇区经济和市区经济的空间壁垒，促进生产资料的自由流通和统一市场的形成。以空间设施的布局作为契机和切入点。实现基础设施建设、重大工程项目建设。

2）跨空间实现产业结构调整、升级、重组。克服区域经济一体程度化不高、产业关联协作不强、水平分工与垂直分工不密切问题，必须打破行政壁垒障碍，在更大的空间内，通过产业结构调整与空间转移重组，以增强企业竞争力、产业竞争力和区域竞争力。

3）跨政区生态社区共建。设立生态环境与旅游发展专项管制区以实现环境保护与生态保育事项的跨界合作，以达到环境互动的目的。具有空间不可分割性的生态环境资源，在界限分明的行政区划管理体制之下往往难以得到完好保存，在管理上往往易于出现“公地危机”，而且由于资源利用外部效应的存在，导致环境纠纷不断。通过建立专项区，旨在摆脱分割的行政区划造成的束缚，实现整体保护与合理利用。

4）行政空间重组。设立城镇组团和复合行政区，实现跨政区生产资料和市场的空间整合，解决城镇边界地带的经济合作、环境保护和市政公用设施衔接问题。每一次大的政治、经济变革都伴随着相应的行政区划与管理体制的变革，行政区划在总体上必须与社会政治、经济发展相适应。因此有必要通过行政资源整合，使行政资源与经济资源相辅相成，消除行政壁垒进而推动统一市场的发育。行政边界地带是一个复杂而敏感的地理空间，而行政边界地带复合型政区则是一个虚拟空间，设立的宗旨在于沟通镇（区）际的物流协作与产业融合。组团内部道路桥梁、市政管网、污水处理设施、垃圾填埋场（垃圾焚化厂）等基础设施的空间协调。通过跨境工业园的建设促进组团内部产业资本和土地资源的跨境合作与空间融合。

东莞村镇化地域治理进程的推进，应采取宏观（全市范围）规划指引，微观（村社、村区、地段、地块）操作实施；先易后难，先重点后一般；以地块单元，以空间整合为手段；实现村镇化地域向城市化地域“蜕变”。

东莞城市、镇、村长期各自为政、宏观调控力度不足，构成东莞土地利用和经济发展的基本问题。在新的发展背景下，村社集体经济和村社用地均面临着诸多严峻问题。村社用地低效与经济发展问题的解决，归根到底要靠政策、管理、制度等因素的创新。对集体发展困境的突破除了政策、体制等方面的考虑外，还应注重城市地方政府与村社基层的互动作用。

城市化进程中的产业高层次化和土地利用高效化，为市镇政府与村民在更高层次上的利益互动提供了一个平台。从互惠双赢角度，城市政府与村社村民在三大目标应同时取得一致：一是保障城市发展和重大基础设施建设用地，促进土地集约高效利用和经济持续发展；二是充分保障村民享有与不断提高的城镇生活水平相适应的收入水平；三是搞好城市和社区规划建设，构筑良好的人居环境。对此，基本的战略思路是："政府与村民发展目标的协调与利益互动"应成为东莞社会经济发展和区域协调政策制定的一个"基点"。其政策的目标是，全力推进村社低层次产业经济、用地形态，向高层次城市经济、高效用地方式转换（图 10.23）。

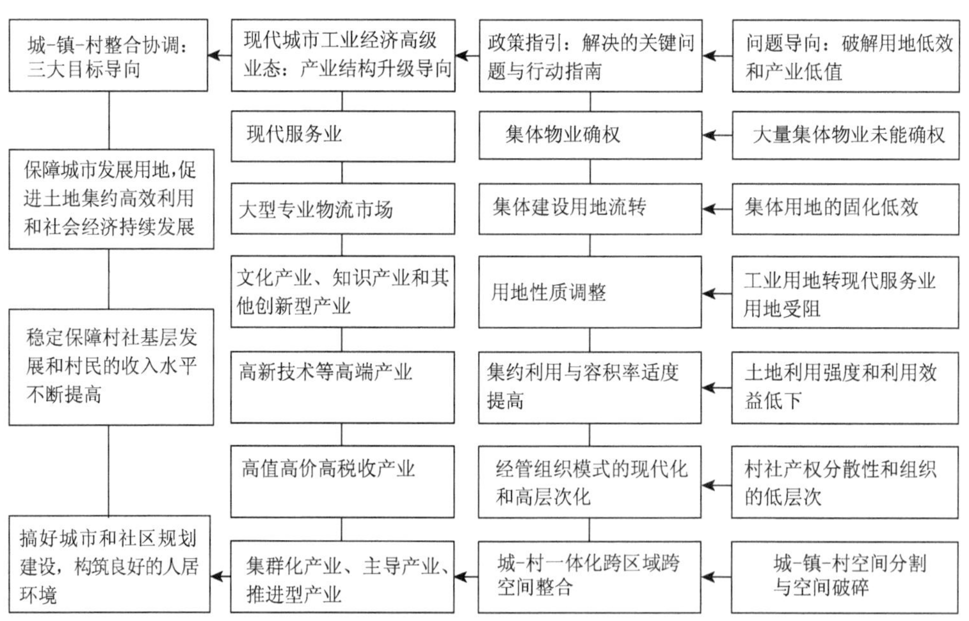

图 10.23 东莞城-镇-村良性互动政策指引框架

市镇政府与基层集体作为两大行为主体，不论是在政策、资金支持及规划引导、管理和项目建设配套等方面都可以直接发挥作用。而基层集体所具有的灵活性与直接利益相关性使其对解决东莞用地低效和空间零碎问题具有积极而强烈的愿望，同时，是思想创新和模式创新的重要源泉。因此，对城市与集体行为的研究及其功能作用的协调配合，将城市与基层集体结合起来进行思考是解决问题的有效途径（表 10.10）。

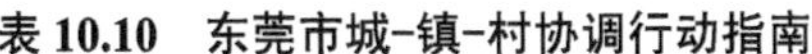

表 10.10　东莞市城-镇-村协调行动指南

政策指引	行动指南要点
集体物业确权	物业确权与解决历史问题、完善用地手续问题、控制“两违”问题和地籍管理统一考虑；加大补办规划报建手续力度；根本办法是呼吁政策的支持，严格核实历史用地情况，划定清晰的界限，补办历史用地手续，彻底解决历史用地问题，彻底解决报建手续完善问题
集体建设用地流转与高效配置	探索集体建设用地高效、合理配置模式与途径；物业确权以后，可推行产权转换；为集体物业用地之间、集体建设用地与村民宅基地之间的优化配置提供政策支撑
用地性质调整	围绕“退二进三”战略，汇同规划、国土、建设等部门，采用特定的行政方式或行政手段，将位于城镇中心区位和商业区位好的村改制公司工业用地转为综合用地性质
集约利用与容积率适度提高	与市规划部门协调，适度提高容积率；开发地下空间，形成立体用地格局；推进产业调整升级，提高土地集约度；加强用地规划，形成高效、节约、协调的空间结构；利用经济杠杆和政策手段，对不合理的低效的用地类型进行置换、迁移
经管组织模式的高层次化	参考“企业经理人”等做法，克服传统的村改制公司经营、董事经理本地化的弱点，采用村改制公司与城市政府联盟、村改制公司与大中企业联盟、村改制公司与专业公司联盟、村与村之间、村与街道之间的新型经济形式，促进经营管理高层次化
城-镇-村一体化跨区域跨空间整合	统筹安排、协调各部门用地、各权属用地、各产业用地、各村社用地，优化用地空间组织布局，推进区域协调发展；克服村社权属分割、时间上的多次错位、空间上零碎的问题，在中长期用地规划和安排下，可跨空间、跨时间进行城-镇-村的组织管理

第五节　小　　结

相对中国的其他区域尤其是中西地区而言，东莞无疑具有“极化中心”的意义：400 多万的外来务工人口，数万家港台和外资企业，超常规的经济增长和巨大的经济体、众多的超级乡镇、超级村庄、星级宾馆。然而，东莞作为人口、资本、技术、产业极化中心的同时，其边际特征和边际问题也十分突出，与发达国家的产业水平比较，以劳动密集型为主体的产业结构，显现出全球国际劳动地域分工中的“经济边际化”；与功能协调、空间有序、设施完善、环境优美、宜居性好的城市区域比较，用地混杂低效的“村镇化地域”表现出用地上的强边际性；相对富足的本地居民而言，外来人口的“相对贫困”凸现了东莞的人口-社会边际化。

东莞模式创造了东莞奇迹，也衍生了东莞问题。东莞模式具有不同复制性，东莞的社会-空间边际问题具有指示性和借鉴性。东莞模式由“村社招商引资、港台和外资企业群集、国内丰富低廉的劳动力、大规模土地开发和土地-厂房-住房出租、农民集体租赁型经济、劳动密集型企业和外向型经济、经济超常规增长”等“要件”组成。东莞在不到 30 年的时间内，快速地耗竭了历史上存留数千年的可建设的土地，“村镇化地域”是东莞发展模式的产物。今天的东莞原有的初始优势已发生逆转，在传统优势减弱的同时，东莞各种先发优势已经转换成资金积累优势、产业配套优势、市场优势、品牌形象优势。在新的国际国内背景下，东莞面临着经济高速发展过程中积累的各种问题的“阵痛”。尽管东莞一直在解决东莞模式内在不足做出不懈努力，但经济发展模式的路径依赖与惯性、手续不完备建设用地和复杂土地产权关系、不动产和社会组织结构的固化与惰性，加大了解决问题的难度。东莞要避免经济衰败，重新振兴，需要解决三大问题：①低层次化产业升级调整问题；②村镇化地域的更新改造问题；③环境的宜居性和高端人才聚集问题。

第十一章

结　论

空间极化与空间边际化共同塑造了空间经济不平衡，边际地区边际化过程是空间水平关联作用与区域垂直综合作用的结果。存在四种作用力及其耦合作用机制——外部边际化作用分力与外部边际化效应、外部反边际化作用分力与外部反边际化效应、内部边际化作用分力与内部边际化效应、内部反边际化作用分力与内部反边际化效应，共同影响着边际地区边际化程度和过程，并以可识别分量——外部边际化分量、外部反边际化分量、内部边际化分量、内部反边际化分量来识辨与测度。

以“增长极”为中心视角的空间极化理论，揭示了边际地区在极化作用下的边际化效应、在扩散-回流作用下的反边际化效应，但却破缺了内部边际化与内部反边际化这一基础部分。空间边际化理论以“边际地区”为研究基点，力图将区域比较与空间分析、地方垂直综合作用与空间关联作用、空间极化与空间边际化整合于理论建构中。与“核心区或发达区的空间极化-扩散”相呼应，“边际地区的边际化-反边际化”对空间非均衡、空间边际化提供了一套互补性的理论解释。

边际地区边际化是特定空间地域和时期的“发展态”呈现出的“滞后”状态与过程。“发展态”既可是要素的——生态、环境、经济、社会、政治、制度、人口、文化、教育、技术等，又可是综合的——在各边际因子综合作用下的持续的系统的边际化。存在着各种各样的边际地区——山区环境贫困地区、乡村人地关系恶化区、生态环境脆弱带和边际土地利用区、经济边际化边界地带、资源环境冲突边界地带、错位型边界地带、城市社会-空间边际区（棚屋区、城中村、地下室居族、隔离区）、城乡交错带、村镇化地域、环境污染-癌症群发区等。

边际地区边际化是边际因子及其组合作用下的结果，那些对“发展态”构成影响或制约的“发展要素”均可视为边际因子。正是不同边际因子在不同边际地区的排列组合及其作用强度、方式的差异，形成了边际地区类型的差异性和多样性。依据边际性变化特性，可分为“偶然边际化（地区）”和“持续边际化（地区）”；依据边际因子之间的作用关系，将“边际因子同向性边际化作用”称为“完全边际化驱动”，并将这类地区称为“系统边际化地区”，以有别于“非完全边际化驱动”（同时存在边际化和反边际化作用）和“非系统边际化地区”。对“系统边际化地区”，任何单要素的或局域的改变很难从根本上扭转边际化趋势，除非改变其“基质”或整个环境。考虑到时序动态性，进一步，可将“系统边际化地区”分成两类：一类为“持续系统边际化地区”。在相当长的时期内均表现出整体的边际化状态，如地处边远、发展条件差的山区边际化地区。另一类为“非持续系统边际化地区”，即出现在一定时期内的系统化边际化地区。例如，城乡交错带或迟或早会进入到成熟的都市区域，这类地区的边际化就有了“非持续性”特点。

在诸多边际因子中，自然环境和城市区位是一组具有强空间性、基础性、主要的、持续性的、难以逆转和改变的边际因子。这组因子及其组合，揭示了边际化两大作用力及其耦合关系：自然环境的差异，展现了自然环境对人类活动的适宜性、潜力级、限制性等差异，以及支撑性和限制性的不同，在很大程度上决定了边际地区人地交互作用下或地方垂直综合作用下的内部反边际化和内部边际化的状态。而城市区位，展现的是在多级城镇（或不同经济发达区）体系极化-扩散作用下的外边边际化和外部反边际化。正是在这一组因子的耦合作用下，并在其他边际因子共同影响下，形成了不同尺度——微观、中观、宏观的空间非均衡和空间边际化。

由于存在自然环境、人文环境和区位条件的差异，在空间极化与空间边际化作用下的空间非均衡发展不可避免。空间非均衡只是空间边际化的充分条件，而不是必备条件。即空间边际化形成于空间非均衡，但空间非均衡并不一定会产生边际化。人口、生产要素等在空间完全自由流动下，人口、资源、财富会在空间达到一种均衡，形成一种在不同区域之间人均收入水平和生活质量差距不大的理想均衡空间形态，这是国家空间政策的目标指向所在。然而，现实中的社会结构和制度体系，出于种种原因，往往阻滞资源要素在不同空间地域合理的、有效的流动与配置，甚至在持续地反向推动社会-空间边际化。在深层次上，持续的社会-空间边际化是社会结构和制度安排的产物。

中国边际地区尤其是农村边际地区，社会经济发展面临多重边际化问题困扰：人口和生产要素非完全自由流动，加重了边际化与贫困化两大过程的叠置，人均收入和生活质量相对低下，贫困问题突出；老人和小孩留守的人口结构，社会边际化明显；农业活动主体老龄化，生产经营投入不足，集约度降低，撂荒半撂荒凸现，农地边际化问题严峻；人才与资金的流失与缺乏，交通不便与运费限制，发展潜力和竞争力不足，经济发展水平绝对和相对差距不断扩大，经济边际化突出；在现行的户籍制度和城镇自身的就业压力下，人口非农化受阻，历史上长期积累形成的人口压力尚未真正减缓。边际地区已成为中国经济发展滞后、“三农问题”突出、经济发展不平衡极端化、潜存的社会矛盾和社会冲突大的“问题-危机区域”，对我国实现城乡统筹、乡村发展、社会和谐、粮食安全、区域协调等战略目标构成重大冲击和制约。

最近 30 多年来，在中国经济高速发展和社会财富海量积累的同时，社会-空间边际化急剧加深加重，并带有强烈的系统化和制度化特征。在诸多边际化问题中，有两大问题成为当下中国社会中心问题并影响着未来中国社会进程：一是中国的绝对贫困人口和相对贫困人口（低收入群体）的社会、经济、政治、文化、教育、医疗、住房边际化问题；二是快速工业化城市化背景下的乡村农地边际化、人口空心化、教育文化边际化、经济边际化问题。今天的中国，在经济总量上已提升至全球第二这一层次，现今的发展目标不再只是解决温饱的绝对贫困问题，而更重要的是解决数量庞大的相对贫困问题，这是一项长期的持续的艰巨的工作。城市化是社会发展的必然过程，是社会经济系统全方位的适应调整、协同进化过程，靠政府推进的城市化必然存在巨大的风险和问题。由于存在资源要素在城市高强度集聚、城市政府在社会资源控制中居于支配地位，也由于现存土地制度（国有与农民集体所有）和户籍制度（城镇与农村）等存在分割、不公正、不公平，成为乡村社会-空间边际化的制度性动因。单纯的经济发展解决不了贫困问题，靠城市化单向推进解决不了农村发展问题和边际化问题，这需要社会财富分配制度的改革和制度结构的重构。

参 考 文 献

艾瑞葆 F. 1990. 农业经营学概论. 刘潇然译. 北京：农业出版社.

安树伟. 2004. 流域开发：蒙晋陕豫交界地带经济综合开发的战略选择. 经济经纬，(1)：56-59.

安树伟，母爱英. 2005. 省级“行政区边缘经济”与统筹区域协调发展. 重庆工商大学学报（西部论坛），06：52-56.

安树伟，张素娥. 2003. 政府行为与蒙晋陕豫交界地带经济合作研究. 西安财经学院学报，04：23-27.

安树伟，张素娥. 2004a. 协调成本与行政区交界地带的环境整治——对黄河小北干流段整治的研究. 人文杂志，02：88-93.

安树伟，张素娥. 2004b. 中国省区交界地带经济活动基本特征分析. 重庆工商大学学报（西部论坛），03：27-30，40.

包永辉. 2007-3-27. 发达地区不能让农业“边缘化”. 中国改革报，第 3 版.

布林克曼 T. 1984. 农业经营经济学. 刘潇然译. 北京：农业出版社，1984.

曹志宏，郝晋珉，梁流涛. 2008. 农户耕地撂荒行为经济分析与策略研究. 农业技术经济，19（3）：43-46.

陈贝贝. 2012. 半城市化地区的识别方法及其驱动机制研究进展. 地理科学进展，31（2）：210-220.

陈峰云，闵敏，殷旭东. 2003. 城市边缘区犯罪问题的环境影响. 城市问题，(2)：45-47.

陈晓华，张小林. 2004. 边缘化地区特征、形成机制与影响——以安徽省池州市为例. 长江流域资源与环境，05：413-418.

陈钊. 1996. 行政边界区域刍论. 人文地理，(4)：41-45.

程文，赵天宇. 2003. 城市边缘区大型公共设施的规划. 城市问题，(1)：29-31.

丁四保. 2001. 我国的省区：它的地理边界和它的必然发展，人文地理，(2)：12-16

范凌云，雷诚，杨新海，等. 2014. 快速城市化进程中城市边缘区生态环境保护与土地资源整合对策研究. 建设科技，(3)：140-140.

方维慰. 1999. 区域一体化趋势下国家的边界功能. 西安联合大学学报，02：108-111.

龚兆先，周永章. 2006. 城乡边缘带的景观生态构建功能. 城市问题，(3)：2-5.

郭荣星. 1993. 中国省级边界地区经济发展研究. 北京：海洋出版社.

郭荣星. 1995. 我国省级边界地区自然资源开发的政策建议. 科技导报，02：52-53，60.

汉内斯 W. 1998. 边界. 国际社会科学杂志（中文版），(4)：97-108.

郝海广，李秀彬，张惠远，等. 2015. 劳动力务农机会成本对农地边际化的驱动作用. 干旱区资源与环境，3（29）：50-55.

胡丽芳. 2003. 旅游资源与行政区域的地缘关系及其影响. 社会科学家，05：84-88.

黄利民，张安录，刘成武. 2008. 农地边际化进程理论和实证研究，生态经济，(8)：28-32.

黄利民，张安录，刘成武. 2009. 农地边际化对丘陵山区经济与环境的影响——以湖北省通城县为例. 经济地理，11：1898-1902.

黄利民. 2010. 农地边际化及其效应研究. 北京：气象出版社.

库碧 G. 2005. 贫困：对人权的侵犯. 国际社会科学杂志（中文版），(2)：141-150.

李和平，李金龙. 2004. 城市边缘区发展的理念、管理制度与规划方法. 重庆建筑大学学报，(3)：1-5.

李琼. 2004. 社会冲突的新视角：边界冲突. 学术探索，10：67-72.
李世峰. 2006. 北京城市边缘区存在的主要问题及解决对策. 经济师，（2）：272-273.
李铁立. 2004. 边界效应与跨边界次区域经济合作研究. 大连：东北师范大学博士学位论文.
李再兴. 2013. 边缘化地区经济发展迫在眉睫. 决策探索（下半月），06：59.
梁佳沂，王志勋，叶力强. 2012. 东莞统计年鉴 2012. 北京：中国统计出版社.
梁留科，吕可文，苗长虹. 2008. 边缘化地区特征、形成机制及对策研究——以河南省黄淮四市为例. 地理与地理信息科学，24（5）：61-65.
刘成武. 2009. 中国农地边际化问题研究. 北京：科学出版社.
刘成武，李秀彬. 2005. 农地边际化的表现特征极其诊断标准. 地理科学进展，2（24）：106-113.
刘成武，李秀彬. 2006. 对中国农地边际化现象的诊断——以三大粮食作物生产的平均状况为例. 地理研究，05：895-904.
刘君德. 2001. 论中国大陆大都市区行政组织与管理模式创新——兼论珠江三角洲的政区改革. 经济地理，（2）：201-212.
刘君德，陈占彪. 2003. 长江三角洲行政区划体制改革. 探索与争鸣，（6）：12-14.
刘君德，舒庆. 1996. 中国区域经济的新视角—行政区经济，改革与战略，（5）：1-4.
刘巧芹，吴克宁，潘瑜春，等. 2014. 大城市边缘区土地利用空间格局特征分析——以北京大兴区为例. 生态与农村环境学报，30：174-181.
刘玉亭，张结魁. 1999. 省际毗邻地区开发模式探讨. 地理学与国土研究，04：45-49.
吕传廷，曹小曙，徐旭. 2004. 城市边缘区生态隔离机制探讨. 人文地理，（6）：36-38.
罗锋华，罗新颖，刘颖. 2005. 福建边界县经济社会发展研究——兼与邻省比较. 福建行政学院福建经济管理干部学院学报，04：56-59.
罗伟卿. 2009. 财政分权及纵向财政不平衡对中国基础教育质量的影响. 清华大学学报（哲学社会科学版），S1：12-20.
罗彦，周春山. 2015. 中国城乡边缘区研究的回顾和展望. 城市发展研究，（1）：25-30.
马涛，杨凤辉，李博. 2004. 陈家宽城乡交错带—特殊的生态区. 城市环境与城市生态，（1）：37-39.
马威. 2005. 北方蒙汉边际地区的轮养制研究. 北京：中央民族大学博士学位论文.
闵弟杉. 2013. 农地边际化的后拉因素分析. 长江大学学报（自然科学版），5（10）：83-87.
闵敏，熊乃学. 2003. 影响城乡边缘区犯罪的环境分析. 现代城市研究，（5）：25-28.
姆邦达 E. 2005. 贫困是对人权的侵犯：论脱贫的权利. 国际社会科学杂志（中文版），（2）：90-101.
宁越敏，施倩，查志强. 1998. 长江三角洲都市连绵区形成机制与跨区域规划研究. 城市规划，（1）：16-21.
潘泽泉. 2004. 中国城市流动人口的发展困境与社会风险——社会排斥与边缘化的生产和再生产. 战略与管理，01：87-91.
齐恒. 2005. 湘西北县际边界地区可持续发展研究. 经济地理，03：307-309，314.
萨内 P. 2005. 人权斗争的新领地. 国际社会科学杂志（中文版），（2）：85-89.
邵景安，张仕超，李秀彬. 2014. 山区耕地边际化特征及其动因与政策含义. 地理学报，02：227-242.
谈明洪，冉圣宏，马素华. 2010. 大都市边缘区的环境问题及其对策. 地理科学进展，29（4）：422-426.
谭术魁. 2004. 中国耕地撂荒问题研究. 北京：科学出版社.
汤建中，张兵，陈瑛. 2002. 边界效应与跨国界经济合作的地域模式——以东亚地区为例. 人文地理，01：8-12.
王健，鲍静，刘小康，等. 2004. “复合行政”的提出——解决当代中国区域经济一体化与行政区划冲突的新思路. 中国行政管理，（3）：44-48.

王卫明. 2013. 高考招生的地区差异与地区均衡——对高考招生平等性问题的另一种解读. 社会科学家，(1)：53-56.
魏竹琴. 2002. 城市边缘区社会环境的问题及对策研究—以南京市栖霞区为例. 现代城市研究，（3）：41-46.
吴刚，高林. 1998. 三峡库区边际土地的合理开发及其可持续发展. 环境科学，19（1）：89-93.
吴良镛. 1998. 乡土建筑的现代化，现代建筑的地区化——在中国新建筑的探索道路上. 华中建筑，16（1）：1-8.
吴锡标. 2005. 基于边缘化理论的思考——浙西南地区城市化的现状与发展道路. 学术界，04：167-174.
吴晓青，洪尚群，段昌群. 2003. 区际生态补偿机制是区域间协调发展的关键. 长江流域资源与环境，12(1)：13-16.
肖金成. 2004. 省域中心与边缘地区的经济发展差距——一个长期被忽视的现象. 重庆工商大学学报（西部论坛），03：22-26.
邢忠. 2007. 边缘区与边缘效应. 北京：科学出版社.
邢忠，魏皓严. 2003. 城镇化进程中城市边缘区的理性分期推移. 城市发展研究，10（6）：53-59.
修春亮，袁家冬. 2002. 伊春市城镇体系的演变及对策——一个“边缘化”地区的实例. 地理科学，04：495-499.
严瑞珍. 2004. 严瑞珍文集. 太原：山西经济出版社.
严重敏，周克瑜. 1995. 关于跨行政区区域规划若干问题的思考，经济地理，（4）：1-6.
杨润勇. 2007. 农村地区“教师教育边缘化”问题的政策分析与建议. 中国教师，07：8-11.
游明，赵蓉. 2006. 论都市边缘群体——农民工社会保障主体地位的确立及权利制度构建. 兰州大学学报，03：112-119.
张翀. 2013. 太原市外来人口边缘化现状分析及对策研究. 经济师，11：191-192，195.
张京祥，程大林. 2002. 由行政区划调整到都市区管治. 规划师，（9）：9-11.
张京祥，沈建法，黄钧尧，等. 2002. 都市密集地区区域管治中的行政区划影响. 城市规划，（9）：40-44.
张立建，甘巧林. 2008. 广州外来民工边缘化的历史与根源. 经济地理，04：560-564.
张连莲. 2012. 农地边际化背景下农户行为响应及其对粮食安全影响的实证分析. 武汉：华中师范大学硕士学位论文.
张千帆. 2011. 中国大学招生指标制度的合宪性分析. 中外法学，（2）：248-269.
赵松乔. 1956. 我国三大自然景观地带交汇处的天祝. 地理知识，6：249-252.
赵松乔. 1983. 我国山地环境的自然特点及开发利用. 山地研究，1（3）：1-8.
赵阳，罗雅纯. 2010. 边缘化地区经济的发展研究——以黄冈市红安县为例. 农村经济与科技，05：64-66.
郗鼎玖，许大文. 2000. 农村土地抛荒问题调查与分析. 农业经济问题，21（12）：10-13.
卓越，邵任薇. 2002. 当代城市发展中的行政联合趋向. 中国行政管理，（7）：19-21.
Juan J S，李永宁. 1995. 从地理学角度看珠江三角洲区域建设. 开放时代，01：19-24.
Almedal. 1996. Societal impact of tourism：empirical evidence from Norway//Singh R B，Majoral R. Development issues in marginal regions：processes，technological development and societal reorganizations. New Delhi：Oxford and IBH Publishing.
Alvarezr. 1995. The Mexican US border：the making of an anthropology of border. Annual Review of Anthropology，24：447-470.
Anastasi A B，Anastasi M C. 1996. Social，plitical，and economic problems attempting against the development of arid deserts in Mendoza，in Furlani de Civi//Pedone C，Soria N D. Development Issues in Marginal Regions Ⅱ：Policies and Strategies. Mendoza：Universidad de Cuyo.
Anderson J，Larsen J E. 1998. Gender，poverty and empowerment. Critical SocialPolicy，18（2）：241-258.
Anderson J O，Dowd L. 1999. Borders regions and territoriality：contradictory meanings，changing significance. Regional Studies，33：593-604.
Andreoli M. 1994. Development and marginalization in Liguria region//Chang C D，Jou S C，LuY Y. Marginality and

Development Issues in Marginal Regions. Taipei：Taiwan University.

Barlow M. 1997. Administrative systems and metropolitan regions. Envirnment and Planing C：Government and Policy，15：399-411.

Barth F. 1969. Introduction//BarthF. Ethnic Groups and Boundaries. Oslo：Universitets for Laget.

Bethe F，Bolsius E C A. 1995. Marginalisation of agricultural land in the Netherlands，Denmark and Germany. The Hague：National Spatial Planning Agency.

Bohle H G. 2001. Vulnerability and criticality. perspectives from social geography//IHDP Update. Newsletter of the International Human Dimension Programmeon Global Environmental Change（IHDP），2：1-4.

Bourdier F. 1998. Women and environment in a marginal region of north-eastern Cambodia. Geo Journal，44（2）：141-150.

Briggs J. 1993. Sustainable development and resource management in marginal environments：natural resources and their use in the WadiAllaqi region of Egypt. Applied Geography，13（3）：259-284.

Brodwin P. 2001. Marginality and Cultural Intimacy in a Trans-national HaitianCommunity，Occasional Paper No. 91 October. Department of Anthropology. Milwaukee：University of Wisconsin-Milwaukee.

Brohman J. 1996. New directions in tourism for third world development. Annals of Tourism Tesearch，23（1）：48-70.

Brouwer F，Baldock D，Godeschalk F，et a1. 1999. Marginalisation of agricultural land in Europe. Lisird Naplio Conference Papers：1-13.

Chambers R，ConwayG R. 1992. Sustainable Rural Livelihoods：Practical Concept for 21st Century. Cambridge：Institute of Development Studies，Discussion Papers.

Chang C D. 1994. Resource development and environmental impacts in mountainous areas of Taiwan//Chang C D，Jou S C，LuY Y. Marginality and Development Issues in Marginal Regions. Taipei：Taiwan University.

Charlesworth E. 2005. City Edge：Contemporary Discourses on Urbanism. Washington D. C：Architectural Press.

Cheung S K. 2009. Marginalization in China. New York：Palgrave Macmillan .

Cialdea D，Mastronardi L. 2014. Marginality phenomena and new uses on the agricultural land. diachronic and spatial analyses of the molise coastal area. Experimental Agriculture，44（1）：21-35.

Commission of the European Communities（CEC）. 1980. Effects on the environment of the abandonment of agricultural. Luxembourg：Land Commission of the European Communities.

Coudouel A，Hentschel J S，Wodon Q T. 2004. Poverty measurement and analysis//World Bank. Poverty Reduction Strategies（PRSP）Sourcebook：27-74.

Cullen B T. 1994. The role of forests in economic development of marginal regions//Chang C D，Jou S C，LuY Y. Marginality and Development Issues in Marginal Regions. Taipei：Taiwan University.

Cullen B T，Michael P. 2000. The Meaning of marginality：interpretations and perceptions in social science. Social Science Journal，37（2）：215-230.

Dahl J，Tevera D. 1999. Regional development problems of the geographically marginalBinga district in the Zambezi valley of Zimbabwe// Jussila H，Majoral R，Mutambirwa C C. Marginality in Space-Past，Present and Future：Theoretical and Methodological Aspects of Cultural，Social and Economical Parameters of Marginal and Critical Regions. England：Ashgate Publishing Ltd.

Dain S. 2003. Conceptual and Operational Framework on Exclusion in Social Protection for Health. Washing ton D C：Pan American Health Organization.

Dai X. 2003. A new mode of governance? Transnationalisation of European regions and cities in the information age.

Telematics and Informatics，20：193-213.

Darden J. 1989. Blacks and other Racial Minorities：the significance of colour in inequality. Urban Geography，10（6）：562-567.

Davis B. 2003a. Marginality in a pluralistic society. Eye On Psi Chi，2（1）：1-4.

Davis B. 2003b. What is Marginality? http：//www2. kenyon. edu/Project/Margin/intro. htm[2003-10-04].

Deas I，Giordano B. 2003. Regions，city-regions，identity and institution building：contemporary experiences of the scalar turn in Italy and England. Journal of Urban，25：225-246.

Dennis R，Minghi J V. 1991. The Geography of border landscapes. London，New York：Routledge.

Dincyurek O，Turker O O. 2007. Learning from traditional builtenvironment of cyprus：re-interpretation of the contextual values. Building and Environment，（42）：3384-3392.

Enyedi G. 1994. Development issues of marginal regions in Hungary//Chang C D，Jou S C，LuY Y. Marginality and Development Issues in Marginal Regions. Taipei：Taiwan University.

Gans H J. 1996. From underclass to under-caste：some observations about the future of the post-industrial economy and its major victims//Enzo M. Urban Poverty and the Underclass：A Reader. Oxford：Blackwell Publications.

Gant R L，Robinson G M，Fazal S. 2011. Land-use change in the ‘edgelands’：policies and pressures in London's rural-urban fringe. Land Use Policy，28（1）：266-279.

Geddes M. 1997. Poverty，excluded communities and local democracy//Jewson N，MacGregor M. 1997. Transforming Cities. Contested Governance and Newspatialdivisions. London：Routledge：205-218.

Gerster R. 2000. Alternative approaches to poverty reduction strategies. Switzerland：SDCWorking Paper 1/2000，Bern.

Gollege R G. 1960. Survey's metropolianfringe：astudy in urban-rural relations. Australian Geography，（7）：243-255.

Goussal D M，Udrizar Lezcano M S. 2003. Location and Marginality Impact of Multipurpose Community Telecentres：a Critical Analysis. Groupo de Telecommunications Rurales-Universidad Nacionaldel Nordeste（GRT-UNNE）.

Gurung G S，Kollmair M. 2005. Marginality：Concepts and Their Limitations. IP6 Working Paper No. 4.

Heikki J，Bertolini J，Rautio H S，et al. 1997. Price levels and purchasing power in Finnish and Russian Karelias//Kortelainen J. Crossing the Russian Border-Regional Development and Cross-border Cooperation in Karelia，TMR Course Report，University of Joensuu-Department of Geography-Publications.

Hoskins I. 1993. Combining work and care for the elderly：an overview of the issues. International Labour Review，132（3）：347-369.

Hugo C，Jaume F. 1999. The importance of cultural links in a marginal area：Terra Alta（Catalonia，Spain）// Jussila Majoral H R，Mutambirwa C C. Marginality in Space-past，Present and Future：Theoretical and Methodological Aspects of Cultural，Social and Economic Parameters of Marginal and Critical Region. Aldershot：Ashgate.

Huntington S P. 1996. The Clash of Civilizations and the Remaking of World Order. NewYork：Simon and Schuster.

Hurni H，Wiesmann U，Schertenleib R. 2004. Marginalregions of South Asia，research for mitigating syndromes of global change. A Transdisciplinary Appraisalof Selected Regions of the World to Prepare Development-Oriented Research Partnerships. Berne：NCCR North-South.

Iain D，Ward，Kevin G. 1999. From the ‘new localism’ to the ‘new regionalism’? The implications of regional development agencies for city-regional relations. Journal of Historical Geograthy，25：463-481.

IGU（International Geographical Union）. 2003. Homepage. http：//www.swissgeography.ch/igucevol2.htm.[2003-10-03].

James A，Dowd L O. 2000. Culture and cooperation in Europe's borderlands. New York：Rodopi.

Jean-Marc F，Pierre H. 2002. Développement et gouvernance aux échelles locales et métropolitaines：uneanalysecomparative nord-amėricaine. Geograthie，Economie，Societe，4：305-321.

Jenkins T N. 2000. Putting postmodernity into practice：endogenous development and the role of traditional cultures in the rural development of marginal regions. Ecological Economics，（34）：301-304.

Joao L，Fernanda D. 1999. Sao Tome and Principe：the future of a marginal country in the context of its international integration-the role of Portugal//Jussila H，Majoral R，Mutambirwa CC. Marginality in Space-Past，Present and Future：Theoretical and Methodological Sspects of Cultural，Social and Economic Parameters of Marginal and Critical Region. Aldershot：Ashgate.

Jones G. 1994. Physical constraints on village development in remote mountain settlements//Chang C D，Jou S C，LuY Y. Marginality and Development Issues in Marginal Regions. Taipei：Taiwan University.

Jones M. 1998. Restructuring local state：economic governance or social regulation? Political Geograthy，17：959-988.

Juliet J，Fall. 2005. Between global and local：marginality and marginal regions in the context of globalization and deregulation. Mountain Research and Development，（3）：295-296.

Jussila H. 1994. New economies and local resources in development in a peripheral area//Chang C D，Jou S C，LuY Y. Marginality and Development Issues in Marginal Regions. Taipei：Taiwan University.

Jussila H，Leimgruber W，Majoral R. 1999a. Perceptions of Marginality：Theoretical Issues and Regional Perceptions of Marginality in Geographical Space. England：AshgatePublishing Ltd.

Jussila H，Majoral R，Mutambirwa C C. 1999b. Marginality in Space-past，Present and Future：Theoretical and Methodological Aspects of Cultural，Social and Economic Parameters of Marginal and Critical Region. Aldershot：Ashgate.

Jutta G. 1999. Ruraldevelopment and social exclusion：a case study of sustainability and distributive issues in Brazil. Australian Geographer，30（2）：221-238.

Kaplan D H，Häkli J. 2002. Boundaries and place：European borderlands in geographical context. Lanham：Rowman& Littlefield.

Kearney M. 1991. Borders and boundaries of state and self at the end of empire. Journal of Historcal Sociology，4：52-74.

Kenneth L，Lampton，David M. 1992. Bureau，politicals，and decision making in post-Mao China. Oxtord：University of California Press.

Kopytoffi. 1987. The African Frontier. Bloomington：Indiana Univeristy Press.

Koutny R，Vaishar A. 1997. Transformation in marginal regions：the example of middle Dyjeregion. Acta Universitatis Carolinae. Geographica，32（SUPPL. ）：357-367.

Lambin E F，Baulics X，Bockstacl N et al. 1999. Land-Use and Land-Cover Change（LUCC）-Implementation Strategy. IGBP Report 48 & IHDP Report 10. IGBP：Stockholm.

Larsen J E. 2002a. Spatialization and culturalization of social policy：conductingmarginal people in local communities. paper presented at the conference area-basedinitiatives in contemporary urban policy，danish building and urban research and European urban research association. Copenhagen，5：17-19.

Larsen J E. 2002b. Who Cares about and for Marginal People? Copenhagen：Danish Social Science Research Council.

Lefe`vre C. 1998. Metropolitan government and governance in western countries：a critical overview. International Journal of Urban and Regional Research，22（1）：9-25.

Leimgruber W. 1991. Boundaries，values and identity：the Swiss-Italian transborder region//Rumley D，Minghi V J. 1998. The Geography of Border Landscapes. London：Routledge.

Leimgruber W，Majoral R，Lee C W. 2003. Policies and Strategies in Marginal Regions：Summary and Evaluations. Aldershot：Ashgate Publishing Limited.

Leimgruber W. 1994. Marginality and marginal regions：problems of definition//Chang C D，Jou S C，LuY Y. Marginality and Development Issues in Marginal Regions. Taipei：Taiwan University.

Leimgruber W. 1998. From highlands and high-latitude zones to marginal regions//Jussila H. Leimgruber W，Majoral R. Perceptions of Marginality：Theoretical Issues and Regional Perceptions of Marginality in Geographical Space. Aldershot，Hants，Uk：Brookfield，Vt. ：Ashgate.

Leimgruber W. 2004. Between Global and Local：Marginality and Marginal Regions in the Context of Globalization and Deregulation. Aldershot；Burlington，VT：Ashgate.

Leimgruber W. 2005a. Boundaries and transborder relations，or the hole in the prison wall. Geo Journal，64（3）：239-248.

Leimgruber W. 2005b. Defying political boundaries：transborder tourism in a regional context. Visions in Leisure and Business，17/3：8-29.

Lenz. 1994. The approach of critical loads for ecosystems：a concept about marginalization from the environmental point of view//Chang C D，Jou S C，LuY Y. Marginality and Development Issues in Marginal Regions. Taipei：Taiwan University.

Lewis D J. 2009. Open space issues at the rural-urban fringe：discussion. American Journal of Agricultural Economics，（5）：1326-1327.

Louis H. 1975. Die geographischeGliederungvom Gross-Berlin. Uber diese Reihe：Die Bayerische Staatsbibliothek Munchen.

Majoral R，Mutambirwa C C. Marginality in Space-Past，Present and Future：Theoretical and Methodological Aspects of Cultural，Social and Economical Parameters of Marginal and Critical Regions. England：Ashgate Publishing Ltd.

Majoral R，Jussila H，Delgado-Cravidão F. 2000. Environment and Marginality in Geographical Space：Issues of Land Use，Territorial Marginalization and Development in the New Millennium. Aldershot：Ashgate.

Marcio M. 2008. Valenca，Etienne Nel and Walter Leimgruber. The Global Challenge and Marginalization. New York：Nova Science Publishers.

Marcuse P. 1996. Space and race in the post-fordist city：the outcast ghetto and advanced homelessness in the United States today//Mingione Enzo. Urban Poverty and the Underclass：A Reader. Oxford：Blackwell Publications.

Massey D. 1994. Space，Place and Gender. Minneapolis：University of Minnesota Press.

McCarthy L. 2003. The good of the many outweighs the good of the one-regional cooperation instead of individual competition in the United States and Western Europe? Journal of Planning Education and Research，23：140-152.

Mehretu A，Pigozzi B W，Sommers L. 2000. Concepts in social and spatial marginality. Geografiska Annaler，82 B（2）：89-101.

Mehta M. 1995. Cultural Diversity in the Mountains：Issues of integration and marginality in sustainable development. Lima：Paper prepared for Consultation on the Mountain.

Müller-Böker U，Geiger D，Geiser U，et al. 2004. Sustainable development in marginal regions of South Asia//Hurni H，Wiesmann U，Schertenleib R. Research for Mitigating Syndromes of Global Change；ATrans-disciplinary Appraisal of Selected Regions of the World to Prepare Development-Oriented Research Partnerships. Berne：NCCR North-South：255-261.

Naschold F，Daley G. 1999. The strategic management challenge：modernizing local government. Part Two. The International Public Journal Management，2：52-67.

Naschold，Daley G. 1999. The interface management frontier：modernizing local government. partthree. The International Public Journal Management，2：68-69.

Neil B. 2000. Decoding the newest “Metropolitan Regionalism” in the USA：acritical overview. Cities，19：3-21

Oi J. 1989. State and Peasant in Contemporary China. The Political Economy of Village Goverment：University of California Press.

Partap T. 1999. Sustainable land management in marginal mountain areas of the Himalayan region. Mountain Research and Development，19（3）：251-260.

Pelc S. 1999. The marginality and marginal regions in Slovenia// Jussila H，Majoral R，Mutambirwa C C. Marginality in Space-Past，Present and Future：Theoretical and Methodological Aspects of Cultural，Social and Economical Parameters of Marginal and Critical Regions. England：Ashgate Publishing Ltd.

Petagna. 1999. Land tenure in rural marginal western pampa in grgentina// Jussila H，Majoral R，Mutambirwa C C. Marginality in Space-Past，Present and Future：Theoretical and Methodological Aspects of Cultural，Social and Economical Parameters of Marginal and Critical Regions. England：Ashgate Publishing Ltd.

Petrov A N. 2012. Redrawing the margin：re-examining regional multichotomies and conditions of marginality in Canada，Russia and their northern rrontiers. Regional Studies，46（1）：59-81.

Phelps N A. 2009. Edge Cities. Amsterdam：International Encyclopedia of Human Geography.

Pigozzi B W. 2004. A hierarchy of spatial marginality through spatial filtering. The Professional Geographer，56（4）：460-470.

Potts D，Mutambirwa C. 1999. Baxics are now a luxury：Perceptions of ESAP's impact on rural and urban areas in Zimbabwe// Jussila H，Majoral R，Mutambirwa C C. Marginality in Space-Past，Present and Future：Theoretical and Methodological Aspects of Cultural，Social and Economical Parameters of Marginal and Critical Regions. England：Ashgate Publishing Ltd.

Pryor R J. 1968. Defining the rural-urban fringe. Social Forces，（47）：202-215.

Qviström M. 2008. A waste of time? On spatial planning and 'wastelands' at the city edge of Malmö（Sweden）. Urban Forestry & Urban Greening，7（3）：157-169.

Rahman H. 2006. Empowering marginal Communities with Information Networking. Hershey，Pa：Idea Group Pub.

Razin E，Hasson S. 1994. Urban-rural boundary conflicts：the reshaping of Israel's rural map. Journal of Rural Studies，10（1）：47-51.

Reganold J P，Christensen G R. 1986. Boundary review boards：a legislative approach to manage growth conflicts in the urban fringe in Washington State. Landscape and Urban Planning，（13）：183-197.

Reganold J P. 1990. Boundary review boards：a legislative approach to manage growth conflicts in the urban fringe in Washington State. Political Geography Quarterly，（3）：183-197.

Richard E，Lonsdale J. 1999. Demographic factors in characterizing and delimiting marginal lands// Jussila H，Majoral R，Mutambirwa C C. Marginality in Space-Past，Present and Future：Theoretical and Methodological Aspects of Cultural，Social and Economical Parameters of Marginal and Critical Regions. England：Ashgate Publishing Ltd.

Ricoeur P. 1961. Civilisationuniverselleet cultures nationales. Esprit，299（10）：439-453.

Romanowski J I. 1994. Towards an ecological contract//Chang C D，Jou S C，LuY Y. Marginality and Development Issues in Marginal Regions. Taipei：Taiwan University.

Saxena K G. 2012 . Land management in marginal mountain regions：adaptation and vulnerability to global change. Dehra Dun：Bishen Singh Mahendra Pal Singh .

Schmidt M H. 1998. An integrated systemic approach to marginal regions：from definition to development policies//Jussila H，Leimgruber W，Majoral R. Perceptions of Marginality：Theoretical Issues and Regional Perceptions of Marginality in Geographical Space. Aldershot，Hants，Uk：Brookfield，Vt. ：Ashgate.

Scott P. 1998. Development issues in marginal regions//Jussila H，Leimgruber W，Majoral R. Perceptions of Marginality：Theoretical Issues and Regional Perceptions of Marginality in Geographical Space. Aldershot，Hants，Uk：Brookfield，Vt. ：Ashgate.

Scott P. 2004. Global economic restructuring，national economic reform，and regional marginalization：a Tasmanian perspective//Chang C D，Jou S C，LuY Y. Marginality and Development Issues in Marginal Regions. Taipei：Taiwan University.

Singh R B. 1994. Land use，development and environmental criticality in marginal regions：a case study of Himachal Pradesh//Chang C D，Jou S C，LuY Y. Marginality and Development Issues in Marginal Regions. Taipei：Taiwan University.

Singh R B，Ghai S. 1999. Environmental disasters in marginal areas：a case study of road construction induced impacts in a Himalayan Yamuna Catchment//Singh R B，Majoral R. Development Issues in Marginal Regions：Processes，Technological Development and Societal Reorganizations. New Delhi：Oxford and IBH Publishing.

Singh R B，Majoral R. 1996. Development Issues in Marginal Regions-Processes，Technological Developments and Societal Reorganizations. Calcutta-New Delhi：Oxford& IBH Publishing Co. PVT. LTD.

Singh R B，Roser M. 1997. Development Issues in Marginal Regions：Processes，Technological Developments，and Societal Reorganizations. Shanghai：Westview Press.

Singh S B，Juyal R. 1996. Women and sustainable development in marginal regions：observations from a district of U. P. Himalaya，India. Transactions of the Institute of Indian Geographers，18（1）：27-36.

Sommers，Lawrence M，Mehretu A，et al. 1999：Towards typologies of socio-economic marginality：North/South Comparisons// Jussila H，Majoral R，Mutambirwa C C. Marginality in Space-Past，Present and Future：Theoretical and Methodological Aspects of Cultural，Social and Economical Parameters of Marginal and Critical Regions. England：Ashgate Publishing Ltd.

Starchenko，Oksana M. 2005. Form and Structure of the Rural-urban Fringe as a Diagnostic Tool of Postmodern Urban Development in Canada. Canada：The University of Saskatchewan.

Stotter J. 2015. Adaptation to climate change in mountain regions：global significance of marginalplaces//Grover V I. Impact of Global Changes on Mountains：Responses and Adaptation. Boca Raton：AxelBorsdorf.

Thompson，Carol B. 2000. Regional challenges to globalization：perspectives from southern Africa. New Political Economy，5（1）：17-41.

Tykkylainen M. 1998. From territorial marginality to marginality in cybersociety//Jussila H，Leimgruber W，Majoral R. Perceptions of marginality：Theoretical Issues and Regional Perceptions of Marginality in Geographical Space. Aldershot，Hants，Uk：Brookfield，Vt. ：Ashgate.

Uddin N. 2010. Politics of cultural difference：identity and marginality in the Chittagong Hill tracts of Bangladesh. South Asian Survey，17（2）：283-294.

Verdery K. 1994. Ethnicity，nationalism，and state-making//Vermeulen H，Govers C. The Anthropology of Ethnicity. Amsterdam：Het Spinhuis：33-58.

Vries J，Priemus H. 2003. Megacorridors in north-west Europe：issues for transnational spatial governance. Journal of Transport Geography，11：225-233.

Walder，Andrew G. 1995. Local governments as industrial firms：anorganizational analysis of Chinas transitional economy，Amerrican. Journal of Sociological Review，18：309-328.

Wallace G，Russell A. 2004. Eco-cultural tourism as a means for the sustainable development of culturally marginal and environmentally sensitive regions. Tourist Studies，4（3）：235-254.

Williams G. 1999a. Institutional capacity and metropolitan governance：the Greater Toronto Area. Cities，16：171-180.

Williams G. 1999b. Metropolitan governance and strategic planning：a review of experience in Manchester，Melbourne and Toronto. Progress in Planning，52：1-100.

Wu F L，Webster C. 2010a. Marginalization in Urban China：Comparative Perspectives. Houndmills，Basingstoke，Hampshire，New York：Palgrave Macmillan.

Wu F L，Webster C. 2010b. Houndmills，Basingstoke，Hampshire Marginalization in urban China：Comparative Perspectives . New York：Palgrave Macmillan.

Young B. 1994. Marginal tourism：issues，alternatives and evolutionary perspectives//Chang C D，Jou S C，LuY Y. Marginality and Development Issues in Marginal Regions. Taipei：Taiwan University.

Zebardast E. 2006. Marginalization of the urban poor and the expansion of the spontaneous settlements on the Tehran Metropolitan Fringe. Cities，(6)：163-164.

Zhang X Q，Wu B，Sanders R. 2007. Marginalisation in China：Perspectives on Transition and Globalization. Aldershot，England；Burlington，VT：Ashgate.

后　记

本书的成稿得益于教育部人文社会科学基金项目“空间极化与空间边际化耦合作用下的区域边际化机制研究”的支撑。借助项目的驱动，开展了案例区的实地调查和研究工作。然而，三年时间太短，能做的工作十分有限。书中相当部分的内容，是过去多年工作的积累，并从边际化视角进行了整合与提升。

我们这一代人，本身就具有很强的边际性。三年灾害时期出生，先天不足。小学和初高中正逢“文化大革命”十年，后天不良。赶上知识青年上山下乡的末班车，也算坎坷。与同龄人相比能上大学，可谓万幸。

笔者的工作阅历，给予了本人对中国不同类型边际地区的切实感受。大学毕业到新疆八一农学院附中任教，尔后在兰州大学和中山大学工作多年。对天山南北麓、河西走廊、黄土高原、青藏高原、珠江三角洲、川渝地区有着自己的乡土之情。可以说，笔者的血液中已融合了这些地区的地理基因与物质元素。2000 年作为访问学者到香港大学学习交流，在有感于香港各大学图书馆丰富藏书的同时，很快就被边际地区边际化过程研究的成果吸引，查阅了当时图书馆能收集到的论文和专著，这成为尔后基金项目工作的基础。

社会转型时期的中国，社会边际化、空间边际化和边际问题，成为中国历史上最显化的时期，这需要中国的学者，为边际地区社会边际化的人们，为减弱社会-空间边际化中的不公平、不公正、排斥、歧视、隔离，去解释、去呼吁，为反边际化做出自己的努力。本书在重庆火爆天气下“烧烤”出炉，书稿或多或少带有辛辣的味道。然而，批判精神是社会-空间边际性分析也是学术研究的基点，从这一点看，书中的批判性还远远不够。

如果说，笔者所著的《地理学思想史》（科学出版社，2010 年）代表了笔者对地理学思想的思考，本书则更多地体现了实证研究和理论探索的结合。大量的实地调查工作，耗费了相当多的人力和时间，此书是笔者与研究生共同工作的成果。他（她）们是，高翔、刘宇、马学广、陈树荣、梁彬、廖亚琴、伊向东、杜小刚、王娟、王震、缪勃中、王岚、杨虎、肖元、谭宁、申丽萍等。在读研究生申丽萍在图表绘制、资料处理、文稿校核中付出了辛劳。借本书出版之际，感谢我的同事和朋友的支持，感谢我的研究生和课题成员所做的工作，感谢八十三岁高龄的母亲对本书的祝福。

王爱民

2015 年 9 月于学府苑

彩　　图

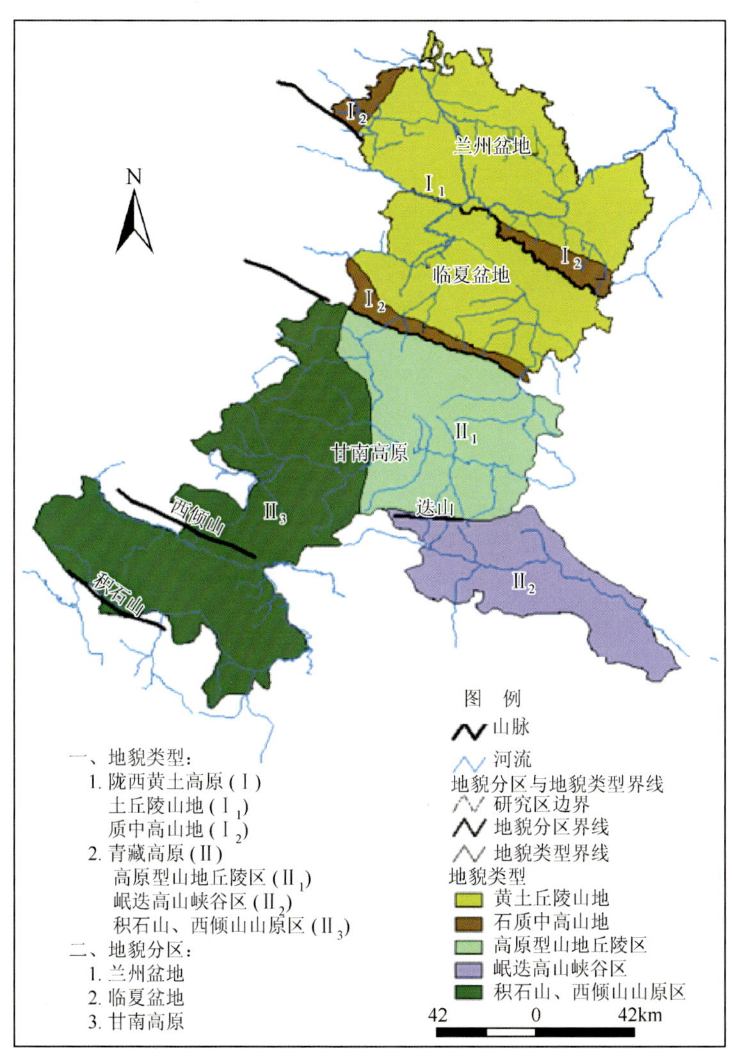

图 5.1　研究区地貌类型与地貌分区图

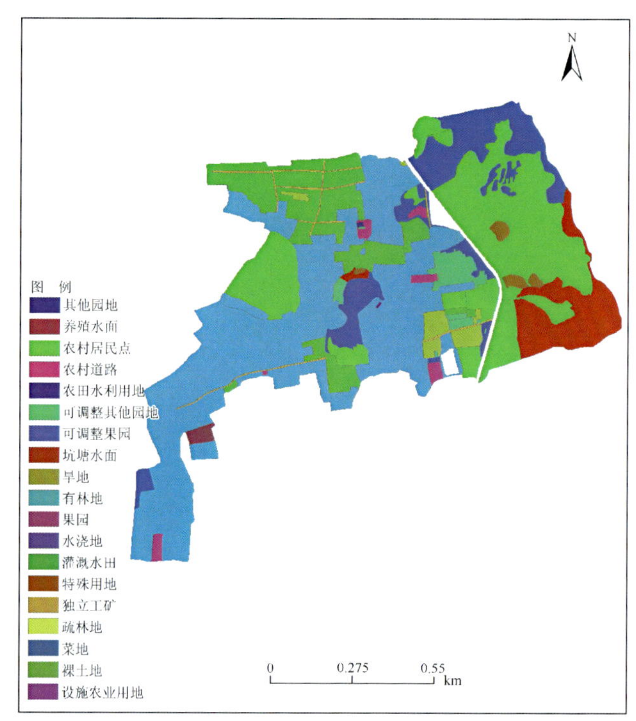

图 7.4　塘美村土地利用现状图

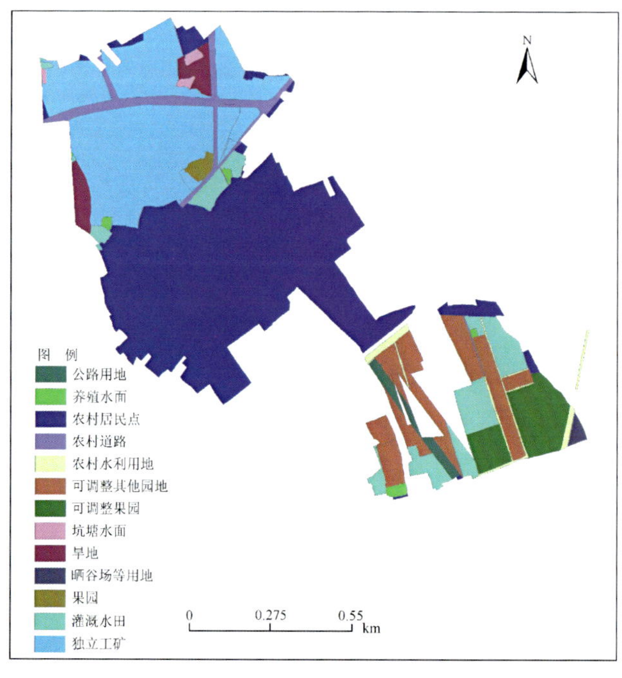

图 7.5　沙湾东村土地利用现状图

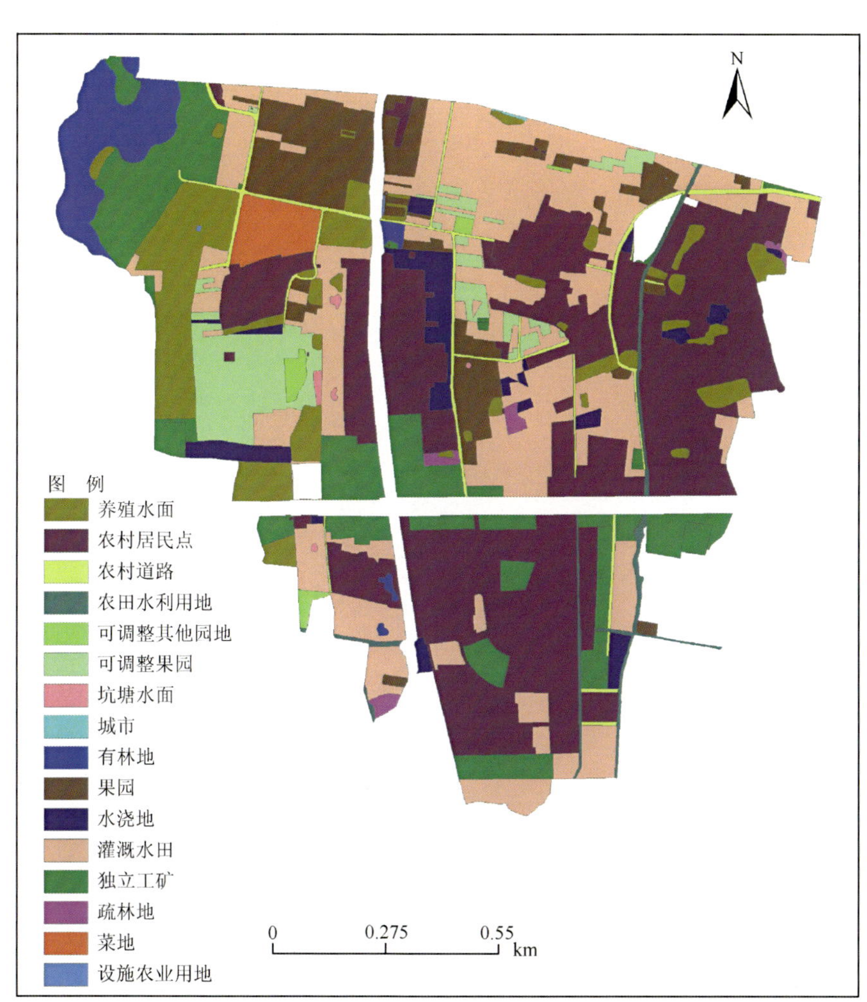

图 7.8　中域乡村聚落用地的破碎化（新和村）

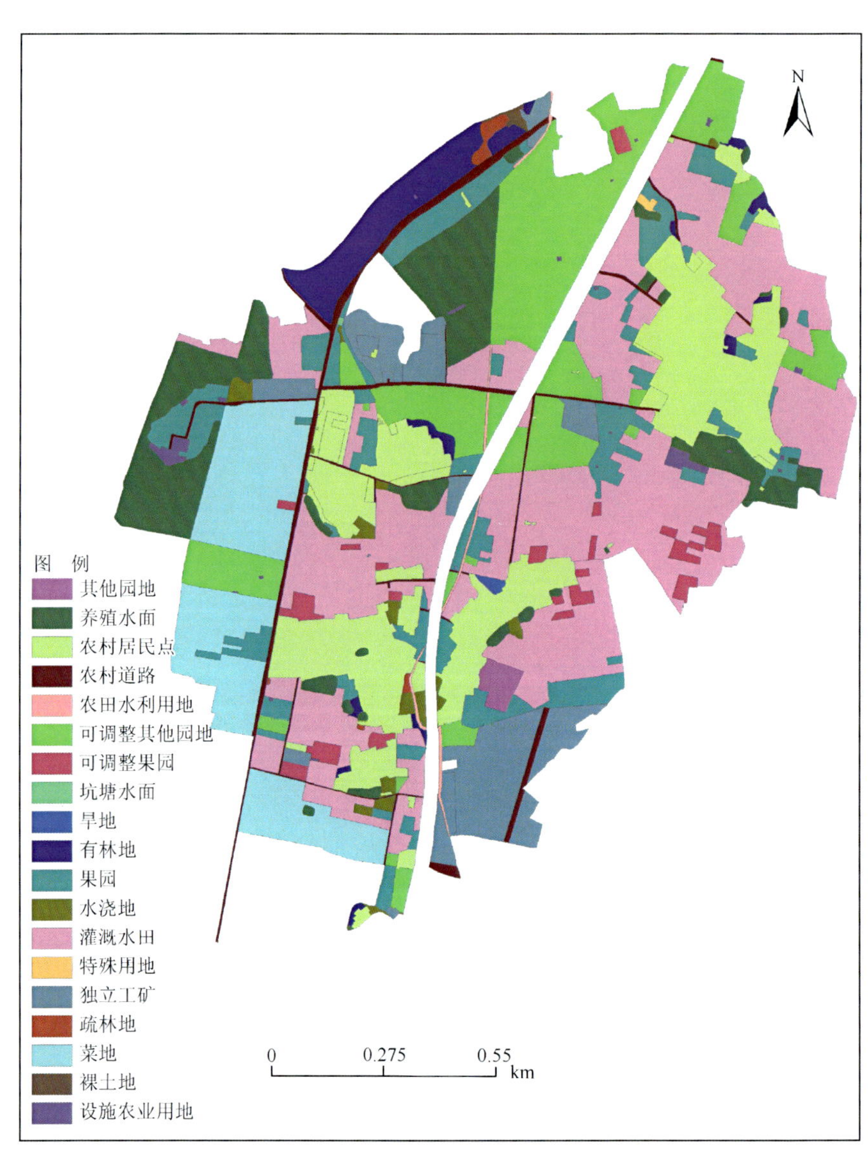

图 7.9　中域乡村聚落用地的破碎化（南村）

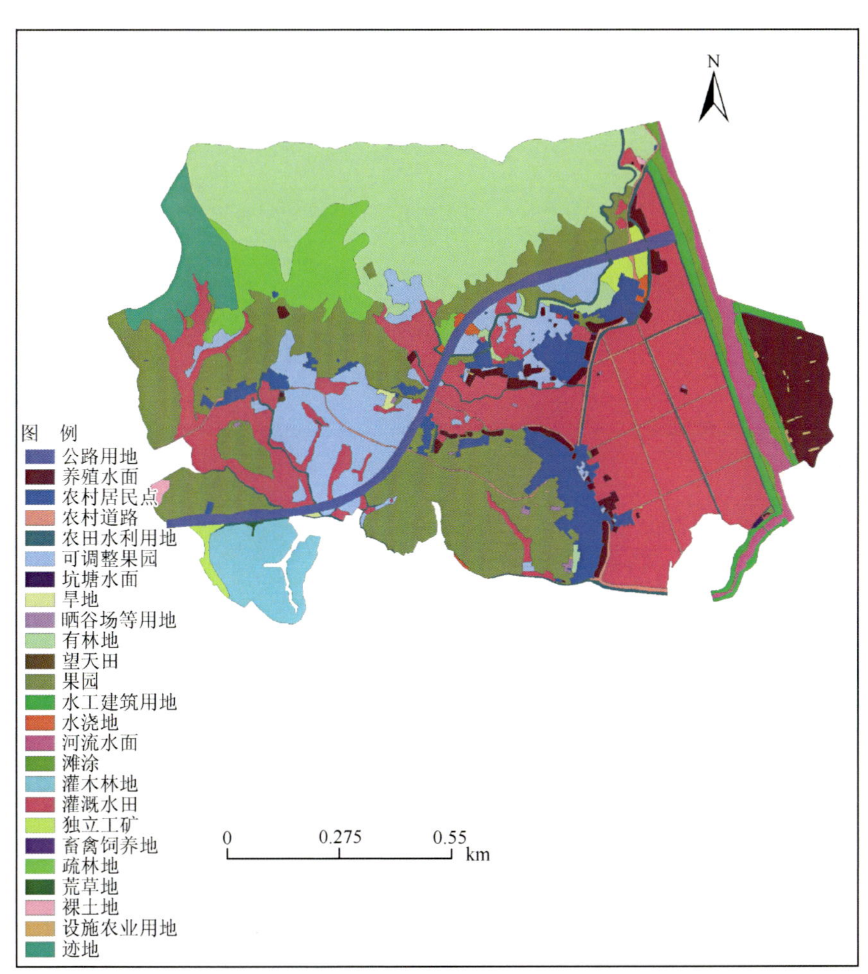

图 7.22　下西村土地利用现状图

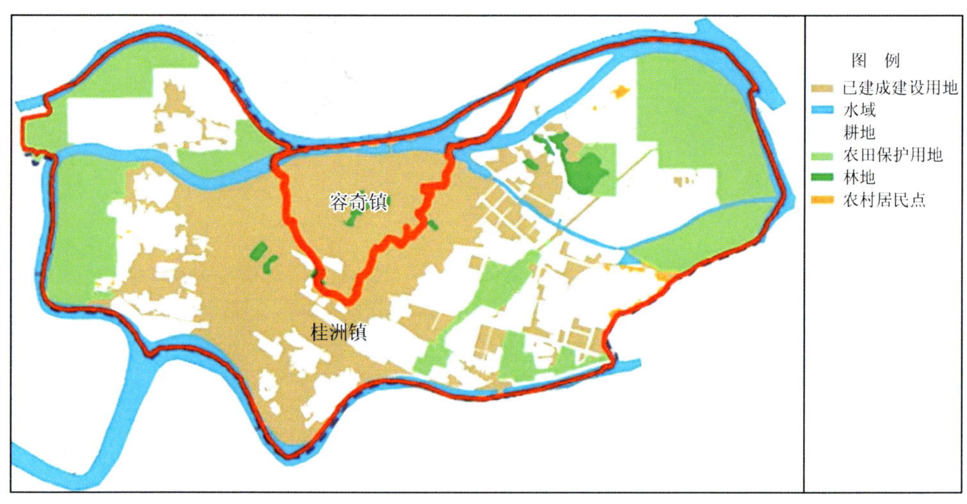

图 8.15　合并前两镇城镇建设用地城分布

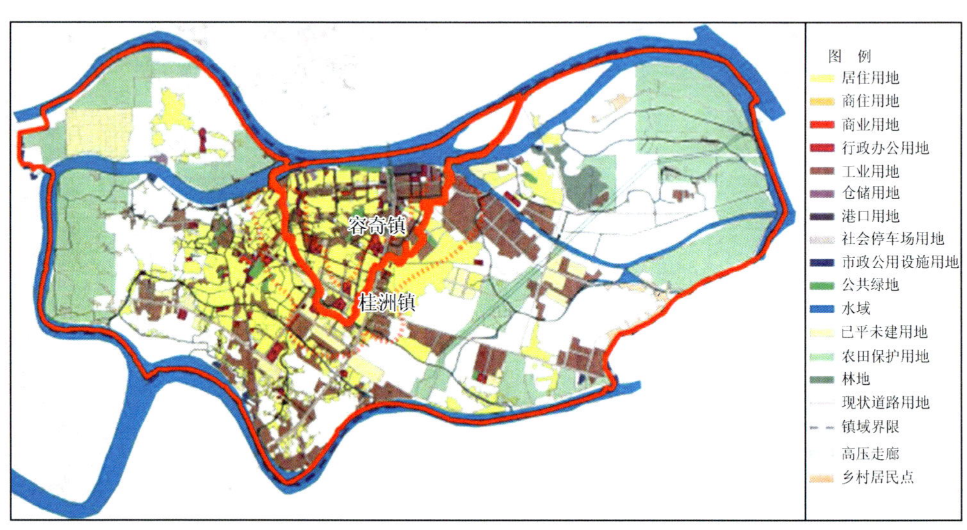

图 8.16　合并前土地利用现状图（1999 年）

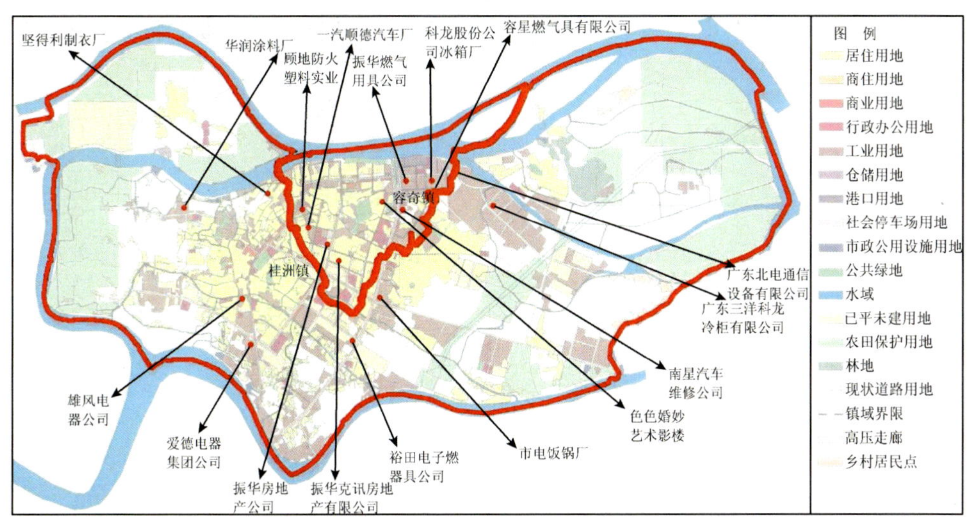

图 8.17　合并前的产业布局图（1999 年）

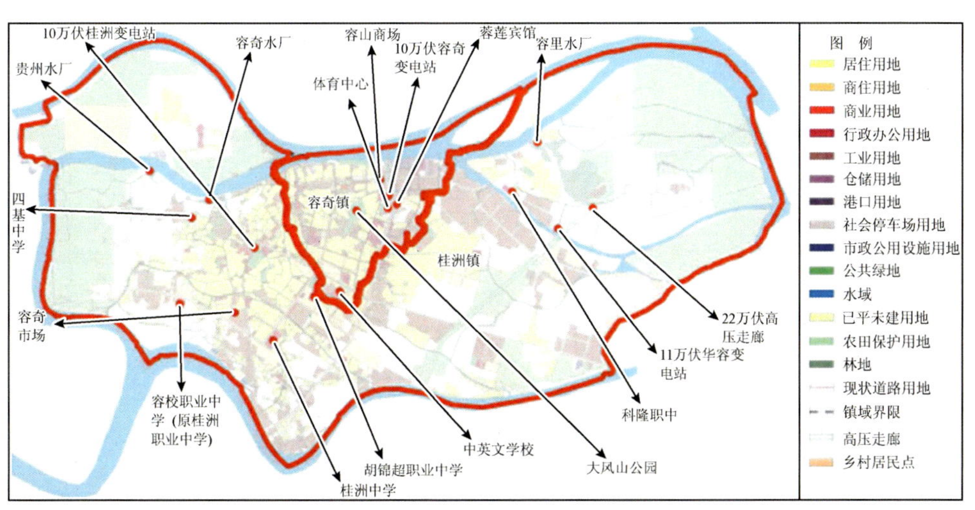

图 8.18　合并前的道路现状图

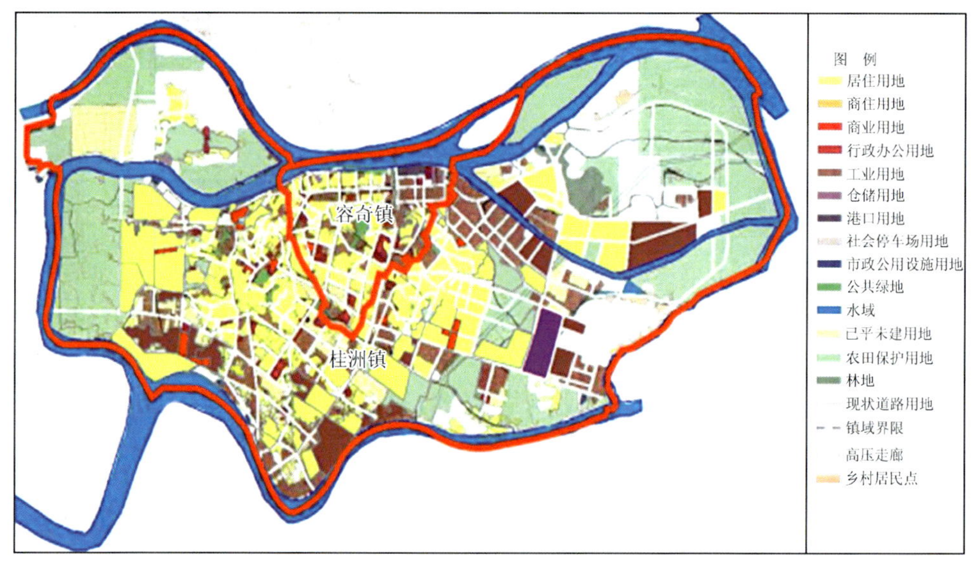

图 8.19 合并后的土地利用绩效图（2012 年）

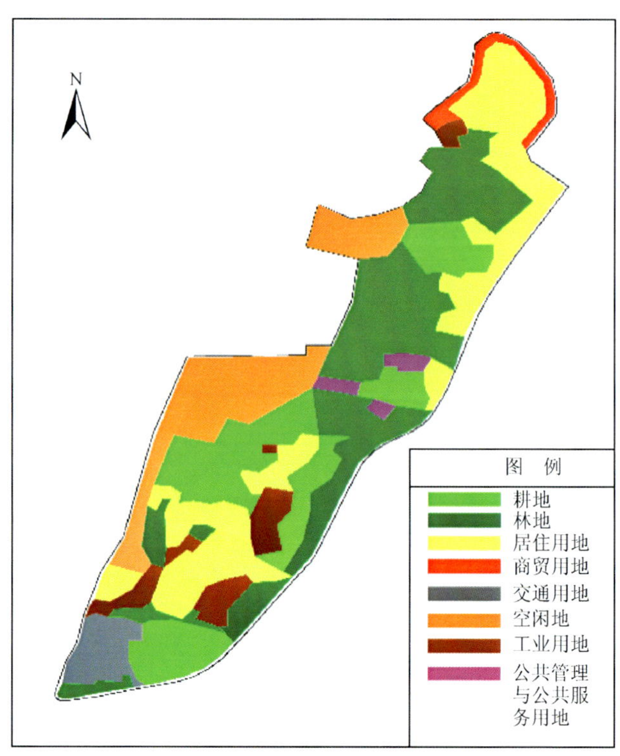

图 9.1 南山前山混杂带土地利用现状图